失敗の殿堂

経営における「輝かしい失敗」の研究

Institute of Brilliant Failures:
Make Room to Experiment, Innovate, and Learn

マーストリヒト大学教授
ポール・ルイ・イスケ〔著〕
紺野登〔監訳〕　渡部典子〔訳〕

東洋経済新報社

Instituut voor Briljante Mislukkingen

Originally published by Uitgeverij Business Contact, Amsterdam

Japanese translation rights arranged with
Uitgeverij Atlas Contact B.V.
through Japan UNI Agency, Inc., Tokyo

解説

「輝かしい失敗」のすすめ

紺野登

▼失敗は暗い？

これまで日本のビジネスパーソンが読んだことのある失敗に関する本というと、野中郁次郎氏（一橋大学名誉教授）らの『失敗の本質――日本軍の組織論的研究』や畑村洋太郎氏（東京大学名誉教授）の『失敗学のすすめ』などが思い起こされる[1]。

前者は、第2次世界大戦時の日本軍の失敗に関する研究、後者は、日本の製造業・工学の失敗研究としてきわめて重要である。基本的には、失敗からの苦い教訓（過去の成功体験への過剰適応）や、いかに失敗が起こるかの原因追求、ミスを減らすための研究であり、失敗から学ぶこと、失敗が起きたときいかに対処すべきか、などがねらいだ。

最近は、イノベーションにおいて「失敗を恐れるな」といった声が多く聞こえる。「勇気を持て」ということである。とはいえ、シリコンバレーに住む私の友人によれば、やはり彼らも失敗はしたくないという。

いずれにしても、これまで、失敗とはそもそもネガティブ、暗いもの、避けたいもの、特に日本のような「恥の文化」の国では忌避すべきものであった。野中教授に伺ったエピソードだが、今では古典的名著として知られる『失敗の本質』も、最初は「タイトルが暗いから売れないんじゃないか」とボツになりかけたそうだ。それを契機に、「知識創造」の研究に目を向けたともいう。

▼イノベーションのための明るい失敗の研究

イノベーション経営の時代の今、そして、ポストコロナ/ウィズコロナの時代の只中にある日本では、古い体質、制度や因習を捨て(もちろん、良いものは残しつつ)、「次なるバージョン」の経営を模索しているように思われる。そこで、単に新しいことを継ぎ足すのでなく、連続性の線上での非連続的な価値創造が求められるのではないかと思う。

歴史が証明しているのは、私たちの最も価値ある経験は、成功よりも失敗としてもたらされる可能性が高いということだ。

イノベーションとは「試行錯誤するという仕事」である。(2) これを効果的・効率的に行ううえでは経営システムの見直し、組織の知の刷新、試行錯誤の「場」を生み出すリーダーシップが必要だ。同時に、失敗を暗いものでなく、ポジティブに見立てる目が大変重要だ。失敗が受け入れられない、必要なリスクをとろうとしない文化においては、多くの努力が無駄になってしまうからである。

しかし、ひたすら失敗に前向きになれ、というのは無茶だ。そうではなく、かつては「失敗」と呼ばれたネガティブな事象は、実は試行過程での反応、フィードバックとして捉えるのがふさわしい。イーロン・マスク率いる宇宙企業のロケット実験が何度「失敗」しても、次に進もうとするのは、決して「失敗を恐れない」からではなく、それが有効なデータの集積だからである。

これはアジャイルスクラムやリーンスタートアップなどに共通するアプローチだ。

イノベーションに限らず、企業が卓越性を求めて実践しなければ、そもそも失敗もない。何もしなければ何も得られない。イノベーションの理論をいくら頭に入れても、結局、現実の試行錯誤のプロセスをうまく経なければ、何も生まれないのだ。

一方で、「モノづくりの時代」の失敗と「イノベーションの時代」の失敗とでは、質的に意味合いがまったく異なることにも注意を向けたい。

失敗はイノベーションと密接な関係にある。失敗をそのプロセスの一部として捉える「実践理論」が必要だ。いわば「明るい失敗の研究」だ。失敗が良い方向に向かうことは多々ある。

▼輝かしい失敗研究所

本書は、ポール・ルイ・イスケ著の『輝かしい失敗研究所』(*Institute of Brilliant Failures: Make Room to Experiment, Innovate, and Learn*)の邦訳だが、これは、法人として実在するオランダの研究所である。

彼らのいう輝かしい失敗とは、最終的に何らかの価値を生み出す失敗である。無責任な、あるいは後先考えず、無謀に手をつけてしまったような失敗や、シナリオやビジョンや目的もなく、目先の利益を追って行動して失敗した例ではない。真摯に取り組んでいたにもかかわらず失敗し、偶然意図せざる成果が生じたような場合、または、その失敗が次の大きな価値創造につながるという失敗である。

オランダといえば「イノベーション国家」であり、さまざまな冒険や革新、挑戦の歴史を持つ。(3) この本は、そんなオランダ人の著者が書いた失敗の本だ。

しかし、オランダ人にとっても、失敗は決して望ましいものではない。彼らは16世紀に国ができたばかりのときに、大西洋から南米端、太平洋を渡って日本にやって来た。その数百年後に来たアメリカのペリー提督は、実は太平洋を渡らずに、イギリスの航運会社の力を借りて東南アジアづたいにやって来たというのに! その冒険者オランダがなぜ?

要は、失敗への恐れを解消するなど無理だ、と考えることだ。それよりも、うまく失敗する方法を考えよう、と視点を転換することではないか。何もしなければ何も起こらず、人生も事業も、結局は失敗に至ってしまう。

だとすると？　恥とは何か、どうやったら恥の恐怖から逃れるか、の研究は他人に任せ、目的のためにどうまく失敗するか。そのために本書がある。そして、読者に失敗からの学習と、それを超える知識創造を促している。「失敗を恐れるな」と口先だけで背中を押すのは、もうやめよう。

▼著者について

著者のポール・ルイ・イスケは、オランダを中心とする欧州地域のイノベーション思考の権威である。イノベーションといえばシリコンバレーが真っ先に挙げられるが、世界のイノベーション拠点（エコシステム）はアメリカ以外にもヨーロッパ、中国など多極化している。その1つがオランダ、北欧を含むバルト海・北海沿岸地域である。フィンランド、スウェーデン、デンマーク、オランダは、イノベーション力ランキングの上位メンバーである（一方で日本はランキングを下げているが）。

イスケは、1961年にアムステルダムに生まれ、アムステルダム大学で理論物理学と数学の修士号を、技術系のトゥエンテ大学で理論物理学博士号を取得し、優秀な成績で卒業している。

その後ロイヤル・ダッチ・シェル社に上級研究物理学者として勤務、2005～15年にはオランダのABNアムロ銀行でチーフ・ダイアログ・オフィサー（最高対話責任者）を務めた。

現在は、マーストリヒト大学ビジネス・経済学部のオープンイノベーションとビジネスベンチャリングの教授である。また、ステレンボッシュ大学情報科学部の教授として、知識主導型イノベーションに焦点を当てている。

そして、2010年にイノベーションと起業家精神の複雑さについての理解を深めることを目的とした「輝かしい失敗研究所」を設立した。チーフ・フェイリュア・オフィサー（最高失敗責任者）として、スマートで革新的で持続可能な起業家精神についてのアドバイスや講演を行っている。

ある記事の中で、イスケは、新しい解決策を開発するためには、幅広い分野の学識者とビジネスの専門家が相互に交流する必要があると語っている。自分の知的資本と組織内外の他者の知的資本を組み合わせることで、複雑なグループプロセスが生まれ、ユニークな組合せからどのように問題を解決できるかが発見され、新たな価値創造につながるという。

イスケが「コンビナトリック・イノベーション」と呼ぶこのプロセスは、ある意味、特定の問題を解決するために知識を持ち込むオープンイノベーションのプロセスとは真逆のものだという。

▼本書の構成

著者は冒頭で、人間は自らが作り上げた複雑な環境ゆえに失敗するのだ、という逆説を掲げる。これまで私たちは成功事例にばかり目を向けすぎてきたし、失敗には見て見ぬふりをしてきた。失敗に目を向けるときも、否定的な見方で接してきたことを指摘する。それに自らのビジネス経験での失敗を重ね合わせて、「輝かしい失敗」に価値を見出す。そして、失敗から価値を生み出す道に読者を誘《いざな》う。

第1章 「輝かしい失敗」とは何か

失敗は現代のビジネスでは避けられないことを前提に、失敗への能動的な態度を訴える。イノベーションには失敗が付き物というが、ただ失敗すればいいわけではない。しかし、意図した計画、真摯な挑戦にもかかわらず起きる失敗は「輝かしい」。

輝かしい失敗には2つのタイプがあるという。タイプ1は、無知または無責任によるミスがなかったにもかかわらず、偶然に、意図せざる成果が生まれてしまった失敗(セレンディピティ)。タイプ2は、そこから新たな価値(学習や知識創造)が生まれる失敗である。輝かしい失敗の価値は「Br.iFaスコア」で評価される。それは、ビジョン、インスピレーション、リスクマネジメント、アプローチ、学習経験の乗数である。

第2章　失敗は私たちのDNAである

この章の焦点は、私たちが根強く持つ「計画主義」への警鐘である。物事が計画されたとおりに進むことは現実にはほとんどない。こうした実情は人間の本性に起因する。人間の脳は単に外的刺激に反応するのでなく、先を読みながら仮説を立てている。そして、仮説を修正しつつ行動する（ところが、企業は計画や戦略を立てて、それを遂行しようとする）。

他方で、人間の行動はもっと複雑だ。著者は12の要因を失敗の引き金としている。そして何より失敗の原因は、私たちの創造性だ。何かを創造するときには先は見えない。だから当然リスクはある。私たちは現象に対して自らを開いていく必要がある。

そのためのモデルとして、オットー・シャーマーの「U理論」が挙げられている。U理論は、第6章でも紹介される知識創造理論に影響を受けた哲学ともいえる。

第3章　複雑系が失敗を生み出す

複雑なシステムと複雑系は同じではない。前者は多数の部品からなる精密機械のように複雑だが、個々の構成要素の役割は明確で、その振る舞いは予測できる。一方、多様に絡み合った後者は個々の構成要素特性からは予測できない。1つでも情報が欠けてしまうとまったく予想できなくなる。さらに、多くの要素が集まることで、それまでになかった性質が「創発」する。

こうした複雑系が与える影響は、特にプロジェクトにおいて顕著になる。現代のプロジェクトは脳のような複雑適応系として、つまり、アジャイルに進めざるをえなくなる。

第4章　イノベーションと起業家精神のための風土

イノベーションやアントレプレナーのための「輝かしい失敗」の風土（組織や制度）の重要さが挙げられている。イノベーションは、（よく知られた）ビジネスモデルキャンバスの9つのブロックの個々のレベルの革新（鍵となる資源や、チャネルなど）と、ブロック間の結びつきの革新（価値の因果など）の2軸によって説明できる。

ただし、多くのビジネスアイディアは、初期段階ではすべて「嘘」、つまり仮説でしかない。イノベーションとは試行錯誤という仕事なのであり、失敗は付き物である。最終的に成功するアントレプレナーには「輝かしい失敗」の経験者が多い。それを支える風土や体制が重要なのだ。

第5章　輝かしい失敗の「16の型」

「輝かしい失敗」について経験を共有し、学ぶための16のパターン（共通言語）が提示されている。これらは私たちの目の前の失敗を「輝かしい失敗」として、相対化し、学ぶためのリストである。失敗はどのような状況でどのようにして起きたのか。

たとえば、「象（目隠しして象を触る）」や「ブラックスワン（黒鳥）」などは、新型コロナへの対応で起きた失敗をより創造的な知見に転換するのに役立つのではないか。

そこには4つの学びのレベルがある。①システム要因のレベル（の失敗）、②組織要因、③チーム要因、④個人要因、の各レベルで、自らの経験や他者の失敗のパターンを読み解くことが新たな価値へと展開していく。

第6章　学習から知識創造へ

この章は、「輝かしい失敗」からの学習と知識創造がテーマである。私たちは何事をなすにも知識を必要としている。その知識が古いままだと、新たなあるいは複雑な状況においては失敗につながり、物事がうまくいかない。私たちの目的や意図が優れて健全であっても、失敗する。

そこであらかじめ、知識を獲得して障害を回避したり、機敏に学び、自ら知識を創造できること。それが「輝かしい失敗」の智慧の真骨頂だ。知識は、古いままでは行動を制約するが、新たな知識創造は可能性を拡大する。

知識とは、意思決定、機会発見、問題解決などを行うための「燃料」（知識資産）である。重要なのは、試行錯誤の過程においては現象として見える失敗も成功も等価だということである。「うまくいかなかった」ことは新たな知識や価値につながるし、「うまくいったこと」によって、その先の可能性に挑戦しなくなってしまうことにもなるからだ。

第7章　失敗する前にシナリオに学べ

これまでの各章から、失敗からの学習や知識創造の重要性が理解されたとしよう。さらに「輝かしい失敗」が起きる前に「知る」ことも重要だ。

ただし、未来は予測できない。そのためにシナリオ・プランニングが役立つ。著者はシナリオ・プランニングを実践し、世界に普及させたオランダのロイヤル・ダッチ・シェル社での実務経験を持っている。複数の未来の代替案を考え、起こりうる失敗をオプションとして想定することは有効だろう。何より、変化のドライバー、未来に向けての不確実性の台風の目となるのは何かを洞察する思考力は不可欠だ。

第8章　安心して失敗できる場をつくれ

最近、ようやく話題になった心理的「安心・安全な職場環境」について。第4章にも通ずるが、「輝かしい失敗」のための「場」は失敗からの学習や知識創造、イノベーション経営にとってなくてはならない。それだけ環境の影響は大きい。

「現実的な楽観主義」に基づくツール、道具立てを組織的に準備してはどうだろうか。「輝かしく失敗する権利に関する世界宣言」が付記されているが、組織や教育の現場で失敗の公平性が確保されることの意味合いは大きい。

第9章　文化がもたらす失敗への影響

失敗に関する態度や認識は、国や地域によっても変わる。この手の研究では、オランダの社会心理学者のヘールト・ホフステードがよく知られている。

権力格差、「個人主義」対「集団主義」、「男らしさ」対「女らしさ」、不確実性の回避、「長期志向」対「短期志向」、「充足度」対「抑制度」などの軸をもとに、オランダやアメリカ、韓国、そして日本などの「失敗文化」が紹介されている。他の章でも同様だが、本書には多くの寄稿者が投稿している。各地域からの失敗文化の報告は興味深い。

第10章　「輝かしい失敗研究所」の活動

この章では、「輝かしい失敗研究所」（ＩｏＢＦ）について、その活動が具体的に記されている。ＩｏＢＦは２０１０年に著者によって設立され、現在は学術誌の発行、オランダ外務省などとともに「輝かしい失敗」表彰活動（いくつかの事例が紹介されている）などを行っている。たとえば、成長過程で能力格差の生じる子どもたちに、失敗するチャンスを与える活動なども行っている。

第11章　実践的知恵としての輝かしい失敗

この章は、日本語版に合わせて、著者と監訳者による対談をもとに書き下ろされた。現在の状況、日本や日本企業の文脈でいくつかのトピックが展開されている。新型コロナウイルス感染拡

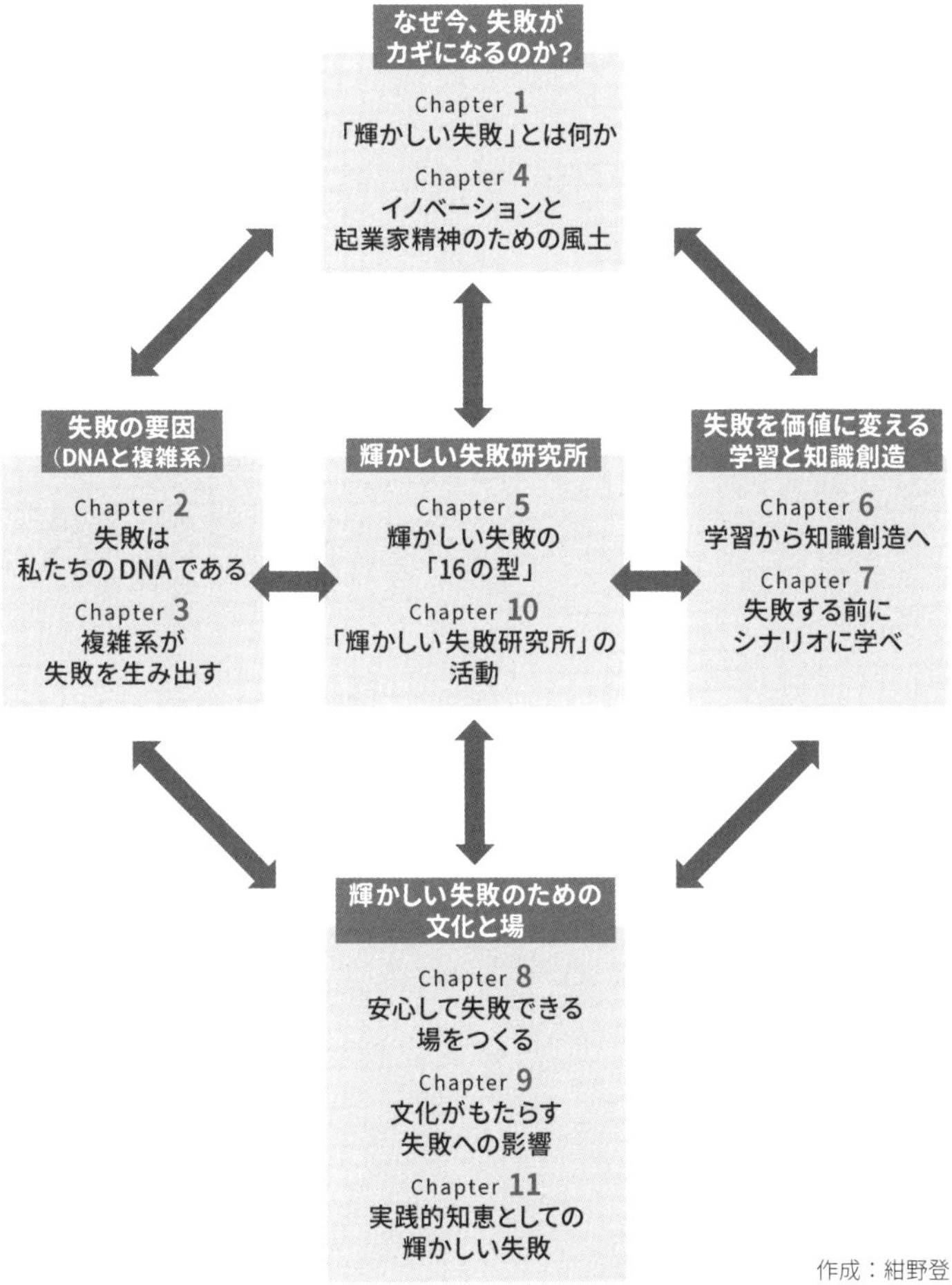
なぜ今、失敗が
カギになるのか？
Chapter 1
「輝かしい失敗」とは何か
Chapter 4
イノベーションと
起業家精神のための風土
失敗の要因
（DNAと複雑系）
Chapter 2
失敗は
私たちのDNAである
Chapter 3
複雑系が
失敗を生み出す
輝かしい失敗研究所
Chapter 5
輝かしい失敗の
「16の型」
Chapter 10
「輝かしい失敗研究所」の
活動
失敗を価値に変える
学習と知識創造
Chapter 6
学習から知識創造へ
Chapter 7
失敗する前に
シナリオに学べ
輝かしい失敗のための
文化と場
Chapter 8
安心して失敗できる
場をつくる
Chapter 9
文化がもたらす
失敗への影響
Chapter 11
実践的知恵としての
輝かしい失敗
作成：紺野登

図表0-1 ▶ 本書の構成

大の状況と失敗からの学習、日本企業の失われた30年、日本の失敗忌避文化、知識創造や場に関しての補遺的なテキストとなっている。

本書のユニークさは、著者が理論物理学をバックグラウンドに、失敗の研究に複雑系を持ち込んで、失敗や成功の常識的評価（バイアス）から抜け出して、うまく取り入れようとするアプローチにある。

今日の非常に複雑で、不確実さが加速する予測不可能な環境においては、失敗に対する考え方を根本的に変えていく必要がある。鍵は知識創造にある。ＩｏＢＦは、そのような取組みを行っている。

日本の読者の皆さまへ

For Japanese Readers

旧知の紺野登氏から近著の *Institute of Brilliant Failures* の日本での出版について声がかかったとき、私は有頂天になり、彼と協働して本書のメッセージを日本の読者に伝えられることに胸を躍らせました。

私は知識、イノベーション、ビジネスを研究してきたので、日本のケーススタディから多くのことを学び、日本を訪問したときには(まだ一度きりですが)、深い影響を与えられました。美しい自然や素晴らしい文化工芸品もさることながら、生き方やお互いを尊重し合う姿に感銘を受けたのです。日本は何世紀もの間、重要な国であり、印象的で尊敬すべき歴史を持っています。これは常に勤勉にスマートに働くことで実現されました。

特に、第2次世界大戦で荒廃した後の経済や社会の発展は、意識的かつ計画的に成長を重視してきた結果だと、世界では受け止められています。いうまでもなく、工業化はすでに19世紀に始まっていましたが、日本経済に最大の影響が及び始めたのは、その約100年後です。多くの国々は、「日本はどうやって成し遂げたのか」と首をかしげることになりました。

その答えは、勤勉にスマートに働くこと。知識とイノベーションが特徴的な要因でした。日本が知識を動員して、特に新しい産業化の波の中で出てきた工学的問題の解決に役立てたやり方が、世界市場で日本の地位を築き守る原動力の1つとなったことは、世界的に認識されています。

自動車やエレクトロニクスが成功している産業分野の顕著な例ですが、医薬品、バイオ、造船、航空宇宙、繊維、加工食品なども見逃せません。それはすべて知識の開発、共有、活用に大きく依存しています。このことは、たとえば、野中郁次郎教授と竹内弘高教授による知識創造理論などの研究が、欧米の経営学雑誌に掲載されて認められたことからもわかります。

しかし、このように、日本は多くの成功体験を持っているのですが、形成が逆転し始めた今日、集中力を維持して新しい状況に適応することは必ずしも容易ではありません。グローバルな開発目標、ＡＩ（人工知能から連想されるのは、増強よりも置換されてしまうことなので、個人的には、知能が付加される「Additional Intelligence」のほうが好みです）、クリーン技術、生物医学の進歩など、さまざまな問題や機会がある一方で、急速に変化する世界の中で誰もが課題を突きつけられています。

これらの開発のすべてで知識が再び主要な役割を果たします。研究、実験、イノベーション、学習、あらゆる教訓の活用が、これまで以上に要求されています。特に目下のパンデミックでは、これは文字どおり生死にかかわる問題です。新型コロナウイルスのゲノム解析、ワクチン開発、最良の治療法を発見しつつ、経済的、社会的な側面への影響を抑える方法も見つけるには、私たちが持てる知識を余すところなく活用することが重要です。

ダイナミックで複雑な世界では、その知識の重要な部分は試行錯誤から、成功と失敗から生じます。失敗の価値のほとんどは、物事が期待や願望とは違うと判明した瞬間から学ぶことの中にあります。ただし学習できるのは、成功か失敗かに関係なく、実際に起こったことを自由に話せる場合に限られます。これは簡単ではありません。常に成功が強調されて高く評価される環境ではなおさらです。

本書では、失敗の知のダークサイドを明るく照らそうと努めました。言い換えると、目標は達成できなかったものの価値創造に懸命に取り組んだ場合や、正しい意図と考え方で臨んだ試みだったことを誇りに思うべき場合に、得られた知識を取り上げています。

こうした知識を使いやすく、再利用できるようにするためには、それを支援する環境が欠かせません。

ここで、日本文化の最も興味深い側面でもある「場」という概念が出てきます。この概念を完全に理解できるのは日本人だけかもしれませんが、私の知る限りでは、知識共有の秘訣は、正しい場づくりにあると聞いています。輝かしい失敗の価値を受け入れて理解することが、個人と集団の両方にとって、経済的資本、社会的資本、知的資本の発展を含めた成長の場づくりを考える一助となることを心から願っています。

本書を通じて、失敗というテーマに関する私の考えを紹介できることを光栄に思います。私は今回の日本での出版において、紺野氏と多くを議論し、その協働を大いに楽しみました。それと同じくらい、読者の皆さまにも、本書を楽しんでいただければ幸いです。

2021年3月

オランダ、アムステルダムにて

ポール・ルイ・イスケ

はじめに

Introduction

私は子どもの頃から、知識（ナレッジ）――とりわけ知識の発達とそれを有効活用してきた証しである人類の進歩――に魅了されてきた。理論物理学の博士課程で学ぶうちに、複雑なシステムを解明することに情熱を抱き、統計物理学を研究テーマに選んだ。

多数のパーツで構成されたシステムの動きを理解しようとするうちに、さらに大きな課題が見つかった。分子や素粒子ではなく、人々が互いに影響を及ぼし合うシステムを解き明かすことだ。人間は共に手を携えて素晴らしいことを成し遂げられるが、不快な環境を生み出してしまうこともある。それは意図的な場合もあれば、「組織的な愚かさ」の結果、つまり、自他を最大限に活かすことをいたずらに難しくする場合もある。

成功ばかりに注目し、下手を打ったことはすべて闇に葬るシステムの中で、私たちは基本的にこの組織的な愚かさという環境にとらわれてきた。しかし、それではチャンスを逃してしまう。ビジネススクール、アントレプレナーシップ・プログラム、ビジネスインキュベーター、起業家への表彰では常に、成功、成長、ユニコーン（時価総額10億ドル以上の未上場ベンチャー）、巧みなピッチ〔売り込みのトーク〕、賞金などが重視される。

それで現実はどうかというと、新しい試みの90％以上が不成功に終わっている。失敗を覚悟の上で試み続けるように後押しし、（たとえ成功しなくても）その努力を誇りに思い、どんな構想であれ、学んだ教訓を今後に活かすべき理由は十分にあるのに、往々にして物事はそううまく運ばない。

成功と幸福は、どちらかというと「あまりソーシャルではない」メディアが示す「完璧な世界」の中にあり、そのせいで若者は能力不足だと感じてしまうことが多い。その結果は知ってのとおりだ。「やり遂げなければいけない」というプレッシャーにさらされて、ストレス、燃え尽き症候群、うつ病、孤独にさいなまれる若者が驚くほど増えている。

私はこれまでのキャリアの中で、数々の会議や会合に出席してきたが、そうした場でも、世の中は一連の成功事例で成り立っているように見える。まるでフェイスブックやインスタグラムのタイムラインのようだ。

学術系の真面目なネットワークでさえ、人々は成功した活動や「いいね」の数〔研究業績を評価するときに重視される論文の引用数〕を報告したがる。しかし実際には、絶えず成功を強調して失敗を除外することは、現実とかけ離れている。

オランダでは2005年頃に、ビジネスの世界における究極の失敗である倒産を経験した人々の対応をめぐって公開討論が行われた。研究ではすでに、一定の状況下で「輝かしい」形、つまり特に愚かではないし、断じて犯罪ではない形で倒産した人が2度目に起業する場合、初めて起業する人よりも成功率が高くなることが明らかになっている。これは実際に納得のいくことでもある。彼らには経験があり、忍耐力があるのだから。

ところが、周囲の人々は得てしてそう思わないのだ。失敗した人は哀れみの対象になるか、二度と信頼されないか、またはその両方で、必ずしも建設的とは言えない状況にある。しかも、そうした状況はビジネスにおける失敗経験者に限ったことではない。私生活、学界、芸術、スポーツなどでも失敗はある。失敗はあらゆる場所に潜んでいるのだ。

私は以前、ＡＢＮアムロ銀行で、破壊的で持続可能なビジネスモデルやオープンイノベーションの創出を主眼に置いたイノベーション・プラットフォーム、ダイアログ・インキュベーターの責任者を務めていた。一部のビジネスは成功したが、大半は最終的に実を結ばなかった。

しかし、それは問題ではない。なぜなら、「輝かしい失敗研究所」(IoBF: Institute of Brilliant Failures)でケーススタディとして活用できるからである(これはファイナンスの世界でいう「ヘッジ(回避)」にあたる)！

私はかねて、同じ問題を繰り返さないために、失敗した活動から学ぶことがごく当たり前の環境をつくったらどうかと考えてきた。そこから発足させたのがＩｏＢＦである。ここで試みているのは、次の疑問に答えることだ。

- 間違いと「輝かしい失敗《ブリリアント・フェイラー》」の違いは何か。
- どのように失敗から学べばよいか。
- たとえ結果が保証されていなくても、個人や組織が自由に実験できる環境をどうすればつくれるか。
- 間違いを認めて学ぶことへの恐怖心をどう払拭するか。
- どうすれば失敗した活動を認めたり、他の人に伝えたりすることが容易になるか。

打ちのめされて再び立ち上がることが人生の一部であることは、誰もが知っている。成功を自慢するだけでなく、失敗を活かしてお互いに学び合うことはできないものだろうか。試行錯誤を経て得られた知識が、自分だけでなく周囲の人々にも恩恵をもたらすとしたらどうか。失敗が俄然、実に価値あるものとなり、おそらく輝かしい失敗だとわかってくるだろう。

過去は変えられないが、これまでの洞察やアイディアは、できるだけ新しい試みに活かしたほうがよい。それこそが「輝かしく失敗する」ということだ。

目の前の道はたいてい、アメリカのモニュメントバレーへと続くルート66のようにまっすぐなハイウェイではない。さまざまな景色を縫って走る曲がりくねった道で、時にはただの小道ということもある。ルート66を自動運転するだけでは、現実生活の多くを見逃してしまう。

本書でめざすのは、実生活のロードマップとして使えるナビゲーションシステムになることだ。

これを使えば、間違った方向に進んでも（よくあることだ）、最後にこの上なく美しい目的地に着けるだろう。

私の目的は、失敗につきまとう恐怖や恥の感情を取り除くことである。怖さや恥ずかしさが、試すことへの誇らしさや、教訓を学んで共有し、応用することの充実感へと変わっていく様子を見てみたいのだ。

失敗と輝かしい失敗について語るべきことは多い。なるべく多くの情報を明確に共有するために、本書では次のアイコンを使って、追加情報や詳しい説明を示すことにする。

輝かしい失敗の事例

概念、理論的根拠、余談

ゲストの寄稿

失敗の殿堂▼目次

Chapter 1

Chapter 2

失敗は私たちのDNAである　068

Chapter 3

複雑系が失敗を生み出す

Chapter 4

イノベーションと起業家精神のための風土 120

Chapter 5

輝かしい失敗の「16の型」　148

Chapter 6

Chapter 7

Chapter 8

Chapter 9

文化がもたらす失敗への影響　280

Chapter 10

「輝かしい失敗研究所」の活動 324

Chapter 11

実践的知恵としての輝かしい失敗　344

※本文中の〔　〕は翻訳者による注である。

Chapter 1

「輝かしい失敗」とは何か

An Introduction to Brilliant Failures

ずばり本題に入ろう。失敗覚悟で挑戦することは重要だ！

思い切ってリスクをとる人がいなければ、状況はすぐに悪化していく。社会の発展には失敗が付き物で、その必要性もある。だからこそ、積極的な人や組織に対して、恐れずに新しいことを試して、その結果に向き合うように奨励したほうがよい。率直に言って、勇気もなく、計画どおりにいかないことから学ぶ機会もなく、偶然の発見もない世界など、どこにあるだろうか。

警戒心を解こう

警戒心を解いて失敗をもっと受け入れることは、誰にでもできることだ。とりわけ政治家、政策立案者、労働組合や経営者連盟、上級管理職などは、規制を緩和し、失敗に対する罰則をあえて危険を冒すことに対する前向きなインセンティブへと変える力を持っている。メディアも、失敗の良い面を報じることで重要な役割を果たせる。

ただし、ここでも「世の中で自分が見たい変化であること」が当てはまる。詰まるところ、誰もが自分や周囲の人々に実験の余地を与え、間違いや失敗を受容して共有することができる。

輝かしい失敗研究所は、新しい経験、イノベーション、企業に対する障害を取り除き、人や組織、社会全体の潜在的な学習能力を高めるための知識を収集している。誤解のないように言うと、私たちは時には危険を冒すように促しているが、無責任なリスクをとることを奨励しているわけではない。目隠し状態で高速道路をふらつくのは大胆な行為だが、私たちの研究の対象からは外れる。確かに、対向車と衝突する（確率が高い）ことは失敗だが、断じて輝かしい失敗ではない！

輝かしい失敗とは何か？

ビジネスでも、プライベートでも、予想と違う結果になることは非常に多い。こうした状況は、私たちが愚かなことをしたり、利己的に行動した場合ではなく、正しいことをしようとした場合に起こる傾向がある。では、どういうときに単なる失敗ではなく、輝かしい失敗になるのだろうか。私たちは、次の定義を用いている。

輝かしい失敗（Brilliant Failures）とは、価値を生み出そうとしたけれど、本来意図した

結果が出せなかった試みであり、避けられる過失や犯罪は該当しない。また、そこから学んだ教訓や学習経験は共有される。

「失敗」という言葉は、満足のいかない結果であることを示すが、輝かしい失敗はその反対で、それについて語りたいと思うような失敗だ！　輝かしい失敗による結果は、意図したものではないにせよ、かけがえのないものだ。初めにめざしていた以上の価値さえあるかもしれない。

私たちは輝かしい失敗を、その結果に基づいて2つのタイプに分類している。

- タイプ1……意図した結果と違うが、依然として価値があり、時には意図した結果を上回ることもある。
- タイプ2……当初に意図したほどの価値は生み出せなかったが、学習体験を積める。

タイプ1の輝かしい失敗には、セレンディピティ〔重要なことを偶然に発見すること〕を伴う場合が多い。この分野で多くの研究をしてきたペック・ファン・アンデルが好んで使う定義は、「セレンディピティとは、干し草の山から1本の針を探していたら、農家の娘を見つけてしまった、ということ」だ。

うっかり間違えること〔計画外の行動〕は、別の望ましい結果や貴重な学習体験となる可能性が

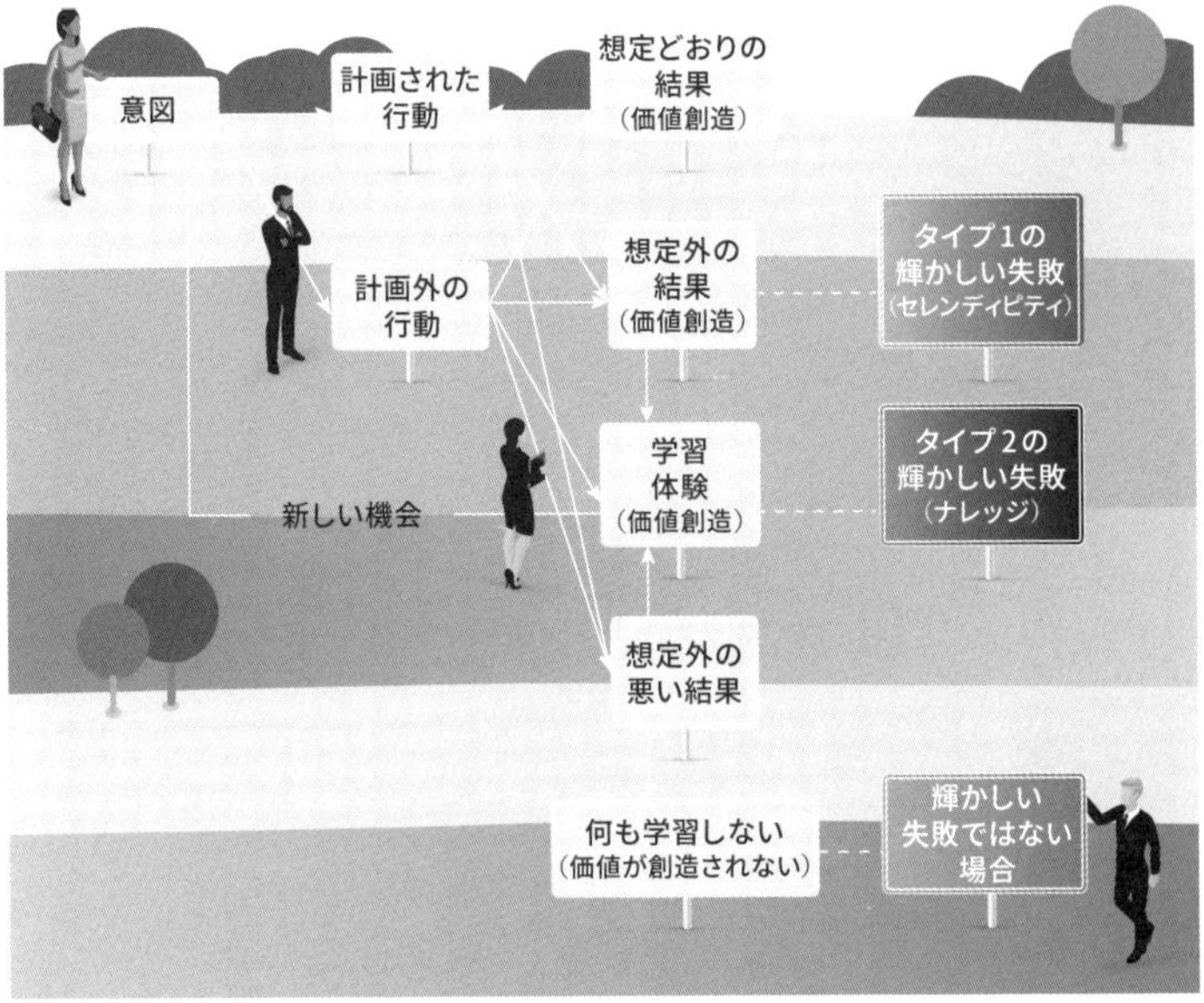

図表1-1 ▸ 輝かしい失敗のさまざまな種類

あるので、輝かしい失敗にもなりうる。新しい洞察や進歩につながれば、場合によっては、間違いを犯すことが実際に役立つこともある。

たとえば、ボードゲームのマスターマインド（出題者にヒントをもらいながら、解答者は4本のピンの色と配置を推理していくゲーム）では、新しい情報を得るために、あえて正しくない組合せをつくったりする。[1]

バイアグラ——輝かしい失敗のタイプ1の事例

基本的にまったく違うものを探求していて、その副産物がイノベーションにつながった事例は多い。バイアグラがその1つだ。

製薬会社のファイザーは、心不全と狭心症の治療薬の開発に乗り出した。新薬の開発はリスクが高く、長い時間と多額の費用がかかるプロセスだ。予期せぬ副作用、大量生産するときの問題、効果の低さ、新たな代替手段など諸要因にも影響される。バイアグラの事例では、被験者の約半分に副作用が出ることが判明したが、残りの半数の被験者は実は大いに評価していた。

その後の顛末は周知のとおりだ。バイアグラの錠剤は毎秒7個のペースで販売されているが、服用しているのは心血管系に問題を抱える患者だけではない。

ただし、輝かしい失敗は、バイアグラの事例ほど目立たなくてもよい。すでに述べたように、それが輝かしい失敗か、単なる失敗かを見極めるときに重要な役割を果たすのが、学習の有無だ。結果そのものに価値はないが、学べることがあれば価値創造は起こる。そこで得られた知識は直接的、間接的に活用することができる。

うまくいかないとわかれば、もう一度試せばよい。発明家のトーマス・エジソン曰く、「私は1000回失敗したわけではない。1000のステップを経て、電球を発明したのだ」。間違い、つまり理論上は回避できたはずの失敗でさえも、そこで得られた知識を踏まえて十分な価値を生み出すことができれば、輝かしい失敗に格上げされる。

輝かしい失敗研究所では、「輝かしい失敗スコア」（BriFaスコア）を導入し、失敗がいかに素晴らしいものであるかを示している。偶然にも、スコアの変数の頭文字「VIRAL」には口コミの意味もあり、輝かしい失敗は広めるのに値することを想起しやすい（なぜなら、誰もがそこから学習できるからだ）。要するに、輝かしい失敗は誇りに思うべきことなのである。

BriFaスコア＝V×I×R×A×L

この式の変数には、それぞれ0～1の値をつける。つまり、どれか1つでもゼロであれば、全体はゼロだ。

- V＝ビジョン（重力の存在を確かめるためにエッフェル塔から飛び降りるなど、まったく役に立たない試みは0。長引く武力紛争を解決するなど、意図された目標が努力に値する試み）

● I＝インスピレーション（もしくは、コミットメント。どの程度、実際に必要な努力をするために準備しているか）
● R＝リスク管理（どの程度リスクが特定され、受容もしくは対処されてきたか。リスクがまったく考慮されていない、無責任なリスクをとっている、不必要にリスクを回避している場合は0）
● A＝アプローチ（どの程度、適切なリソースや知識が利用されているか）
● L＝学習体験（どの程度、知識が開発され、利用や再利用が可能か）

ＢｒｉＦａスコアは、実際にどれほど輝かしい失敗であるかの議論に役立つツールだ。私たちはこれを輝かしい失敗アワードの審査プロセスにも用いている。その詳細は、第10章で取り上げる。

人生の一部としての輝かしい失敗

私たちは個人的に、複雑で変化しやすい世界で暮らすことに意味を与えようとする。１人の場合もあれば、愛する人々、家族や友人、同僚と一緒にという場合もある。うまくいくことも、いかないこともある。それはまったく自然なことだ。

人生とは、君が他のことを考えている最中に起きていることなんだ。
——ジョン・レノン

成功する可能性はある一方で、どれほど頑張っても失敗しやすい例をいくつか示そう。

- 個人的な関係を確立する。ほとんどの人は善意から関係を築くが、多くの場合、長期的にコミットすることが課題だとわかる。
- 休暇に行く、引っ越す、移住するなど、個人的な活動に取り組む。
- 何かの講座を受ける、楽器を習うなど、達成したいことを思い描いてやってみるけれども、現実はどうも違うとわかることが多い。
- スポーツをする。特に競技スポーツでは、高い野心を持っていると、往々にして成功と失敗は表裏一体だ。勝てる保証がなければ誰もスポーツに参加しないとすれば、これほど多くの選手がフィールドにいるはずがない。

ニュージーランドへの移住

▼**最初のねらい**……私たちの部門で秘書を務めていた女性は、以前からニュージーランドが大好きで、移住を決意した。主に自然、平和と静けさ、冒険にひかれたからだ。彼女は休暇中にオークランド出身の素敵な男性と出会い、彼のことをもっと知りたいとも思っていた。

▼**アプローチ**……彼女は仕事を辞めて、借りていた部屋を解約し、オークランドへの片道切符を買った。ファストフード店でウェイトレスの仕事を見つけ、イギリス人家族の住まいに下宿することに決めた。ファッションデザインを学べるコースにも申し込んだ。

▼**結果**……彼女は8カ月後に舞い戻ってきた。元の会社に再雇用され、すぐにオセアニア事業担当マネジャーの個人秘書になった。彼女は今でもニュージーランドが大好きだが、休暇で行く場所としてだ。彼女は自分の家族や友人が恋しくなり、オークランド出身の男性はすぐに新しいガールフレンドを見つけた。バンジージャンプのスリルは、何度か体験するうちに薄れていった。天候も特筆するほどの素晴らしさではなかった。それでも彼女は満喫したし、ニュージーランドの人々はいつも彼女の心の中で特別な場所を占めている。

▼学んだ教訓……彼女は別れ際に、「やらなかったことを悔やむよりも、やって後悔するほうが私はいい！」と語った。振り返ってみれば、この経験は彼女のキャリアと私生活に良い影響を及ぼした。

失敗しないほうがよいと思う理由はさまざまだ。第1に、達成したいことが実現しなければ常に失望する。他の人がどう反応するかという不安感によって、この不快な気持ちはさらに募る。成功しなければ、人から見くびられるかもしれない。再雇用してもらえないかもしれない。ビジネス上の取引が難しくなるかもしれない。しかし、次の例が示すように、必ずしもそうとは限らない。

プリンストン大学教員の失敗の履歴書

うまくいかなかった事柄を語りたがらない人は多い。採用面接などで自分を売り込む瞬間は、特にそうだ。ヨハネス・ハウスホファーはプリンストン大学心理学部の助教である。きちんとしていなければたどり着けない地位だが、そんなプリンストン大

ヨハネス・ハウスホファーの失敗の履歴書

私がやってみることの大半は失敗に終わる。こうした失敗は目につかないことが多いが、成功は目立つ。このため、他の人から見れば、私はほぼ順風満帆に見えるらしいことに気づいた。こうして人々は、世の中は確率論的で、願書は運任せ、選考委員会や審判の機嫌が悪かったという事実よりも、失敗したのは自分のせいだと考えてしまう。この失敗の履歴書は、記録のバランスをとって、いくつかの視点を提供しようする試みだ。

これは私のアイディアではなく、ネイチャー誌に掲載されたメラニー・I・ステファンの素晴らしい論文から拝借したものだ。彼女はエディンバラ大学生物医学科学部で教鞭を執っている。ツイッター「@MelanieIStefan」を当たれば、彼女の論文、ウェブサイト、出版物が見つかるので、フォローできる。

失敗の履歴書を投稿した研究者は、私が初めてではない。先行事例は、さまざまな場所で見つかる。

この履歴書はどう見ても完璧なものではない。記憶をもとに書いたので、おそらく多くのことが省かれてしまっている。皆さんの履歴書と比べて短いとすれば、それはおそらく皆さんのほうが私よりも記憶力が良かったり、トライするのが得意だからだろう。

選考に落ちた学位取得プログラム

2008年　ストックホルム経済大学経済学部　博士課程
2003年　ケンブリッジ大学大学院医学部　博士課程
　　　　ロンドン大学大学院医学部　博士課程
　　　　ハーバード大学心理学部　博士課程
　　　　スタンフォード大学神経科学および心理学部　博士課程
1999年　ロンドン・スクール・オブ・エコノミクス国際関係学部

取れなかったアカデミックポジションやフェローシップ

2014年　ハーバード・ケネディ・スクール
　　　　カリフォルニア大学バークレー校農業・資源経済学部
　　　　マサチューセッツ工科大学脳・認知科学学部

　このリストは、私がキャンパス訪問をした学校に限定されている。1次面接を受けたのにキャンパス訪問に呼ばれなかったり、1次面接を受けられなかった学校を挙げると、はるかに長くなる。機会があれば書き出してみたい。アドバイザーの先生から強力な推薦状は書けないと言われて、多数の経済学のトップ校（ハーバード大学、マサチューセッツ工科大学、イェール大学、スタンフォード大学、プリンストン大学、シカゴ大学、カリフォルニア大学バークレー校、ロンドン・スクール・オブ・エコノミクス）に願書を出さなかった事実も、このリストには含まれていない。

学の教員でさえも、何もかもが成功しているわけではない。実際、うまくいかなかったことはたくさんある。彼は、失敗は隠すのではなく、むしろ他の人に話すべきだと信じている。というのも、多くのエネルギーをつぎ込んだ対象であり、そこから学べることは多いからだ。

ダメだったことをすべて年代順に記した「失敗の履歴書」をハウスホファーが書いた理由もそこにある。失敗したにもかかわらずではなく、そこで学習が積めたから、最終的に成功したのだ。願書が通らなかったので、選ばれやすい願書にする方法を習得した。

それから、別の観点からも失敗に留意してほしい。「このろくでもない失敗の履歴書は、私の学術研究全体よりもはるかに注目されてきた」

▼組織における失敗

現代の組織が成功し続けるためには、変化と改善を続けなければならない。これには、実験と学習をする余地が十分にある戦略と企業文化が必要になる。

経営戦略の第一人者であるイゴール・アンゾフの研究によれば、不確実性によって人や組織が事前に計画する能力は制限されてしまう。(2) 不確実性が増すほど、アンゾフが「能動的な柔軟性」

と呼ぶもの、つまり、他の人に先駆けて反応したり、予期せぬ結果や急速な環境変化に対処する能力が一層求められる。

今日、自分の道を見つけるためには、管理やコントロールよりも、うまく切り抜けることが以前にも増して重要になっている。これは実験し、間違えながら、それに応じて進路を調整することによって身に付くスキルだ。

ウォルト・ディズニー・カンパニーの元CEOであるマイケル・アイズナーは、「怖がりな人は常に凡庸に甘んじる」ので、失敗を罰すれば、必ず凡庸につながると確信していた。

研究によると、組織内で間違いに対する許容度が高いほど、より良い結果がもたらされるという。ニコレッタ・ディミトローヴァは2014年の組織論の博士論文で、悪い結果を避けるためにあらゆる間違いを避けようとする「エラー防止」と、間違いが起こる事実を受け入れて悪い結果を最小限に抑えようとする「エラー管理」とでは、他人の認識と業務の成果の観点でどちらの戦略がより建設的かについて調査した。(3)

多くのマネジャーは自分の評判が下がるのを恐れて、エラー管理戦略を使いたがらない。ディミトローヴァによると、これは根拠のない恐怖だという。実際に、間違いは学習体験だと考えているリーダーは、エラー防止戦略をとるリーダーよりも総じて好感度が高く、高潔で有能だと見なされている。また、従業員からの信望は厚く、従業員のやる気とリーダーに対する満足度も高い。間違いを気にしすぎるよりも、ミスにうまく対処しようとするほうが集中力が増し、恐怖心が和らぎ、仕事の満足度も高まりやすいのだ。

第7章で見ていくように、これは仕事の業績にも良い影響を与える。こうした調査結果からも、エラー管理戦略のほうが望ましいことは明らかだ。

▼スポーツにおける失敗

スポーツの世界では、成功と失敗は特に近しい関係にある。スポーツイベントの定番ソングである、イギリスのロックバンド、クイーンの「伝説のチャンピオン」の歌詞にあるとおりだ。

We Are the Champions（俺たちはチャンピオンだ）
No Time for Losers（負けてくよくよしている暇はない）

スポーツでの失敗（敗北）はつらいものだが、敗者がいなければ勝者は存在しない！ 繰り返しになるが、学習の機会と考えれば、ある程度まで失敗を前向きなものに変えられる。いつどこで問題が起こったかを注意深く分析すれば、その部分について改善が図れるのだ。プロテニス選手のスタニスラス・ワウリンカがそれを裏付けている。

スタニスラス・ワウリンカ

２０１３年、テニスの全豪オープンの４回戦で、スイスのスタニスラス・ワウリンカはノバク・ジョコビッチと対戦した。ワウリンカは善戦し、第５セットにまでもつれ込んだが、結局敗退した。

彼はもちろん失望していたが、同時に「この試合で多くのことが学べたので、自分のプレーを大幅に改善できると思う」と語った。その証しとして、彼は前腕にタトゥーを入れた。そこに刻んだのは、アイルランドの作家サミュエル・ベケットのこんな言葉だ。「何度も試して、何度うまくいかなくても、気にするな。また試して、また失敗すればよい」

その翌年、ワウリンカはジョコビッチを準々決勝で破り、全豪オープン優勝を果たした。このモットーは彼のウェブサイトでも見ることができる。

このケースは、輝かしい失敗の「勝者総取り」型に当てはまる。競争が激しい世界では、最終的に勝者は１人だけだとしても、人や組織が参加意欲を持ち続けることが重要なのだ。

当然ながら、その人の社会的環境への態度も、失敗に対処するうえで非常に重要になる。プロスポーツの世界では、どの選手もあらゆることが詮索の目にさらされる。失敗すれば容赦なく叩かれ、瞬く間に応援してもらえなくなる。特にサッカーのようなスポーツでは、監督による選手の起用ミスだと判明することも多い。アスリート本人だけでなく、監督もまた、成功と失敗は紙一重にすぎないことを誰よりもよく知っている。

コーチングと輝かしい失敗

（スポーツマネジメント教育者　マーティン・ファン・ヴェステロップの寄稿）

コーチというものは、練習中には大きな影響力を持っているが、試合中には選手を手取り足取り指導することはできない。プロ選手がプレーする瞬間に何もできないのに、コーチは決定的な（マイナスの）影響を及ぼせるのだろうか。

次に示すのは、オランダのスポーツ史において悪名高い瞬間となった事例だが、間違いなくコーチに影響力があることを示している。

スピードスケートのオランダ代表で金メダリストのスヴェン・クラマーが歴史に残

るミスを犯したのは、２０１０年のバンクーバーオリンピックで、1万メートルの試合に臨んだときである。優勝候補の本命と目されていたクラマーだが、コーチのジェラルド・ケムケルスの指示で間違ったレーンを滑って失格となった。

こうして、クラマーのオリンピックの夢は断たれた。オリンピックは4年に1度しか開催されないので、これはひときわ苦い経験となった。クラマーは失敗を挽回する最後のチャンスもつかみ損ね、２０１８年の韓国開催の冬季オリンピックでは6位に終わった。

しかし、クラマーはこの事件後に、国際的に注目を集めた。多くの国では、スピードスケート競技の1万メートルの試合は退屈きわまりなく、ペンキが乾くのを見ていたほうがましだとさえ思われている。ところが、ヒーローと同時にアンチヒーローとなる人物が登場したのだ。これは、まさに見ものであり、心も動く。そこがみんなに評価され、クラマーはその功績を称えられたのである。

ケムケルスはというと、「コーチには限界があることを学んだ。チームには注目に値するメダル候補者が10人いたが、時間が足りなかった」と語った。２０１０年のバンクーバーオリンピックの後、ケムケルスは以前よりも他の人に任せて、自分のための時間やスペース、エネルギーをつくるようになった。彼は現在、プロスポーツの成功と失望の対処について講義やワークショップを行っている。

▼史上最悪の選手交代

2004年に、ポルトガルでサッカー欧州選手権が開催された。オランダ代表はドイツと対戦し、幸運にも1対1の引き分けに持ち込んだ。次に対戦するのは、初戦で勝ち星をあげていたチェコ共和国だ。ここで良い結果を出さないといけない。

試合はおおむね、オランダチームのウィング、アリエン・ロッベンが主導権を握っていた。この大会に合わせて怪我から復帰したばかりのロッベンは破竹の勢いで、すでに2つのアシストを行い、チームは2対1でリードしていた。

オランダ代表監督のディック・アドフォカートは、58分でロッベンをベンチに下げた(オランダ国民はひどく仰天した)。守備的ミッドフィールダーに交代することで、リードを守ろうとしたのである。この采配は大失敗に終わった。チェコは2対2に追いつき、オランダの選手が1人、レッドカードで退場。チェコは終了2分前に追加ゴールを決めた。

その後で、誰もが頭に浮かべた疑問はただ1つ。なぜアドフォカートは、ロッベンをピッチから下げたのか。非難の矢面に立たされたアドフォカートは、試合後の記者会見をアシスタントコーチのヴィレム・ファン・ハネヘムに任せた。アドフォカートが再びこのような決定をした場合にどうするかと聞かれたハネヘムは、「監督を殴ってやります」と答えた。

厄介なのは、このときアドフォカートがロッベンを交代させなかったら、どうなっていたかは誰にもわからないことだ。これは、意思決定が裏目に出て批判されるときによく起こる問題である。

▼サッカーにおける成功の定義を変える

プロサッカーなどの観戦スポーツの場合、外部の世界の反応は単純明快だ。勝てば、選手は背中を叩かれて祝福を受ける。負ければ、背後に気をつけたほうがよい。

オランダの有名なサッカー監督、フォッペ・デ・ハーンが採用している成功の定義は、ただ勝つことではない。ハーンにとって、成功とは改善することだ。チームは協力しながら攻撃力や防御力を高め、より良いプレーをして、個々の選手はストライカーの裏をかくテクニックを磨いていく。私たちが話を聞いたときに、ハーンはこう語っていた。

「最終結果はこのすべての要因が合わさったものだ。日々向上を図るべきで、『俺がチャンピオンになりたい』などと言ってはいけない。決して手の届かないほど遠くに目標を設定しないことだ。サッカーはカオスであり、選手はそれに対応することを学ばなくてはならない。実際に、選手はそういう訓練を受けている。というのも、試合は週6回行われるので、必然的に信じられないほど多くのミスを犯すことになるからだ。
サッカーの試合では、直ちに修正できないことが多いが、少し後から直せばよい。監督はこの部分で主要な役割を果たす。たとえば、ミスの後で、汚い言葉でののしり、怒りをあらわにする監督は、すぐにそれではうまくいかないことに気づく。こうしたときにこそ選手を落ち着かせて、それぞれの仕事に集中させなくてはならない」

失敗に関するハーンの見解は、自身のバックグラウンドや体験に基づいている。

ハーン監督が降格から学んだこと

フォッペ・デ・ハーンのプロサッカー・コーチとしてのキャリアは、オランダのトップリーグのクラブチームであるSC（スポーツクラブ）ヘーレンフェーンのヘッドコーチに就任したときに始まった。ハーンはオランダ・スポーツリーダー教育中央研究所（CIOS）で教えたこともある。このため、彼のコーチングは「教師」の性格が強く、やや上から目線だった。

3年後に、SCヘーレンフェーンのトレーニング責任者に「降格」されたとき、ハーンはこれを失敗と捉える代わりに、逆転の発想を持つことにした。よし、それなら自分がどれほど素晴らしい教師なのか、みんなに見せつければよい、と。もちろん、精神的に立ち直るまでに数カ月かかったが、新しい役割に就いて奮起した結果、多くの尊敬を集めるまでになった。

その結果はというと、3年半後、ハーンは監督として再雇用された。それまでずっとトレーニングヘッドを務めてきた彼は、後任者が見つかってからようやく監督を引き受けた。その後、SCヘーレンフェーンの監督を13年間務め、オランダのプロサッカーで最も在任期間の長い監督となった。

彼の采配の下、同クラブは史上初めてUEFA（欧州サッカー連盟）カップウィナーズカップへの出場資格を獲得。ハーンはその後も、U21（20歳以下）オランダ代表チームの監督を務め、UEFA U21欧州選手権で2度優勝している。さらに、2008年の北京オリンピックの出場資格も獲得した。

BriFaモデル——試行と学習を通じてプラスに変える

BriFaモデルは、本書の中核を担うものである。「輝かしい失敗」とは、試行と学習を通じた前向きな変化を指す。私たちが主に関心を向けるのは、個人や集団としての成長だ。この種

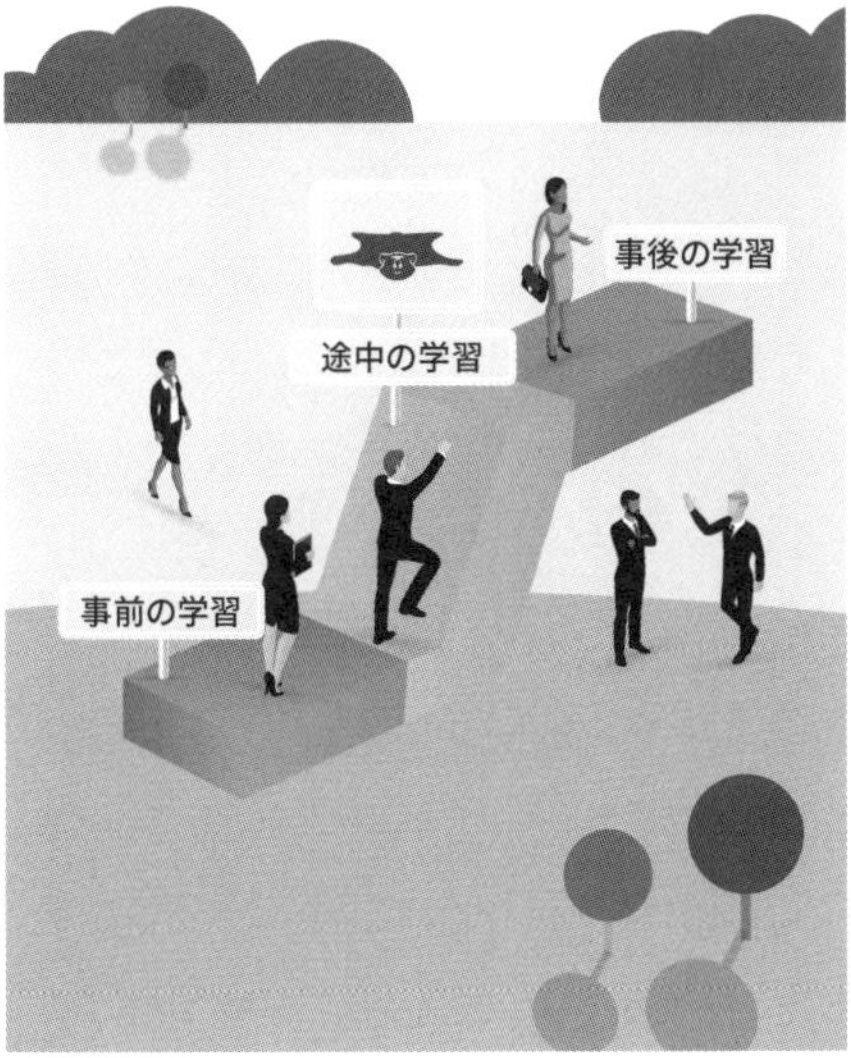

図表1-2 ▸ S字曲線

の成長が見られるのは、私たちが実際に行動しながら知識を生み出し、共有し、何よりもそれを使うときである。これは、計画段階、実行段階、そして事後に起こる。

すでに紹介したとおり、ＢｒｉＦａスコアには５つの側面があり、頭文字をとるとＶＩＲＡＬとなる。ＢｒｉＦａモデルでは、輝かしい失敗は学習プロセスの根幹を成す。中心的な機能を果たすのがＢｒｉＦａ学習スパイラルとＢｒｉＦａランドスケープであり、そこで人や組織が自己成長を遂げることができる。

まずは、実行と学習に基づく成長について見ていこう。図表１－２は、その様子を大まかに示したものだ。

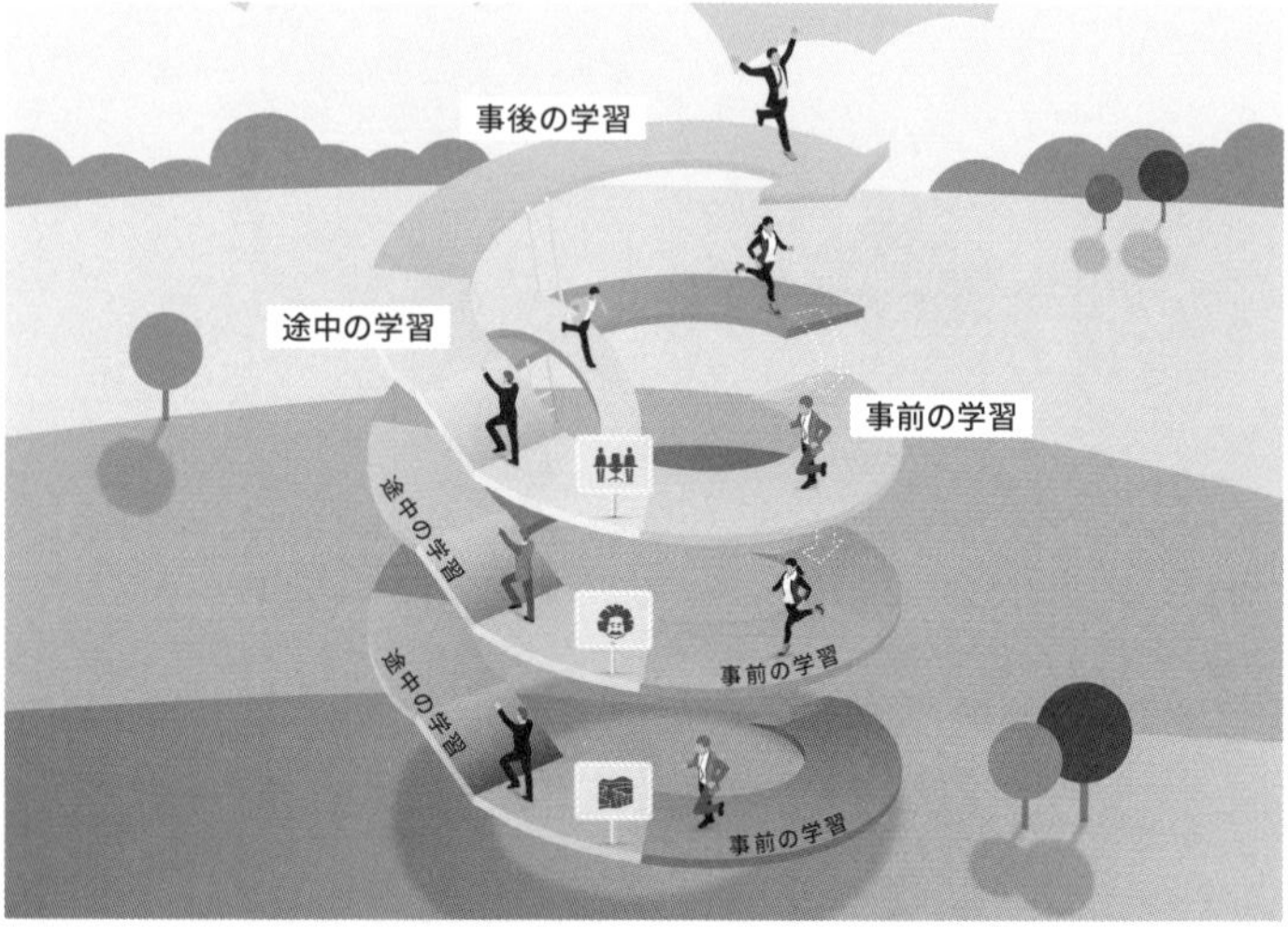

図表1-3 ▶ BriFa学習スパイラル

事前、途中、事後などさまざまな段階で、どのように学習が進んでいくのだろうか。また、行動の間にラーニングパス（学習経路）がどのくらい急上昇するだろうか。これは、その形状から「S字曲線」と呼ばれる。終盤に差し掛かると学習速度は落ちるが、これは次のプロセスに移る時を意味する。

「計画、実行、完了」というパターンが繰り返され、完了段階の後で次の学習プロセスへのジャンプが起こる循環プロセスを描く。前のレベルに戻ってもう一度試すこともあれば、獲得した知識をそのまま次のプロセスで使えることもある。この場合の成長は、「スパイラル状」で起こる（ＢｒｉＦａ学習スパイラル）。

こうした成長は、個人的なものもあれば、家族、チーム、組織、産業、さらには社会全体で起こる場合もある。ここで、ある状況や環境、活動から、

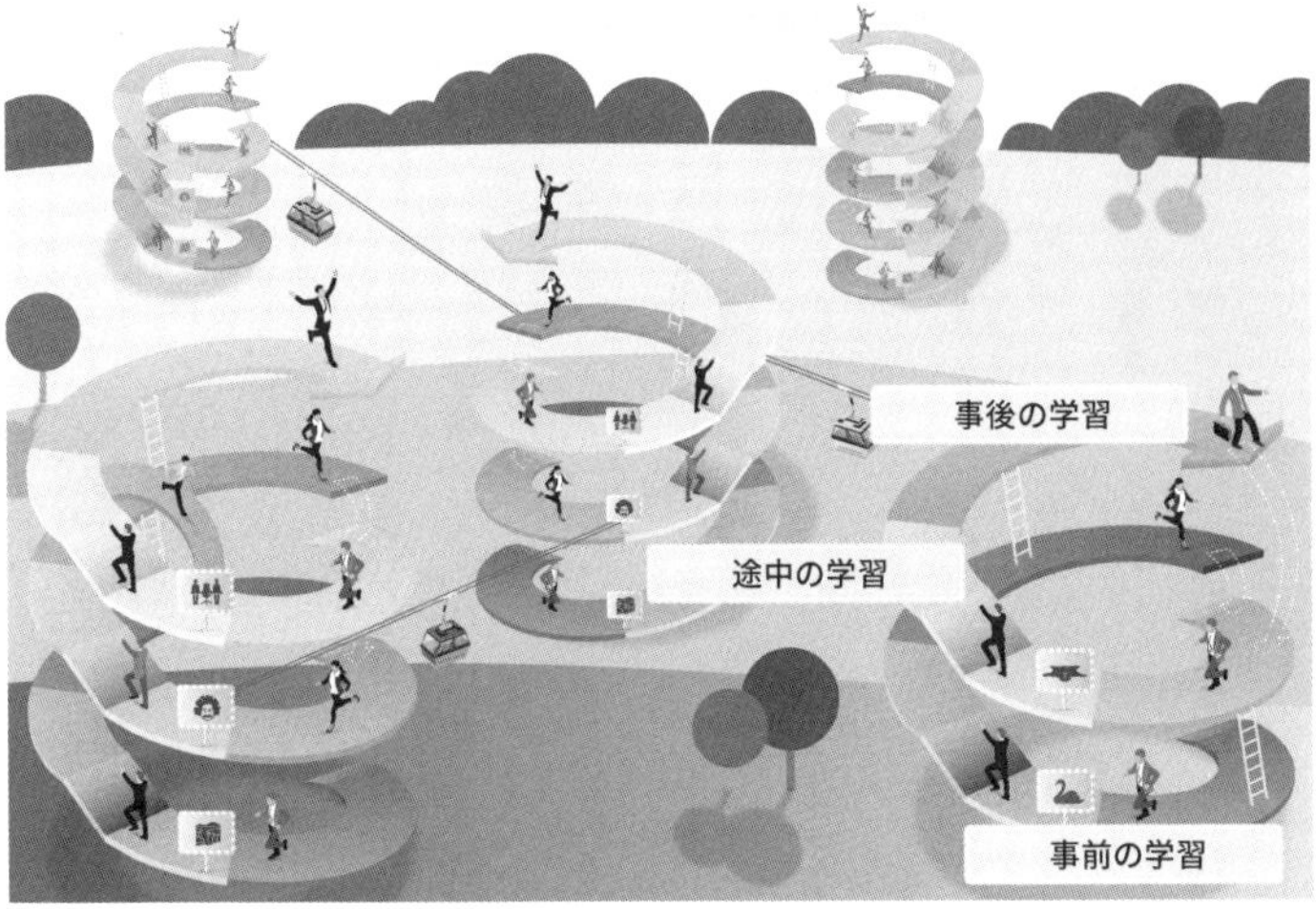

図表1-4 ▶ BriFaランドスケープ

別の状況や環境、活動へと自在に知識が流れていく様子を想像してみてほしい。進化する大規模なシステムが出現し、そこでうまくいかなかったものが徐々に消え、良い結果を生み出すものがシステム内に取り込まれ、その結果、知識の最適化と継続的な改善につながる。

こうして、輝かしい失敗から学習する環境である「BｒiFａランドスケープ」が生み出される。共通価値の創造や集団学習のためのランドスケープは、私たちが一緒に作り上げていくものだ。

これこそが、私たちが行動し、実験し、経験し、学習する環境である！

知識は文脈内や文脈間で共有され、学習はスパイラル内やスパイラル間で発生する。自分自身の経験だけでなく、他者の経験からも学ぶ。輝かしい失敗をより簡単に認識し、他者と共有できるメソッドを利用すれば、知識の伝達が促される。

このメソッドでは、頻繁に繰り返される失敗のパターンとして「型」を活用する（図表1－4では、成長経路に沿って出てくる「道路標識」のような図柄で示している）。その詳細は、第5章で取り上げる。

失敗した輝かしさとしての哲学

（哲学者 ヘンク・オーステリングの寄稿）

哲学的な観点から、輝かしい失敗についてどんなことが言えるだろうか。学問としての哲学は、失敗をどう見るのか。失敗は私たちの思考をどのように構造化するのか。また、一般的にどんな特徴があれば「輝かしい」とされるのか。哲学では、失敗を肯定的に捉えるのか、それとも否定的に捉えるのか。

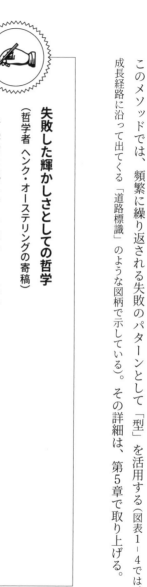

失敗を輝かしさで評価する哲学的姿勢を端的に示す例は、おそらくカール・ポパーの「反証主義」だろう。ポパーは、この方法論的な原則である反証（間違っていることの証明）を良い研究の必須条件と呼んでいた。ただし、これは事後に明らかになった輝かしい失敗というよりも、どちらかというと、成功している体系的アプローチの一部としての独創的な反例（仮説が当てはまらない事例）を指していた。

より再帰的な哲学的観点から、輝かしい失敗に迫ってみよう。その曖昧な性質は、取組み、実験、あるいは実践に起因するのだろうか。輝かしい失敗という言葉の曖昧さは誰の目にも明らかだ。実証済みの弁証法の公式でいうと、2つの相互に排他的な概念が1つの言葉にまとめられている。読者は、肯定的な意味と否定的な意味の間で引っ張られて右往左往し、2回も惑わされてしまう。輝かしいものが失敗に当たるのか。失敗してもまだ輝かしいと言えるのか。2つの概念の定義は互いに打ち消し合わないのだろうか。

このような方法は、近代哲学史で現実の複雑性を明らかにするために常に用いられてきた。たとえば、1960年代にヘルベルト・マルクーゼは「抑圧的寛容」という言葉を使ったが、前半の「抑圧」と後半の「寛容」は相容れない。しかし、厳格に規制されたデモの中で、体制に対して声高かつ批判的に抗議をする場合はどうだろうか。官僚制に制御されたやり方で抗議したり、さまざまな順守すべき規則に従うことで、その激しさは緩和される。ある意味で、そうしたデモを通して改めて体制の抑圧的な力が透けて見えてくる。

一見すると、「輝かしい失敗」という言葉も瓜二つだが、ここでは別のことが起こっている。哲学史をさらにさかのぼると、この用語の構造は、哲学者のエピメニデスが古代クレタ島で考案した、いわゆるエピメニデスのパラドックスと少し似ている。「すべてのクレタ人は嘘つきだとクレタ人のエピメニデスが言った」という命題は正しいか、間違っているか。

論理的に言うと、どうやら明快な答えはないようだ。煎じ詰めると、それぞれの答えは逆さになる。すべてのクレタ人が嘘つきだとすれば、クレタ人のエピメニデスが述べた「すべてのクレタ人は嘘つきだ」は嘘になる。しかし、それが嘘だとすれば（少なくとも、嘘をつかずに真実を話すクレタ人がいると考えられるならば）逆転し、エピメニデスが言っていることは真実となる。ところが、それが真実（すべてのクレタ人が嘘つき）だとすれば、この文全体が真実ではない、というように堂々巡りになってしまうのだ。

この文の複雑性が十分に評価されたのは、20世紀になってからである。これは、それ自体の中でそれ自体を参照する、自己参照の問題だ。イギリスの哲学者のバートランド・ラッセルは、この文全体には実は2つの節が含まれていて、各節に個別の真理値があることを理解していた。エピメニデスが何を言おうとも、「クレタ人のエピメニデスが○○と言う」という文は真実かもしれない。「すべてのクレタ人は嘘つきだ」という文そのものも真実かもしれない。しかし、これを1つの文に組み合わせると、論理的に短絡化が起こり、この曖昧な文を理解しようと試みる人を迷子にさせる。

どちらの場合にも、ある種のフィードバックループが介在している。2つの単語や節の間で短絡化（ショートカット）が起こるのだ。

それでは、輝かしい失敗でも同じことが起こるのだろうか。たとえば、何かを行い、成功に向けて全力を尽くしたものの、失敗に終わったとしよう。意図した目標は達成されず、行ったことを完全に認識することもできない。輝かしい失敗には、達成と認識という2つの側面が含まれるが、この両方は同時に起こらないのだ。

失敗したプロセスを振り返ると、ボールを落とした場所、判断を誤った箇所がわかる。後知恵という有利で心地よい目線で振り返れば、こうした失敗は（事後に起きたことも勘案して）大成功の前兆だったとわかるかもしれない。かつては単純な失敗だったものが、（時期尚早かもしれないが）輝かしい動きへと転じる。

「輝かしい」と言えるのは、当時は持ちえなかった知識を使って振り返ることで、その時点で思っていたものとは、まったく異なる力が働いていたことがわかるからだ。しかし、それは後になって判明する。現在知っていることをもとに、振り返りや再評価をすることによって、ある問題を解決するための鍵や、その問題が実際にどれだけ大きなものかが明らかになる。

したがって、「輝かしい失敗」という言葉は、フィードバックループの2つのタイムスケールを通じて、振り返るプロセスを指している。最初のスケールでは、実験はそれ自体と同時に起こり、失敗する（達成されない）。第2のスケールでは、自己参照してその状況に再度当てはめてみることで、文字どおりまったく新しい意味が与えられる。フィードバックループにより、失敗にまったく別の意味があることに気づくのだ。後知恵のおかげで、失敗は輝かしくなるのかもしれない。

第1章のエクササイズ

- 履歴書には間違いなく、自分が誇らしく思ったことがいろいろと書かれている。しかし、ヨハネス・ハウスホファーの例にならって、自分の最も重要な学習体験についても言及してみたらどうだろうか。輝かしい失敗を少なくとも1つ追加して、履歴書を更新してみよう。そうすれば、すぐに目立つし、あなたに勇気があることが伝わり、読み手は好奇心を持つはずだ。声がかかりやすくなり、どこでなぜうまくいかなかったのかについて、興味深い会話ができるだろう。将来の雇用主は、履歴書にそうした追加情報を入れることを高く評価するかもしれない。つまり、学習体験を書くことは、自分の目標を達成する確率を下げるのではなく、上げることにつながるのだ。
- 多くの発見は、多かれ少なかれ偶然に起こる。これはセレンディピティと呼ばれ、想定外のことに心が開かれているときにのみ起こる。見知らぬ人との会話を始めたり、今まで訪れたことのない近隣の街や都市を訪れたり、今まで見たことのないテレビ番組を見たり、今まで聞いたことのないアーティストや作曲家の音楽を聴いたり、今まで積極的に探索したことがないテーマについてグーグルで検索してみよう。さて、どう感じるだろうか。

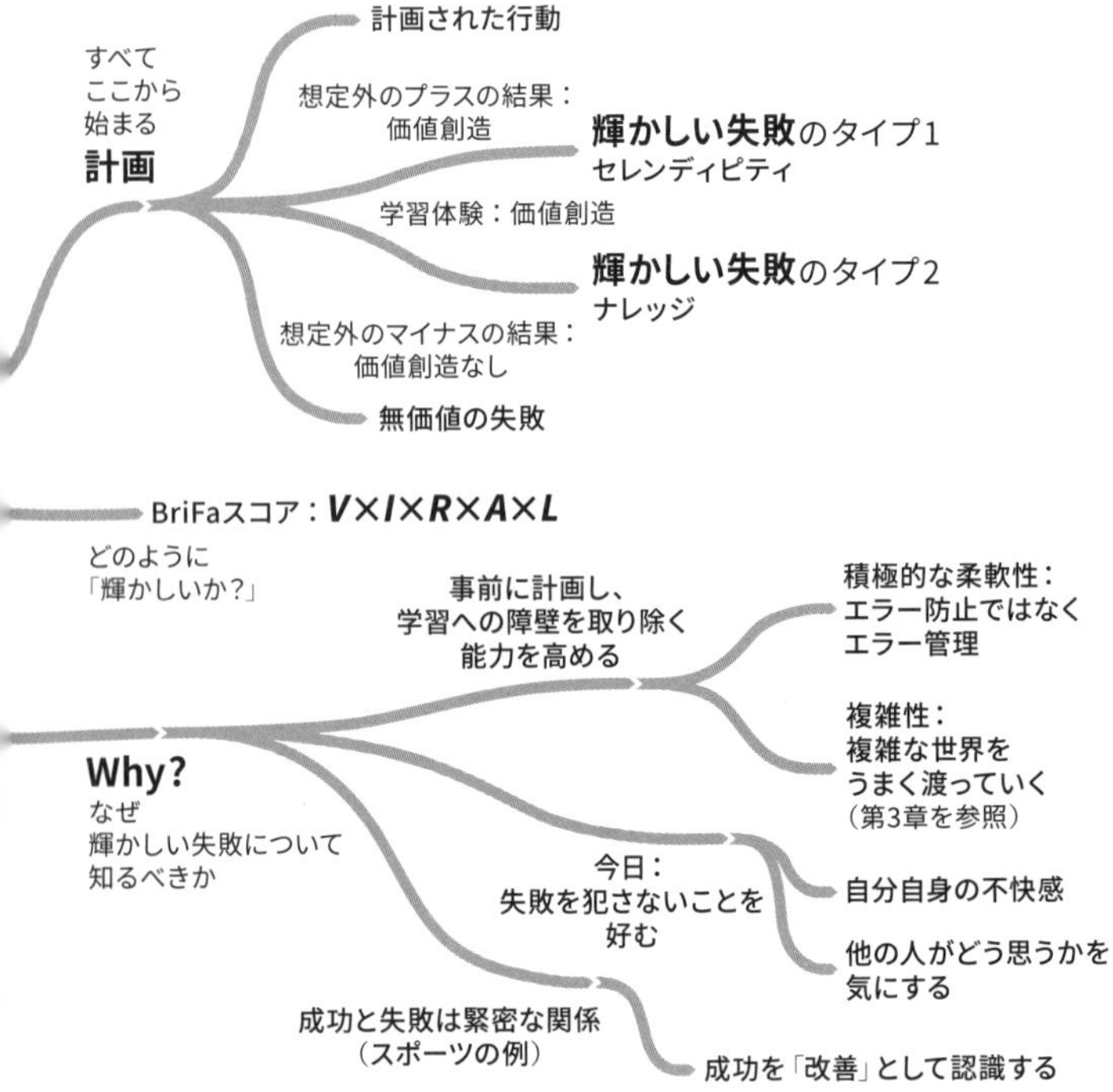
すべて
ここから
始まる
計画
計画された行動
想定外のプラスの結果：
価値創造
輝かしい失敗のタイプ1
セレンディピティ
学習体験：価値創造
輝かしい失敗のタイプ2
ナレッジ
想定外のマイナスの結果：
価値創造なし
無価値の失敗
BriFaスコア：V×I×R×A×L
どのように
「輝かしいか？」
事前に計画し、
学習への障壁を取り除く
能力を高める
積極的な柔軟性：
エラー防止ではなく
エラー管理
複雑性：
複雑な世界を
うまく渡っていく
（第3章を参照）
Why?
なぜ
輝かしい失敗について
知るべきか
今日：
失敗を犯さないことを
好む
自分自身の不快感
他の人がどう思うかを
気にする
成功と失敗は緊密な関係
（スポーツの例）
成功を「改善」として認識する

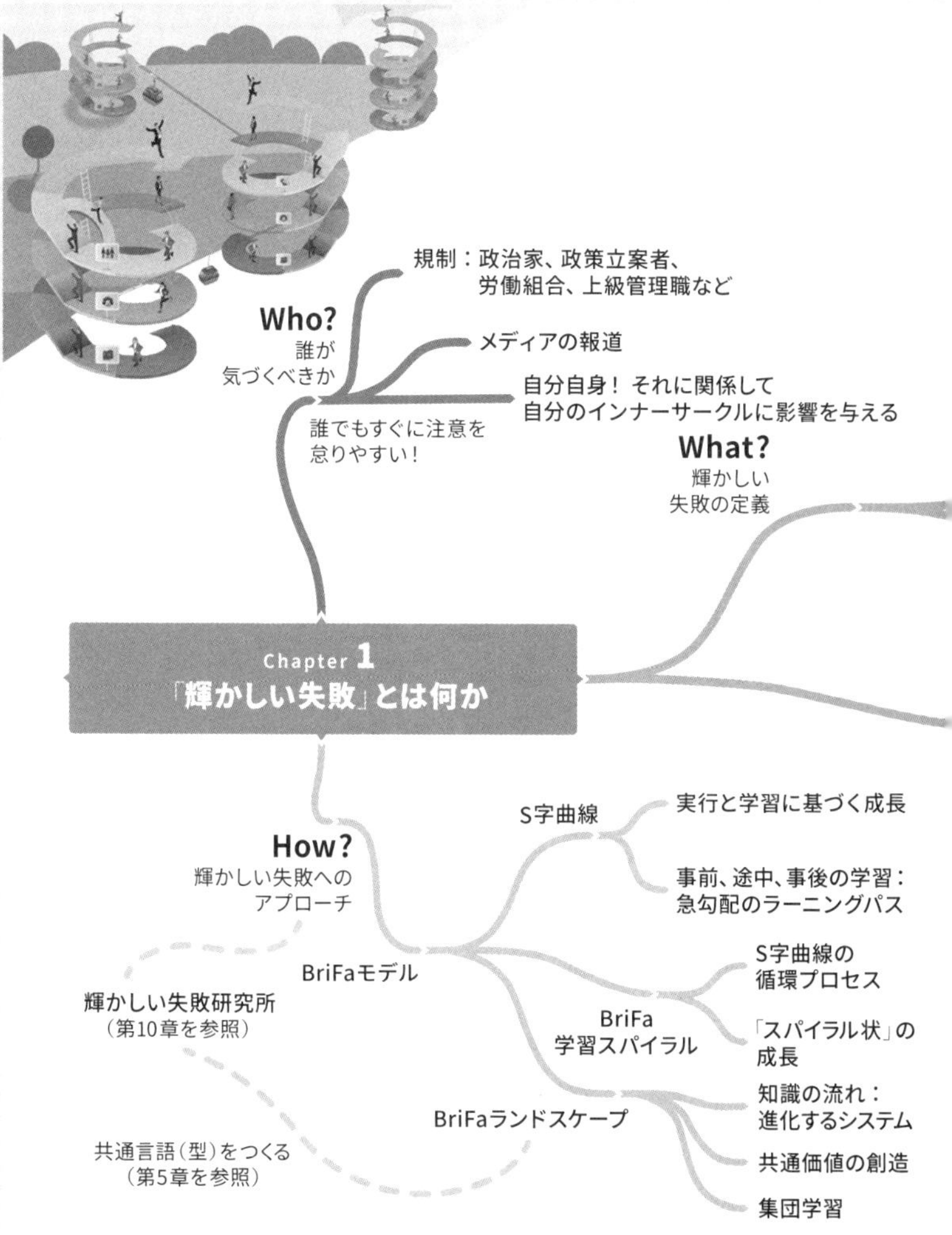

Chapter 1
「輝かしい失敗」とは何か
Who?
誰が
気づくべきか
規制：政治家、政策立案者、
労働組合、上級管理職など
メディアの報道
自分自身！ それに関係して
自分のインナーサークルに影響を与える
誰でもすぐに注意を
怠りやすい！
What?
輝かしい
失敗の定義
How?
輝かしい失敗への
アプローチ
S字曲線
実行と学習に基づく成長
事前、途中、事後の学習：
急勾配のラーニングパス
BriFaモデル
S字曲線の
循環プロセス
BriFa
学習スパイラル
「スパイラル状」の
成長
BriFaランドスケープ
知識の流れ：
進化するシステム
共通価値の創造
集団学習
輝かしい失敗研究所
（第10章を参照）
共通言語（型）をつくる
（第5章を参照）

Chapter 2

失敗は私たちのDNAである

Failure Is in Our DNA

現実はとかく予想どおりにならない

真剣に起業を考えている人は通常、事業計画を策定する。しかし人生では、すべてが計画どおりにいくことはまずない。スーパーで牛乳を買ってくるという単純なプランでさえ、その結果を絶対確実に予測することはできない。店に行く途中で誰かに会ったり、何かに遭遇するかもしれないのだ！

事業計画もまた、途中の展開を完璧に描き出した青写真ではない。「計画」というと、ゴールまでまっすぐに続く道をイメージするものだが、現実は得てして別の場所に問題の核心がある。想定外の状況に直面し、すべての情報が手元に揃っているわけではないことがわかり、問題は見た目よりもややこしく、予想よりも早く資金を使い果たしてしまうものなのだ。

図表2-1 ▸ 計画と現実の違い

図表2－1から、多くの計画について2つの結論を導き出すことができる。第1に、目標に向かって直線を描くことは現実的なシナリオではない。第2に、計画という理論上の現実よりも、本物の現実のほうが、経験できることや学ぶことが多い。秘訣は、「理想」の世界にしようとするのではなく、現実世界を受け入れて正しく評価することだ。それはまさに想定外のことであり、経験から学ぶ機会であり、人生に生きる価値を与える浮き沈みである！

この図のイメージが現実と違うのは、人生はもっと複雑で入り組んでいるからだ。その詳細は、第3章で取り上げる。まずは、私たち自身、人類から始めよう。

人間であることは、物事が計画とは異なる方向に進みがちになる主な理由である。すべては私たちの脳の働きから始まる。私たちは推定する。つまり、過去の経験や情報をもとに、これから起こりそうなことを予想する。

たとえ考えられる結果はすべて織り込もうと固く決意しても、往々にしてそれを完璧に遂行することはできない。というのも、人間の脳は生まれつき、予想を遮断するようにはできていないからである。

脳は輝かしい失敗研究所
（脳科学者 ヘール・ポストの寄稿）

環境の中で何かを知覚すると、私たちの脳はその対象（家、狼、他の人）に関する情報を感覚器官から受け取る。最もシンプルで粗い形状が最初に処理された後、それらがさらに組み合わさって、目の前にある対象を意味のあるものへとまとめ上げていく。あるいは、誰かの話を聞くと、発話された音素が組み合わさって音節になり、それが単語になり、次に文章になり、最後にアイディアが形成される。

感覚は末端神経から脳へと伝わるので、研究者の間では「ボトムアップ・プロセス」と呼ばれている。この理論では、脳はカウチポテト（ソファに座って動かず、ポテトチップを食べながら、テレビをだらだら見ている人）のようなもので、感覚器官を介して信号を受け取ったときにのみ起動する。しかし神経科学の研究によると、外部からの信号を一切受けていない場合でも、脳内のニューロン同士で定期的にコミュニケーションが交わされていることがわかってきた。つまり、ボトムアップ・プロセスは唯一の脳の動き方ではないということだ。

この10年間で、トップダウン・プロセスなどの新しい理論が次々に研究されてきた。「予測処理」理論によると、脳は環境について常に予測している。私たちが主に認識しているのは、現実よりも、こうした予測なのだという（気をしっかり持とう！）。これは、的外れな理論のように聞こえるかもしれない。研究者が私たちの知覚を「コントロールされた幻覚」だと説明していることを知ればなおさらだろう。私たちは入力信号を感知するのではなく、予測しているのだ。

では、どうしてこうした幻覚に、私たち（少なくとも健康な人）は翻弄されないのか。予測処理理論によれば、脳は環境内で起こっていることについて、数えきれないほど多くのトップダウン予測を絶えず行っている。それと同時に、その環境の中で実際に起こっていることに関するボトムアップ情報を受け取る。

こうした信号が交差すると、脳で立てられた仮説が検証される。ある予測は正しいかもしれないが、間違っている可能性もある。間違っていれば、「エラー信号」が生成される。このエラー信号により、既存のアイディアとそこから導き出される無数の予測が、可能な限り現実へと近づいていく。

入力信号を予測と調和させたり、エラー信号を減らすために、脳は世界に関する予測を調整して、将来の状況をより正確に予測できるようにする。これは輝かしい失敗と考えられる。というのも、予測が外れれば、続けて調整が行われる、つまり、何かを学習したことになるからだ。こうした輝かしい失敗は、画像や音声の詳細から、世の中の仕組みに関する概念的なものまで、脳全体で発生している。

既存の概念や予測の調整に加えて、別の選択肢がある。それは、環境を変えることだ。たとえば、私たちの身体は生存し続けるために一定の温度を維持しなくてはならない。皮膚から周囲の温度が大幅に変化しているという信号を受け取ると、脳は体温調節モデルを変えるのではなく、暖かい場所や涼しい場所を探すように私たちを促す。環境を変えて、入力信号を温度の予想にうまく対応させるのだ。

エラー信号を受けて調整したからといって、そこで学習したことが必ずしも「正しい」とは限らない。たとえば、私たちの思考に影響を及ぼす主要なバイアスの1つに、確証バイアスというものがある。主に自分の信じていることの証拠を探し、それとは反対のことを示す信号を見落とす傾向をいう。私たちは自分の世界観の正しさを積極的に証明しようとするので、そこの調整は必要ない。あるいは、予測処理理論が示すとおり、私たちは自分の見方を世界に合わせるよりも、世界を自分の見方に合わせようとする。

ダーティーダズンの教え

人間の行動は非常に不安定で予測不能だ。これは、1つには私たちの脳の仕組みのせいであり、1つには私たちの経験や人間が生み出した環境に起因する。本節では、間違いや失敗に直結する人間の行動のいくつかの側面について説明していく。この議論の出発点としては、航空業界で用いられる、インシデント〔事故・事件〕を引き起こすリスクや心理的・行動的な要因を整理した「ダーティーダズン(Dirty Dozen)」(エラーを発生させる12の要因)がよいだろう。

航空業界では、乗客や乗務員の安全を確保し、安全性を高め続けるために、間違いやインシデントから学ぶことが欠かせない。だからこそ、重大なことでも、些細なことでも、個々のインシデントを徹底的に調べ上げるのだ。ダーティーダズンは、世界中で起こった航空関連のインシデントを何十年も分析してきた結果である。興味深いことに(というか、少々気がかりな点として)、こうしたインシデントの多くは、どうやっても克服できない人間の弱さから起こったのではなく、防止できた可能性がある。12のヒューマンリスク要因を挙げよう。

①コミュニケーションの欠如
②自己過信

③知識不足
④注意散漫
⑤チームワークの不足
⑥疲労
⑦資源の不備
⑧外部の圧力
⑨自己主張の欠如
⑩ストレス
⑪状況認識の欠如
⑫規範

一部の要因は明らかに、乗客と乗務員の安全を危険にさらす可能性がある。たとえば、コミュニケーションがとれていなかったときの影響を考えてみてほしい。コミュニケーションは基本的に一方通行だ。相手が受け取って理解することを前提に、私たちはメッセージを送る。しかし、確認しなければ、実際に相手が理解しているかどうかはわからない！

航空業界では、こうしたリスクを減らし、誤った前提を置かないように、紙のチェックリストや指示書を用いている。1人が声に出して読み上げ、もう1人がそれを確認すれば、2人とも内容を理解する確率が高まる。これは他の業界にとっても参考になることだ。

睡眠不足だった場合はどうだろうか。17時間起きていると、血中アルコール濃度が０・０５％のときと同程度の思考力や反応力になる。０・０５％といえば、多くのヨーロッパ諸国では酒気帯び運転の法的制限に引っかかるレベルだ。たとえば、あるプロジェクトをやり遂げるために徹夜すれば、血中アルコール濃度０・１％相当の機能障害レベルになる。要するに、疲労は意思決定力に深刻な影響を及ぼす。だから、パイロットの連続乗務時間に制限が設けられているのだ。もっとも、業界や職種とは関係なく、人間は疲れていればいるほど、認知能力と注意力が低下していく。

大きなプレッシャーを受けながら働く場合はどうだろうか。前述したように、人間の脳は常に物事を理解してコントロールできるように、現実を反復的なパターンに変換しようとする。複雑な状況下で、一度に多くのことが起きているとき、私たちは目の前の問題に集中するので、破壊的な要因を遮断し、この種の信号を受け付けない傾向がある。この傾向はストレスによって強まることが多い。したがって、コックピット内で緊急事態が起きて、大量の情報を同時に処理せざるをえなくなったときに、致命的なミスが起こりやすいのは想像に難くない。

しかし、関連する信号を受信し続けるように訓練することは可能だ。それがうまくできるようになれば、そうした信号が出た瞬間に大いに役立つ。言い換えると、複雑な状況の中で想定外のことを受け入れられる人を、自分の周囲に置くことが重要だ。当然ながら、これは航空業界だけに当てはまることではない。

最も危険なダーティーダズンの1つは、おそらく自己過信、(精神面の)怠惰だろう。というのも、これは傲慢さやプライド、「自分はすべての答えをすでに持っている」という根拠なき過信に裏打ちされているからだ。そこに死角が生まれ、警告サインに気づけなくなる。自己満足に陥ると、私たちはコンフォートゾーン(居心地の良い場所)に留まり(「深く刻まれた渓谷」型)、自分の見たい世界を見続け、問いかけたり現状を疑ったりすることをやめてしまう。

外部(特に同僚)の圧力も深刻なリスクをもたらす。プレッシャーが強すぎて、個人の意見や希望を集団の意向に合わせざるをえなくなることもある。ここで多くの場合に関係してくるのが、「規範」と「自己主張の欠如」という要素だ。人は規範に影響されて、時には間違いだと知りながら意思決定をしてしまう。自己主張ができず、拒絶されることを恐れて異議や懸念を口にするのをためらえば、悲惨な状況を招きかねない。

実際、警告を受けたのに、周囲に流されて、適切な行動をとれなかったケースは山ほどある。人間の心理的ストレスは理解できるが(複雑な世界における人間の心の弱さだ)、自己満足、仲間のプレッシャー、規範は文化的な現象であり、古代ギリシャ人のいう「ヒュブリス(hubris)」に近い。これは、特にギリシャの神々や天与の世界秩序に対して、過度のプライド、自信過剰、誇大妄想、厚かましさ、傲慢さを表す言葉だ。

幸いにも、こうしたリスク要因は一度認識すれば、自分に役立つように活用できる。12のヒューマンリスク要因のほぼすべてを方向転換させて、機会に変えられるのだ。

ヴィデロー航空839便のヴァーロイ墜落事故

１９９０年４月12日午後２時44分、ノルウェーの航空会社ヴィデローの航空機が墜落し、乗っていた５人全員が死亡した。機体の風速制限を超えた強風により、尾翼が折れて操縦不能になったのが事故原因だ。ノルウェーのロフォーテン諸島のヴァーロイ空港を離陸して63秒後に墜落し、壊れた機体が見つかるまでに数日かかった。ヴァーロイ空港は危険な風が吹き、運航スケジュールがよく乱れることで有名だった。事故調査委員会は、当時の気象条件下では断じて離陸を許可すべきではなかったと結論づけた。なぜ離陸許可が下りたのか。悪天候のためすでに数日間も足止めされていたので、乗客側も会社側もようやく飛ぶことに対するプレッシャーが増大していた。会社としては他の運航便に使うためにも、その機体が必要だった。パイロットは最終的にリスクをとらざるをえなくなり、致命的な結果を招いたのである。

ここでは、少なくとも３つのダーティーダズンの要因が絡んでいた。外部の圧力、規範（難しい気象条件下での離陸は、「度胸がある」と見なされていた）、自己主張の欠如だ。

事故調査委員会によると、「事故原因は、上昇中の機体が、構造基準を超える風を受けたため、尾翼のラダー（方向舵）／水平尾翼に亀裂が生じ、機体が制御不能になったことだ」という。

イースター休暇前の最後の便だったことも、悪天候でも出発しなくてはならないという大きなプレッシャーがかかった要因と見られる。さらに報告書は、空港の立地が秩序の低下を招いたと糾弾した。同様の空港で起こった事件は、ヴァーロイでは適用されなかった知識につながった。ノルウェー政府はこの空港を完全に閉鎖する決定を下し、代わりに島内の別の場所にあるヘリポートが利用されるようになったのだ。

ところで、この事故の結果、ヴィデロー航空の規範が変更されたことは興味深い。かつては天気や風をものともしないパイロットが称賛されたが、今では利益重視のプレッシャーには抗うほうが勇敢だと見なされるようになっている。

指示や行動におけるこうした抜本的な変化は、航空史上最多の死者を出した重大事故の結果でもある。1977年3月27日、2機のボーイング747（KLMオランダ航空とパンアメリカン航空）がスペイン領カナリア諸島のテネリフェ島の滑走路上で衝突し、583人が死亡した。事故の際にはよくあることだが、悪天候、飛行経路の迂回、航空管制官と乗務員間の誤解、レーダーや通信技術の不備などが不運にも重なったせいで、このように悲惨な衝突事故が起きてしまった。コミュニケーションの欠如に加えて、ここでは別のダーティーダズンの要因が働いていた。KLMの副操縦士が「離陸するのは無責任だと思った」と述べていたのだ。とはいえ当時の文化では、機長の発言は絶対だった。「もう待てない」という強い圧力を感じて、何としてでも離陸しようと決意し、致命的な結果に至ったのである。

この事故を1つのきっかけに、「客室担当も含めて乗務員が1人でも出発に反対したならば、常に手続きを止める決定的論拠となる」という規則が設けられた。この変更のおかげで未然に防げた事故もあると思われるが、この学習体験は残念ながら悲惨な代償を伴うこととなった。

ここで学ぶべき教訓は、人はミスを犯すということだ。だから、最高の人材が揃っていたとしても、間違いを犯すことを前提として組織を運営したほうがよい。たとえば、少なくともパイロットは2名とし、チェックリストや、多くの訓練を積ませるといった方法をとれば、確実に過失を減らすことができる。

ただし、これがうまくいくのは、パイロットや他の乗務員がミスを報告しても大丈夫だと感じているときに限定される。そういう状態であれば、みんながそこから学べるようになり、業界全体で安全性を向上させられる。だからこそ、航空業界はフライトレコーダーを法的手続きに使用してはならないという合意があるのだ。

ヘルスケアなど他の業界でもこれを参考にすれば、犯した間違いから学習し、安全性を向上させるうえで建設的な環境にしていくことができる。この結果にはそれだけの価値があるかもしれない。たとえば２０１７年に、商用ジェット旅客機に関する事故はゼロだった。

創造性と失敗リスクの関係

失敗の原因は、私たちの弱みや不運だけではない。人間の最も重要な資質の１つは創造性だ。複数のパラダイムを使って考えたり、異なる角度から物事を見ることで、新しいパターンをつくり出せる。別の言い方をすると、創造性とは、何か新しいものを生み出す能力だ。そして、新しいものを生み出すときには、失敗するリスクがつきまとう。というのも、うまくいくかどうかわからないからである。

エドワード・デ・ボノは１９５５年の論文で、刺激的操作（PO: Provocative Operation）をはじめとする創造的思考法を提唱した[1]。この手法では、現実的に不可能なもの、許されないものも想像する。実際にはありえない状況に行きつくが、そこで現実世界にも有効なアイディアが得られる。

ＰＯの良い例として、レストランの品質を左右するサービスについて考えてみよう。刺激的に発想すると、セルフサービスのレストラン、家庭での料理代行サービスなどのアイディアが出てくるかもしれないが、もっと先まで行ける。たとえば、衛生状態の悪いレストランを成り立たせる正当な理由があるだろうか。

仮に、旅行を計画している国の食べ物にはあるバクテリアが含まれ、それに対する免疫力が自分にないとしよう。たまたま近所に衛生状態の悪いレストランがあり、このバクテリアを含む食材を使っている。そのレストランで一度体験しておけば、たとえ具合が悪くなっても近所のかかりつけ医に診てもらい、有給休暇をとって比較的快適な自宅で療養できる。こうして、バクテリアへの免疫力をつけてから、旅行に出かければよい。

これは単なる仮説的なアイディアかもしれないが、こうした理論上の輝かしい失敗から、欠点を優位性に変える方法などの手がかりがつかめる。失敗は新しい洞察への道を開くこともある。

多くの場合、計画やアイディアの成功や失敗と、その発案者の「独創性」や「愚かさ」との間に直接的な相関関係がないことは明らかである。最近の生活で不首尾に終わったことがあるだろうか。おそらく、自分の手に余ることだと受け流したはずだ。運は必ずしも自分で判断するものではない。成功か失敗かという評価も時間の経過とともに変わりうる。

歴史を振り返ると、生きていた時代には正しく理解されなかった人物が大勢いる。画家のゴッホは生涯ほとんど理解されず、貧困生活を送った。ゴッホの絵画に数百万ドルも値がつくようになったのは死後のことだった。

物理学者のアインシュタインは、大学時代に成績優秀者ではなく、卒業後に教員として大学に残れなかった。応募した仕事はことごとく不採用で、物理学の代用教員として、はしごの下からキャリアを始めるしかなかった。岩だらけのスタートだったが、幸いにも、輝かしい結末を迎えることができた。

残念ながら、哲学者ソクラテスの運命は違った。ソクラテスは古代ギリシャ初の真の哲学者と見なされているが、「若者の心を汚し、神の存在を否定した」と非難され、服毒刑を宣告されたのである。

こうした例はいずれも、非難すべき対象は当時の社会や「システム」にあるのかもしれない。しかし、反対の立場（システムの観点）で考えてみるのも、同じく興味深い。その人間が天才か常軌を逸しているか、どうやって見分ければよいのだろうか。さまざまな国や州の人々にドナルド・トランプ大統領について意見を求めれば、その認識は劇的に異なるかもしれない。

U理論——失敗にオープンになる

失敗の「リスク」は不確実性を伴うものだが、一般的に私たちにとって不確実性はそうそう楽しめるものではない。それでも、ある程度は困難な状況にあえて飛び込んだほうがよい。このすすめは、多くの組織や個人にとって非常に不快で、直感に反するように見える。

オットー・シャーマーが2009年に提唱したU理論は、どうすれば違う考え方を学べるか、どのように学ぶべきかを的確に説明する有益なモデルである。(2)

U理論とは何か

U理論はセオリーにとどまらない、個人や組織のイノベーションと変革のプロセスモデルである。複数のステップを踏みながら、自分の心の内面を「掘り下げた」後、変革そのものへと再び「浮上する」ので、U字を描く。

U理論は、自分や他者とつながることで、関連する全側面を考慮しながら、現代の複雑な問題を実際に変えていくのに役立つ。このプロセスでは、関係者の注意を喚起したり、無意識の知恵を活用したりする。U字の下部では、問題のさまざまな側面が、自分や他の人の洞察や教訓と結びつき、変化を通じて解決策にたどり着くためのひらめきや能力をもたらす。U字プロセスは過去から学べるだけでなく、未来からも学べるのだ。

①ダウンローディング（Downloading）……この最初の段階では、私たちの視点は限定的だ。ダウンローディングの際に私たちは、自分の見解を確認し、現状に関連した既存パターンにしがみつこうとする。いつものやり方で考えたり行動して、なるべく早く問題を解決し、すぐに最終段階に達して、やり遂げようとするのだ。しかし、U字プロセスを経るには、習慣化した考え方や行動方式を手放さなくて

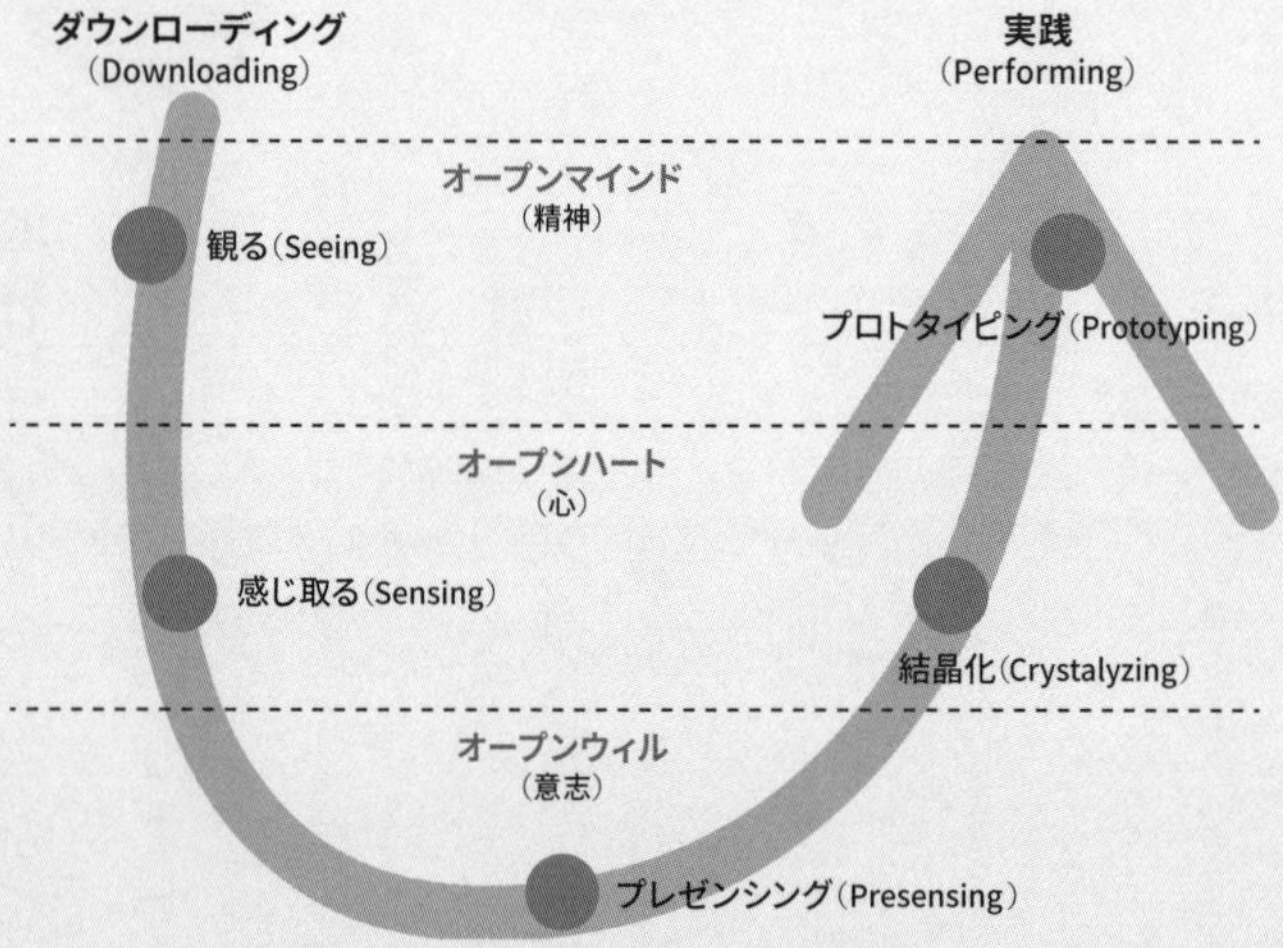

図表2-2 ▸ U字プロセス——問題の理解から解決策の理解まで進む

はいけない。これは学習の前提条件でもある。輝かしい失敗は定義上、パターンを打破するので、輝かしい失敗にオープンになることを意味する。

②観る(Seeing)……第2段階は、予想からの逸脱を快く受け入れ、判断を後回しにすることだ。このためには、オープンマインドが求められる。自分自身の判断、偏った思考やアイディアを認識し、一時的に捨て去ることからスタートする。すると、視野が広がり、見方が変わる。輝かしい失敗が持つ付加価値も理解しやすくなる。

③感じ取る(Sensing)……複雑性に対処するためには、他人との付き

合い方を学ぶ必要もある。それがまさにこの第3段階だ。他の人の考えや感情とつながり、そのつながりを活かしてお互いの理解を深める。こうした理解は、解決策や可能性を一緒に追求するときの基礎となる。輝かしい失敗に対処するうえで、みんながお互いの志、経験、恐怖心を尊重し合うことも非常に重要だ。

④プレゼンシング（Presensing）……これは「presence（存在）」と「sensing（感じ取る）」が合わさった用語である。第4段階では、知識、感情、直感、夢が一体となり、過去、現在、未来が出会い、その先を見通す。未知を恐れない「オープンウィル」のレベルで、将来的に輝かしい失敗を経験することを受け入れるという意味だ。ここはU字の一番下に当たり、自分を動かす源となる心の内面にアクセスする。

⑤結晶化（Crystalyzing）……第5段階では、変化が形作られ、アイディアと未来の可能性のビジョンがつくられる。このプロセスは、第7章で説明するシナリオ開発のプロセスに似ている。変化のプロセスにも不確実性が含まれるので、輝かしい失敗に対処することと明確な関連性がある。自分の目標を達成したり夢を実現するためには、得てして不慣れな領域を通る経路を選ばなくてはならない。したがって、未来のビジョンには、考えていたのとは別の場所に到達したり、別のやり方で目標を達成する可能性を織り込んでおく必要がある。ここでも、セレン

ディピティが重要な役割を果たす。また、意図した結果や計画したルートから外れることを受け入れるなど、「オープンなあり方」も関係する。

⑥プロトタイピング（Prototyping）……第6段階では、実際に行動を起こす。共通の洞察や大きな志に基づいて、未来の可能性を思い描く。それは、変化するためのガイドとなり、最初のステップへの道を指し示してくれる。ここでのモットーは、「なるべく早く成功するために、輝かしい失敗をすること」である。この段階で必要となるのが、敏捷性《アジリティ》だ。つまり、前に進み、分析し、進路を調整し、再び進んでいく。ＢｒｉＦａ学習スパイラルは途切れることなく繰り返される。この段階では、前の段階で浮かんだアイディア、観察事項、未来の可能性についてのフィードバックも得られる。

⑦実践（Performing）……最終となる第7段階では、新しい順番やパターンが出現する。これらは、うまく機能し、変化を有効なものにするために欠かせない。ただし、当初は望ましかった新たな状況が、思い描いた未来に対して静的で持続不能なモデルにならないように、新しいパターンの有効性を熟考しなくてはならない。

U理論が説いているのは、自分自身や他の人が豊富に持っている内面的な動機や経験を探し出すことにより、現在から未来へと前向きな旅をすることだ。現在のパターンの制限や、新しい状況がもたらす機会に対してオープンな場合に、このプロセスは初めてうまくいく。ただし、物事が予想と違う方向に進む可能性も受け入れなくてはならない。つまり、恐怖、決めつけ、偏見、皮肉を克服する必要があるのだ。

真っ先に出てくる反応は恐怖であり、怖いという感情を和らげることは輝かしい失敗を考えるときの中心的なテーマとなる。言い換えると、未知への恐怖、実験への恐怖を取り除くのである。期待外れに終わったことや、予想どおりにいかなかったことについて、怖がって話そうとしなければ、想定外のことを受け入れ、そこから学ぶことの妨げになる。

このハードルを乗り越えるためには、恐れずに、自分の考え方や行動を受け入れたほうがよい。これは図表2－2に示したように、3つのレベルで「オープンな」状態になることと関係する。

A　オープンマインド……決めつければ、自分の思考や洞察を引き出す力が制限されてしまう。好奇心旺盛な態度は、偏見を克服し、他者に関心を示すのに役立つ。

このレベルは、「これについてどう思うか」「ここで自分は何を達成しようとしているのか」「なぜいつも同じやり方をとるのか」「〇〇だったら、どうか」といった自由な質問が含まれる。オープンマインドは「善」と「悪」などの二項対立を超えて、事実を探求し、広い視野を持つ。

B　オープンハート……自分の心が開かれていると、自己や自分の未来の中に、自分自身や他の人を招き入れることができる。知恵につながり、完全に信頼して変革プロセスを体験し始めることができる。

C　オープンウィル……このレベルでは、物事を変えたいと心底思っていることが重要である。恐怖心は極限に達することが多いが、そこに本当に意志があれば、リスクの受け止め方は違ってくるだろう。リスクを受容できるレベルが変わり、輝かしい失敗も受け入れやすくなる。なんといっても、善意に基づいてオープンマインドで行動し、さらに、自他の知恵や大きな志と完全に結びついているのだ。存在の複雑性と変化を完全に受け入れ、このすべての複雑さの中で未来へと向かう意志を示すことになるだろう。

第2章のエクササイズ

- 自分のせいで起きたと思われる直近の失敗を思い出してみよう。自分自身の行動において、ダーティーダズンのどの要因が見つかるか。

●実験し、学習を深めたいと思うのは、人生のどの領域についてだろうか。それを実現するためには、何を変える必要があるだろうか。

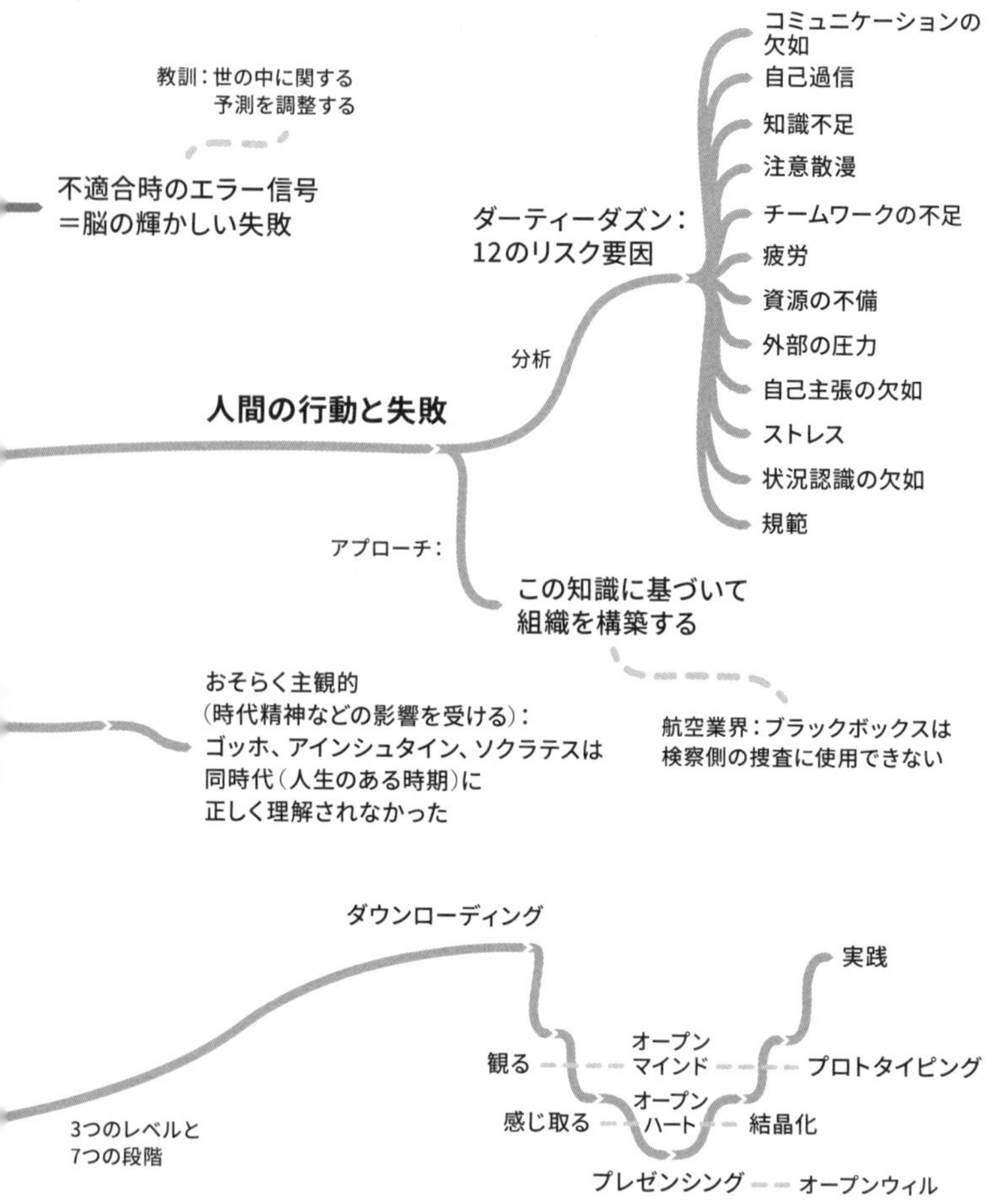
教訓：世の中に関する予測を調整する
不適合時のエラー信号＝脳の輝かしい失敗
ダーティーダズン：12のリスク要因
コミュニケーションの欠如
自己過信
知識不足
注意散漫
チームワークの不足
疲労
資源の不備
外部の圧力
自己主張の欠如
ストレス
状況認識の欠如
規範
分析
人間の行動と失敗
アプローチ：
この知識に基づいて組織を構築する
航空業界：ブラックボックスは検察側の捜査に使用できない
おそらく主観的（時代精神などの影響を受ける）：ゴッホ、アインシュタイン、ソクラテスは同時代（人生のある時期）に正しく理解されなかった
ダウンローディング
実践
観る
オープンマインド
プロトタイピング
感じ取る
オープンハート
結晶化
プレゼンシング
オープンウィル
3つのレベルと7つの段階

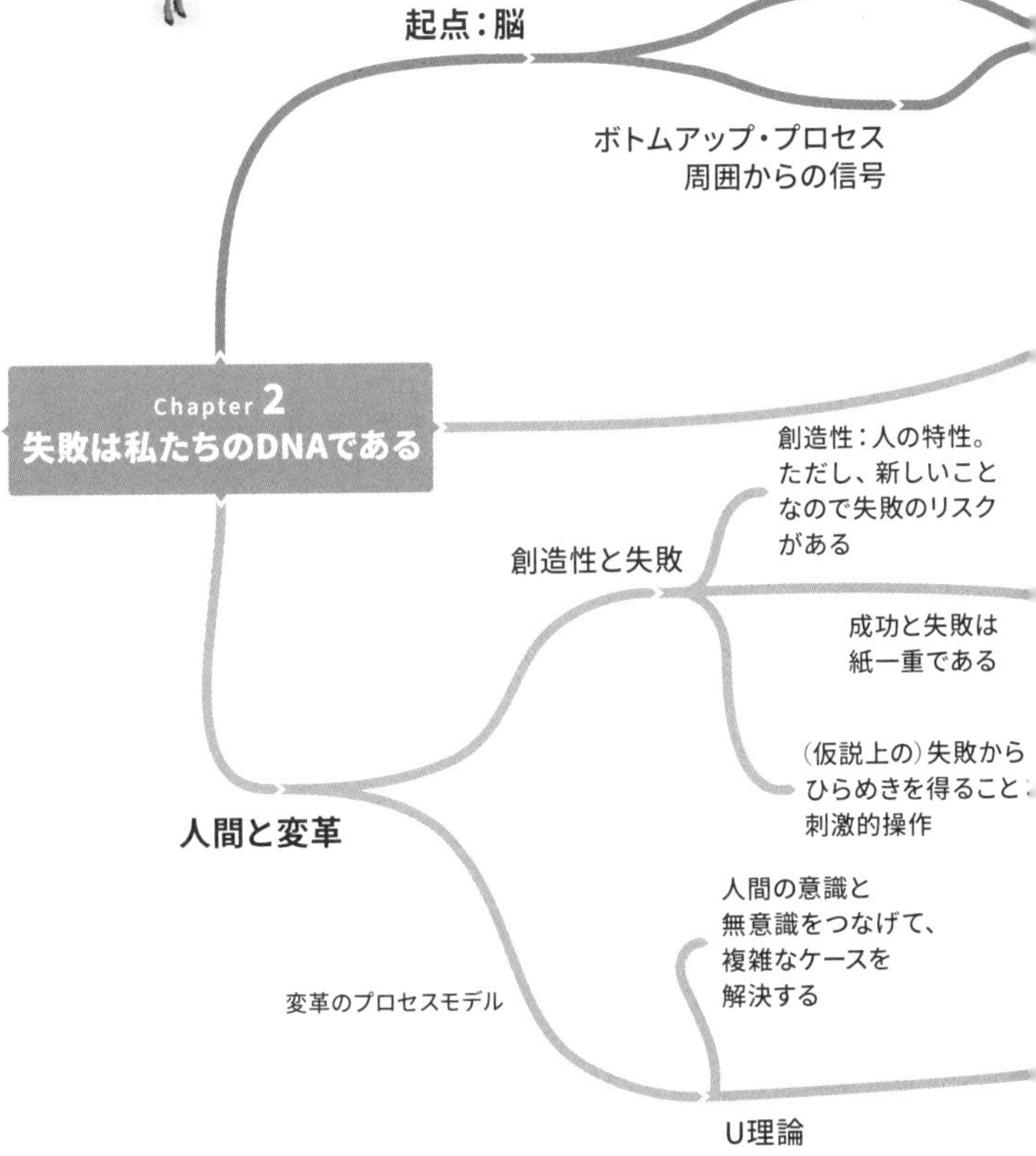
Chapter 2
失敗は私たちのDNAである
起点：脳
トップダウン・プロセス
予測
傾向：確証バイアス
ボトムアップ・プロセス
周囲からの信号
人間と変革
創造性と失敗
創造性：人の特性。ただし、新しいことなので失敗のリスクがある
成功と失敗は紙一重である
（仮説上の）失敗からひらめきを得ること
刺激的操作
変革のプロセスモデル
U理論
人間の意識と無意識をつなげて、複雑なケースを解決する

Chapter 3

複雑系が失敗を生み出す

Complexity as a Cause of Failing Brilliantly

私たちが暮らす世界はこれまで以上に急速に変化し、その複雑性は増している。経済的、政治的な新たな超大国の台頭から、気候変動や技術進歩に至るまで、生活のさまざまな領域で大きな変化が起こっている。

同時に、主にインターネットによってグローバルにつながった世界はますます小さくなっている。時間、距離、お金などの古い障壁がなくなり、誰もが同じ時に同じ場所でアイディアを交換し、競い合うことができる。知識、アイディア、サービスのグローバル市場は活況を呈して、私たちはますますそうした市場で生きていかざるをえなくなっている。失敗を恐れて平凡さに甘んじれば、この世界の基準をクリアすることはできない。

この考え方は目新しいものではないが、リスクをとって実験し、あえて失敗し、そこから学ぶことにオープンな態度を示すことの重要性は劇的に高まっている。

しかし、複雑性を示す言葉「Complex」と「Complicated」の違いはどこにあり、なぜそれが重要なのだろうか。まずは入り組んだシステム（Complicated Systems）、複雑系（Complex Systems）、複雑適応系（Complex Adaptive Systems）について見ていこう〔本書では、構造的な複雑さを示すcomplexやその派生形については「複雑」とし、関係や状況の複雑さを示すcomplicatedは、文脈に応じて「入り組んだ」「ややこしい」などの表現を用いた〕。

入り組んだシステム

自分の持つ情報に基づいて、あるシステムの動きを予測するのが、困難ではあるが不可能ではない場合、そのシステムは入り組んだ状態にある。たとえば、車や機械式時計を分解すると、驚くほど入り組んで見える。しかし、各パーツの機能を理解すれば、車や時計自体の仕組みがわかり、その動作を予測可能になる。数学の難問もややこしいと感じるかもしれないが、適切な知識とスキルがあれば解けることが多い。

不完全性定理が投げかけるもの

私たちは数学の問題はすべて解けると思い込みがちだが、必ずしもそうではない。

たとえば、クルト・ゲーデルの不完全性定理がそうだ。ゲーデルによれば、真と偽のどちらかで証明できない数学的命題は無限に作れるという。

このゲーデルの研究は、他の人にとっての輝かしい失敗を意味していた。というのも、数学は完全であり、すべてが真か偽かで証明できることを立証しようと試みた人は多いからだ。あまりにも自明の理に思えたので、彼らはキャリアをなげうってその証明に挑んだが、徒労に終わった。ゲーデルが考え抜いてまとめた創造的な論文は非常に入り組んだテーマを扱っていたので、トップクラスの数学者でさえも輝かしい失敗を犯すことになった。

これは、確実性を求めて膨大な時間を費やしたあげくに、むなしい思いをする格好の例だ。こうした人々は、そういう確実性はどこにもないという可能性に対して十分にオープンではない。このような態度については、輝かしい失敗の「深く刻まれた渓谷」型（自分の考えを超える可能性を十分に受け入れられないパターン）のところで取り上げる。

複雑系

複雑系は、入り組んだシステムと同じく、互いに影響し合うパーツ（構成要素）で成り立っているが、両者は根本的に異なっている。複雑系の動きは、すべての構成要素間の相互作用の結果である。つまり、個々の構成要素の属性に基づいて予測できないところに、入り組んだシステムの動きとは重要な違いがある。

気象などの複雑系の予測不能な性質は情報不足が原因だと考えられてきた。足りない情報を追加すれば、入り組んだシステムに変換され、必要に応じてコンピュータを使って特性や進展予測を計算できるだろう、と。実際にはそうではないことが判明している。複雑系の全容を知っていたとしても、その動きや展開は予測できない。しかし、入り組んだシステムに関する情報が欠けている場合には、その人にとっては確かに固有の不確実性を備えた複雑系となる。

創発現象としての失敗

システムレベルで発現する特性は、システム構成要素の局所的な個々の動作やその相互作用によって必ずしも直接的に説明できるわけではない。この概念は「創発(emergence)」と呼ばれる。

輝かしい失敗の多くは、創発現象と見なすことができる。システムの中にいわば「隠れて」いて、急に発現する。システム全体の創発的な特性は、個々のパーツとその局所的な相互作用を足し合わせただけに留まらない。集まった状態で初めて成立する特性であって、個別の特性を足し合わせても創発にはなりえないのだ。

その典型例が鳥の群れだ。研究によると、群れをつくる鳥は通常、一番近い隣の鳥だけを見て、つかず離れずの距離で飛ぶという。しかし、こうした単純で局所的なルールを当てはめても、鳥の群れの集団行動は予測できない。創発の場合、局所的変化が集団行動にどう影響するかは予測不能であり、まったく影響が出ない場合もあれば、小さな変化がシステム全体に大きなインパクトを与えることもある。

ここから、「蝶の羽ばたきが他の大陸に嵐を起こす」という有名なたとえ話が生まれた。ちなみに、この話は魅力的ではあるが、間違いであることが証明されている。ただし、実際に小さな擾乱が気象に対して、一見するとランダムで強力な影響を及ぼす可能性はある。

前章では、人が世の中を理解し、予測を試みるときに推測を交えたがることを示した。直接的な因果関係を成立させるために、過去の経緯を踏まえて未来に広げていくのだ。しかし、非線形の動きと予測不能性が密接に関係する複雑な世界では、因果関係が常に成り立つとは限らない。世界が複雑になればなるほど、物事は計画どおりに進まず、想定外の状況になりやすい。すぐ先の角を曲がったところに失敗が潜んでいる。

もちろん、だからといって計画を立てるのを完全にやめたほうがよいという意味ではない。しかし、私たちは計画に対する考え方や想定外の結果への対処方法を変える必要がある。

フラクタルに見る複雑系

複雑系の良い例は「フラクタル」現象に見ることができる。これは隣接する要素間の比較的単純なルールから生じ、結果としてできる構造は非常に複雑で(時には非常に美しく)、多くの反復パターンが含まれている。この現象は「自己相似性」として知られている。

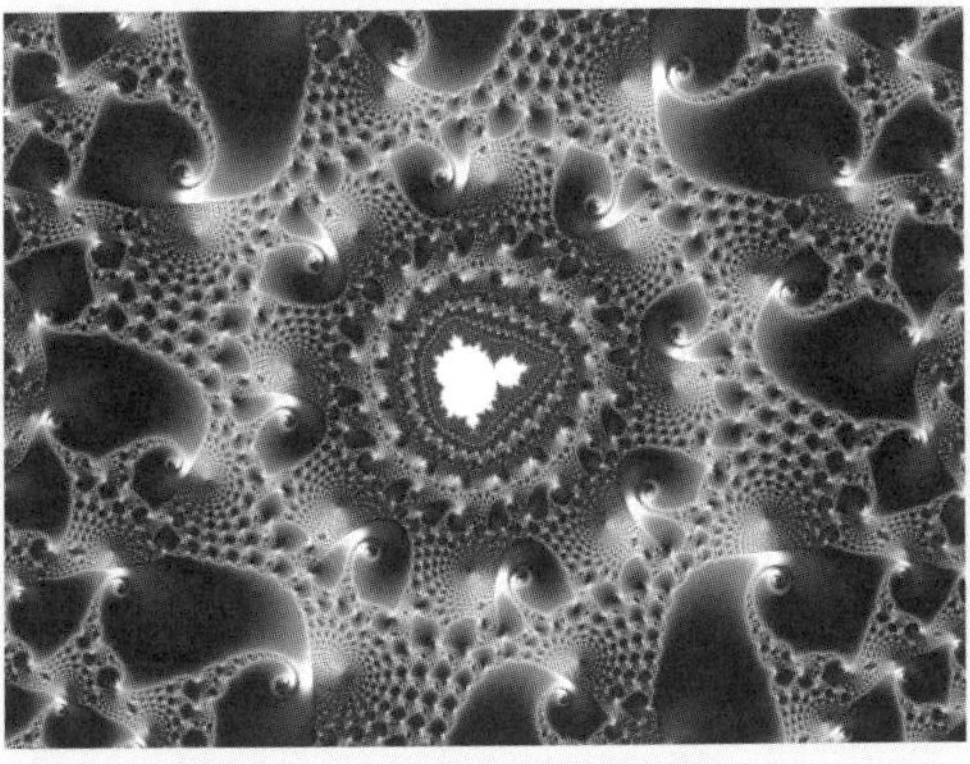

▸ フラクタルの例

私たちは通常、身の回りで、フラクタルな反復パターンなど、さまざまな規模のパターンに遭遇する。たとえば、複雑な形状の海岸線を考えてみてほしい。(直線の物差しでは正確に測れないので)尺度を縮小させるにつれて、より多くの新しい構造(凸凹して測れない部分)が現れてくるので、海岸線は(直線で近似値を測ったときよりも)一層長く見えるようになる。長さを測定して1だと思っても、海岸線にはどうやら1次元よりも大きな次元があるようなのだ。その形状に応じて、有効な次元は1~2の間の任意の数をとりうるので、「フラクタル(次元分裂図形)」という言葉が用いられている。

私たちは日常生活の中でもフラクタル現象に遭遇する。あるテーマや問題を深く掘り下げていくと、徐々に認識すべき問題がいろいろと見えてくる。表層レベルに留まれば、そうした問題は見えず、その状況について不完全な見方に基づいて意思決定を誤るリスクにつながる。

その一方で、あらゆる枝葉の問題を掘り下げすぎれば、全体像を見失ってしまう。第5章で、ものの見方が表面的もしくは細かすぎることが災いする「アインシュタイン・ポイント」型の説明をするが、これはアルベルト・アインシュタインの「すべてのことをなるべくシンプルにすべきだ。しかし、必要以上にシンプルでもいけない」という言葉に触発されたものだ。哲学者のフリードリヒ・ニーチェも、著書『悦ばしき知識』の中でこう書いている。

平原にとどまるな！　見えないところまで登ってはいけない。
世界の最高の眺めは、ほどほどの高さから見るものだ。

――フリードリヒ・ニーチェ

最適なレベルで分析すれば、システムを最適に管理できる。これを冗談めかして言うならば、人には他の人から見て最も魅力的に映る距離がある、ということになる。近くから見れば、ニキビやアバタなど細部ばかり目立つし、遠くから見れば、小さすぎて魅力が伝わってこない。申し分のない距離はその中間のどこかにある。

自然界の複雑系では、上位レベルと下位レベルのルールに一貫性がある。下位レベルのルールは、群れをつくる鳥の例のように、個々の行動を決定する。これは組織や社会にも当てはまるはずで、そのような角度からトップダウン型の組織の緊張状況を見ていくと興味深い。

そうした組織では、下位レベルの実情と整合性がない組織全体のルールを設定したり、それが当然の前提となっていたりする場合がある。これはボトムアップ型組織ではまったく見られない状況だ。下位レベルのルールを考慮に入れないと、上位レベルで問題が生じる恐れがある。

外れ値の重み

発生確率の低い例外は、多くのシステムで起こる。平均値から大きく外れる確率はかなり低い。たとえば、平均余命を考えてみよう。平均寿命が80歳とすると、平均値から離れるほど、非常に高齢もしくは若年で死亡する人の数は急減する。多くの場合、真の外れ値（たとえば100歳以上）は統計にほとんど影響を与えず、分析対象から除外できる。正規分布の公式は次のとおりだ。

$$f(x)=\frac{1}{\sigma\sqrt{2\pi}}e^{-\frac{1}{2}\left(\frac{x-\mu}{\sigma}\right)^2}$$

この式では、μは期待値、σは標準偏差を示している。図表3－1は有名な「ベル曲線」だ。

平均値から離れていくにつれて、発生確率は指数関数的に減少する。だから、システムの動きに対す

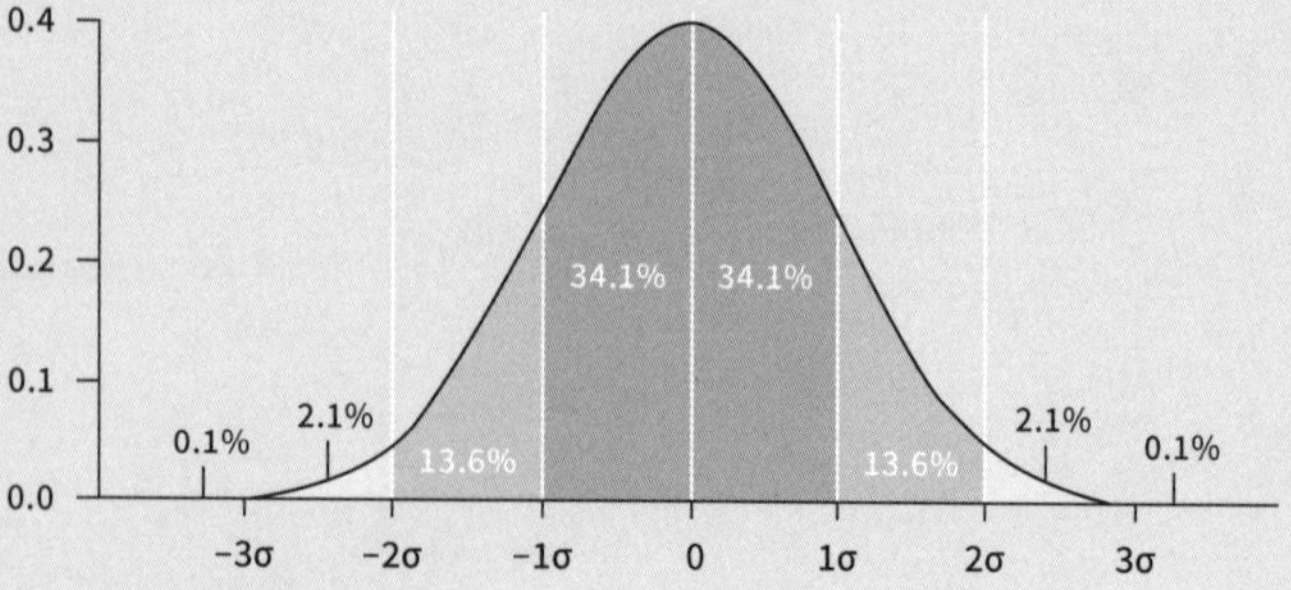

図表3-1 ▸ 正規分布のベル曲線

る正規分布の「裾（テール）」の寄与度はたいてい小さくなる。

ただし、平均値から離れた出来事が非常に重要となる「ファットテール」型のシステムも存在する。事実、複雑系はたいていこのような性質を示す。これは小さな影響が重大な結果をもたらす非線形動作の兆候でもある。ファットテールの分布では、平均値から離れる確率は指数関数的ではなく、べき級数で減少する。

$$f_X(x) \sim x^{-(1+\alpha)} \quad （ただし、x \to \infty,\ \alpha > 0）$$

発生確率は平均値から離れたところで0になるが、指数関数的に減少する関数よりも落ち方はかなり緩やかになる（テール部分が長くなる）。このため、ファットテール分布における外れ値の寄与度は、正規分布の外れ値と比べて、はるかに大きな重みを持つ場合がある。

エボラ出血熱の感染爆発防止における失敗

複雑性を考える重要性とファットテールの影響に関する興味深い例として、感染症の蔓延を挙げよう。感染拡大について理解を深めることは、感染症との闘いでは非常に重要だ。感染症の蔓延は、病原体（バクテリアやウイルス）の性質だけでなく、人や生活環境における行動にも左右される。ここで重要な要素となるのが、対人関係の性質と数だ。

平均して1人の人からもう1人に感染する場合、集団発生は広がらない。つまり、自分が回復もしくは死亡するまでに、感染を広げたのは1人だけだ。ところが、平均して1人の人から2人以上に感染する場合、その行動や病原体の性質次第で、病気が拡散する可能性がある。1人からの平均感染者数は「基本再生産数」と呼ばれる。図表3－2はいくつかの有名な感染症の再生産数を示したものだ。

感染症	再生産数
はしか、百日咳	5～18
水痘	7～12
ポリオ	5～7
天然痘	1.5～20+
季節性インフルエンザ	1.1～1.5
エボラ出血熱	1.1～3

図表3-2 ▶ 感染症の再生産数

注：再生産数は病原体の突然変異だけでなく、感染症が発生する環境によっても異なる。
出所：Sam Scarpino, www.youtube.com/watch?v=GC8lSx5jpXE

▼**最初のねらい**……２０１４年にエボラ出血熱

が西アフリカを襲った。この感染症の再生産数はそれほど大きくはないが（図表3－2を参照）、それでも1以上で、蔓延しかねない状況だった。世界保健機関は、エボラ出血熱の対応をめぐって厳しく批判されてきた。必要な予防策はスケジュールどおりに行われただろうか。

▼**アプローチ**……情報伝達などの予防策は、主に家族内など限られた数の人々と接触した大規模集団に向けたものだった。

▼**結果**……しかし、これは十分ではなかった。結局のところ、エボラ出血熱の蔓延の大きな一因となったのは、実は外れ値、特に医師、看護師、救急救命士などの医療専門家といった、多数の人と接触する小規模集団だった。この危機により、最終的に、膨大な数の医療従事者の命が失われた。

▼**学んだ教訓**……エボラ出血熱の感染爆発は、人々が早期に行動していたならば、おそらくそこまで破滅的にならなかっただろう。たとえば、医師や看護師が回復して、もうこの病気にかからなくなったり感染を広げたりしなければ、もっと早くに職場復帰が許されていたはずだ。しかし、そうならなかった。というのは、みんな正規分布を想定していたので、この問題の複雑性や、複雑系に関連するファットテールの分布を十分に考慮に入れていなかったからである。

学習システムとしての複雑適応系

複雑系の主なカテゴリーの1つが、複雑適応系（CAS）である。このシステムでは、構成要素間の相互作用は時間とともに変化する。その変化はシステムの状態に依存し、いくつかのルールによって制御される。言い換えると、システムの発展状況は、その時点のシステムの状態に左右されるのだ。過去に基づいて適用することで「学習システム」にもなる。パターンが発現し、ルールで確定されるか、再び消えていく。

こうしたシステムのパターンを研究することで理解が深まる理由もここにある。パターンの発現、確認、消失および／または再発現が、システムの動的性質を決定づけるのだ。

CASの例は、私たちの身の回りにある。まず、脳がそうだ。私たちは自分の経験から学び、それによって学習する前とは違った意思決定ができるようになる。株式市場などの金融市場も複雑かつ適応的だ。買い手と売り手の行動は動的に株価を決定する。計量経済モデルはメタレベルで、株式市場の動向と、将来の動向に影響を及ぼしそうな現在の要因（マクロ経済の見通しや群集心理学の現象など）を分析し、株価動向を予測しようとする。

生態系を含む自然そのものも、CASの例である。進化は試行錯誤のプロセスに基づいており、どの変化（変異）が生き残り、持続的にシステムに統合されるかが徐々に明らかになる。失敗から学ぶことはCASにつながる重要な仕組みといえる。学習へのインセンティブを取り除けば、適応能力や将来の成功確率は制限されるだろう。

世界はますます複雑化している

世界は最悪な事態の只中にあり、いくつかの重大な問題が同時進行している。これは、自然現象が生じる状況と対比できる。たとえば、一定の温度や気圧分布などの条件が揃って初めて竜巻が起こる。私たちが暮らしているのは、経済、技術、社会が大きく変わり、一層複雑になっている世界だ。したがって、複雑性とダイナミズムに対処することを学ぶ必要がある。つまり、以下のことができたほうがよい。

- 不確実性への対処
- 変化への対処
- 他の人への対処

絶え間ない技術革新により、目まいがするような動的変化が生じてきた。破壊的な変化は多くの場合、環境の中ではなく外から起こる。タクシー業界はタクシー会社ではなく、オンライン・

プラットフォームを持つウーバーによって破壊された。エアビーアンドビーはホテルを1軒も所有することなく、ホテル業界の主要プレーヤーになった。銀行はもはや同業他社ではなく、グーグルやフィンテックのスタートアップ企業、クラウドファンディングのプラットフォームなどのテック企業を意識するようになった。かつてのコンピュータ会社は、今や電話を開発している。

つまり私たちは、これまで慣れ親しんできた限られた仕事や競争の環境よりも、世界はより大きく、より複雑だと発見しつつある。このようなシステムのダイナミズムには、精神的な敏捷性や学習する姿勢などのコンピテンシー（行動特性）が求められる。私たちはスチュアート・カウフマンのいう「カオスの縁」で生きる必要があるのだ。[1]

技術変化に適応できない人、組織、社会は、相当な数の失敗をするかもしれない。たとえば、大失敗に終わったITプロジェクト、必要な技術を生み出せなかったり、開発が間に合わなかったプロジェクトなどがそうだ。しかし、人、社会、技術の間の接点でも問題は起こりうる。なかには、新しいシステムに対応できず、技術の世界で道に迷い、日常業務や活動を遂行できなくなる人も出てくるかもしれない。

具体的には、デジタル化、自動化、ロボット化など、さまざまな形態の技術開発がそうだ。一部の人々はこうした新しい開発を歓迎し、可能性に満ちた未来を見ている。ところが、その他大勢にとって、私たちの文明はますます抽象的で理解不能になりつつある。自分の生活をコンピュータに委ねて、生産性の向上や急増する人工知能が富や幸福をもたらしてくれることを信頼しなくてはならない。相互交流や協業のやり方について必要な調整をしなければ、いくらテクノロジーに投資しても、その多くはまったく望ましい結果にならない可能性がきわめて高い。

私たちは技術イノベーションに注意を向けるだけでなく、社会的イノベーションにも投資する必要がある。さまざまな種類のイノベーションに関するオランダ最大の業界横断的な調査の1つ、エラスムス・コンペティションおよびイノベーション・モニター（2015年）にもそう示されている。(2)

NT＋OO＝EOO

新技術（NT: New Technology）を古い組織（OO: Old Organization）に導入すると、高コストの古い組織（EOO: Expensive Old Organization）になる。

これまでの発展が否定的で望ましくないということではない。むしろ、健康増進、教育機会の増加、その他の個人的、社会的な価値創造など、多様な方法で富と幸福が飛躍的に増大してきた。しかし、そのいずれにおいても、よりシンプルになったわけではない。

ところで、実際には「人工知能」はかなり奇妙な用語だ。知能に関して人工的なものは何もない。「付加知能」や「拡張知能」として、私たち自身の知的能力と組み合わせて、以前よりも多くのことを達成できることを示したほうが、より前向きな形でこうした発展を組み立てていけるではないか！

プロジェクトとプログラムにおける複雑性

多くの活動はプロジェクトをつくって実行される。プロジェクトではまず、先を見ながら未来のアイディアや仮説をつくる。これはつまり、多少の不確実性が介在するということだ。プロジェクトのリスクは、複雑性、イノベーションの度合い、関係者の力の入れ具合などで決まる。プロジェクトの企画書を作成するときには、目標とその達成に必要なこと、リスクとその対策を示す。もちろん、想定外の出来事をできる限り考慮したほうがよいが、それでも常に想定外のことが起こるという事実は変わらない。

「理屈上は理論と実践の間に違いはなくても、現実には違いがある。」

プロジェクトは、全体的にあるいは部分的に失敗する可能性がある。そうしたリスクの管理方法はたくさんあるが、重要なのは、過去のプロジェクトで得た知識を含めて、重要な意思決定の瞬間になるべく多くの知識を使うことだ（ダブルループ・ラーニングのプロセス）。

プロジェクトの前後や最中などさまざまな瞬間に、知識が生み出され、活かされる。このプロセスは時として非常に動的でかつ予測不能なため、プロジェクト全体を計画するよりも、学習プロセスに沿ったいくつかのサブプロジェクトに分けて、学習プロセスの結果を踏まえて次のフェーズへと進めたほうがよい。この反復的なプロジェクトマネジメントの方式は、「アジャイル」と呼ばれる。アジャイル型プロジェクトマネジメント向けに、スクラムなどのさまざまなツールが開発されている。

THEORY → PRACTICE

スクラムによるアジャイル型プロジェクトマネジメント

チームとして効果的かつ柔軟な形で結果に向かって取り組むスクラムは、IT業界でよく使われる手法だが、他の業界でも注目を集めている。スクラムの目標は、いわゆるスプリント（期間の単位）で作業の一部を完了し、その作業を一緒に点検し、全員のアイディアや経験を使って次のスプリントを決めることで、プロジェクトチームの効率性を高めることにある。こうしたやり方を通じて、チームは素早く学習し、経験が直接活かされ、より早く結果が得られる。

ただし、事前にプロジェクトの結果を正確には判断できないことを考慮に入れておく必要がある。次のフェーズはそれぞれ、中間結果とプロジェクトのビジョンやミッションに応じて決まるからだ。

「スクラム」はラグビー用語からきている。プレーが中断したときの再開方法の1つで、選手が互いに顔を突き合わせて密集状態をつくる。ビジネスの比喩に用いられたのは、ラグビーチームが集団で相手のゴールラインをめざすからだ。そのためには、選手の協力、適応力、スピード、自己組織化が欠かせないが、これらはすべてアジャイル型プロジェクトの機能横断型チームにとってもきわめて重要な要素となる。

アジャイル型プロジェクトではない場合にも、頻繁に振り返りをして、次のフェーズに向けてメンバーが意思決定することが望ましい。その際に、計画どおりにならなかったことから学び、それに沿って行動することがきわめて重要だ。これは、顧客を含めて関係者全員に当てはまる。仕事を分担した時点で、プロジェクトの失敗がすでに避けられない場合も珍しくない。

中止することは、プロジェクトにおける非常に重要なステップだ。いつやめるかがわかっていることの意味は大きい。ずるずると続ければ、リソースが無駄になり、欲求不満が溜まり、新しいことを始めようにも、さらにハードルが高くなる。しかし、気が進まない、知識を欠いている、能力がないなど、さまざまな理由で、プロジェクトはとかく長引くものだ。（適切なタイミングで）中止できないことにより、第5章で取り上げる輝かしい失敗のうち「捨てられないガラクタ」型の基礎が形成される。

反対に、やめるのが早すぎても（そうと気づかないことも多いかもしれないが）、大きな機会を逃す可能性がある。プロジェクトで得た知識と過去の学習体験を最大限に活かせば、適切なタイミングでプロジェクトを中止するために注意すべき兆候を、次第に見極められるようになるだろう。

プロジェクトとプログラムからの学習

（組織コンサルタント　テオ・ファン・デル・タクの寄稿）

プロジェクトとプログラム、そして、そのマネジメントは、新しい課題に取り組むうえで素晴らしい手段だ。プロジェクトやプログラムを用いることで、変わりやすい環境で未知の不確かな目標の達成や追求が可能になる。

安定した環境で、明確でわかりやすい製品やサービスの場合、所定の手順に従ったほうがはるかに効率的だ。たとえば、既存のパスポート発行手順は、マニュアル、プロセス説明、アルゴリズムなどの形で記録されている。幸いにも、組織におけるプロセスにはこうしたものが多く、初期費用を節約しやすい。

しかし、仮に不正利用防止策を講じたパスポートをつくる際には、所定の手順に従ってもうまくいかないだろう。この場合は、プロジェクトが最善の方法となる。生体認証、通関手続き、他国のパスポートの要件、パスポート用写真の要件など、いろいろなことを調べる必要があり、複雑なプロジェクトになるだろう。

パスポートをつくるだけでなく、シェンゲン圏（欧州各国間の人やモノの移動を自由にするシェンゲン協定が適用される領域）の全加盟国で国境管理を行い、不法入域を減らそうとする場合、プロジェクトははるかに難しくなる。これは複雑な課題で、因果関係が定かでない諸々の要因が絡んでくる。

今日、こうした状況に取り組むときにはプログラムという形をとる。プログラムの場合、さまざまな種類のプロジェクトを立ち上げて、所定の手順やプロセスを実行しながら、望ましい状況へと移行する。その際には、研究、実験、パイロットテストなどがよく行われる。プロジェクトとは対照的に、プログラムは1つの結果（この例では不正利用防止パスポート）だけではなく、別の成果も保証する（シェンゲン圏内の不法移民を減らすためには、不正利用防止パスポートの作成だけでなく、他の手段や手続き、国際合意などでも可能だ）。その有効性に応じて、過去の経験に基づいて新たな手段も開発されるかもしれない。

プロジェクトと比べてプログラムでは、研究、実験、パイロットから学ぶ余地をつくることが重要になる。プロジェクトメンバーが学ばなければいけないのが、チームで協力しながら、1つの仕事をやり遂げて、1つの結果を出すことだ。

時間的なプレッシャーがかかる中で、品質やコスト面の制約がある場合も多い。プログラムは範囲が広いので、設定された目標とそれに役立ちそうな解決策（効果）との関係も考えることになる。人手、予算、時間に制約がある場合には、最も迅速か、最も安価か、あるいは、その両方を備えた解決策（効率性）も考慮に入れなくてはならない。目標への道筋はあらかじめ決まっていないので、考えられる解決策を一緒に創造的に探す経験を通じて、メンバーは学習し、より多くの解決策を見つける機会につながる。

プロジェクトとプログラムはどちらも、ステークホルダーやリスクに対応しなくてはならない。プロジェクトと比べてプログラムはその度合いが高いが、基本は同じだ。

その他の類似点として、学習が暗黙的に行われ、チームメンバーの自発的行動に委ねられていることが挙げられる。プロジェクトでも、プログラムでも、学習は主目的ではない。主眼はなすべきことにあり、関係者は献身的に力を尽くすことが求められている。ただし、プログラムはより広範囲で長期間にわたるので、学習に意識が向けられる機会が多い。一部には学習目標をより鮮明に打ち出しているプログラムもある。

▼正しい評価を通じた学び

プロジェクトとプログラムの中で学べることは以上である。しかし、プロジェクトやプログラムから何が学べるのだろうか。

1960年代以来、プロジェクトマネジメントは、多くの人々が熟達する一般的な手法となってきた。多くのプロフェッショナルの間で盛んに学習されてきたといってもよい。人、チーム、組織がプロジェクトマネジメントに取り組むやり方は長年にわたって、ずっと変わり続けてきた。したがって、この種の課題に取り組む組織では、プロジェクトやプログラムから学べることに関する評価、レビュー、監査が有り余るほど行われているはずだ。

その一例が、オランダ政府の委託によりエリアス委員会が行った、失敗ITプロジェクトの調査だ（第5章の「失敗したITプロジェクトを、輝かしい失敗に変える」を参照）。

こうした評価は基本的に、プロジェクトやプログラムの世界と、プロジェクトやプログラムを使う組織との間の架け橋になる。公的組織や政治団体として財政上の説明責任を負っているので、政府内ではこうした評価は頻繁に行われる。

評価を正しく用いれば、今後のプロジェクトやプログラムの成功に役立つ推奨事項が得られる。私はここであえて「正しく用いれば」という言葉を使った。というのも、多くの評価が学習目的では行われていないからだ。予算超過の説明責任者を明確にするのが目標であることが多い。しかし、何らかの教訓が得られるとすれば、過去に犯した間違いを将来的に回避することができる。

だからこそ、推奨事項は多くの場合、新しいルールや規制の形をとったり、組織構造、追加のチェック、トレーニングコースの増設、認定、時には経営陣や企業文化の変革まで行われることもある。

▼限定的な変革意欲

もう1つの問題は、オランダ下院議員などの政策立案者間で、変革意欲が限定的なことだ。議員たちの個人的な利害が障害になる。エリアス委員会の調査結果が公表されたにもかかわらず、他の下院議員はすでに全国公共交通機関の決済システムを変更するための新しい国家ITプロジェクトを要請していた。それも1年以内に実施せよという!

入り組んだ複雑系に対してこのような非現実的な期待を寄せるのは、明らかに政治家が学習能力を欠いているからだ。この種の環境では、プロジェクトやプログラムの成果はたいして向上できないのかもしれない。

第3章のエクササイズ

- プロジェクトや活動が早すぎたり遅すぎたりしたことがあるか。なぜそうなったのか。再発を防ぐために、どのような兆候に注意を払うのか。
- 最初に考えていたよりも入り組んだ状態だと後から判明し、失敗に終わった直近の経験を思い出してみよう。その経験から何を学んだのか。

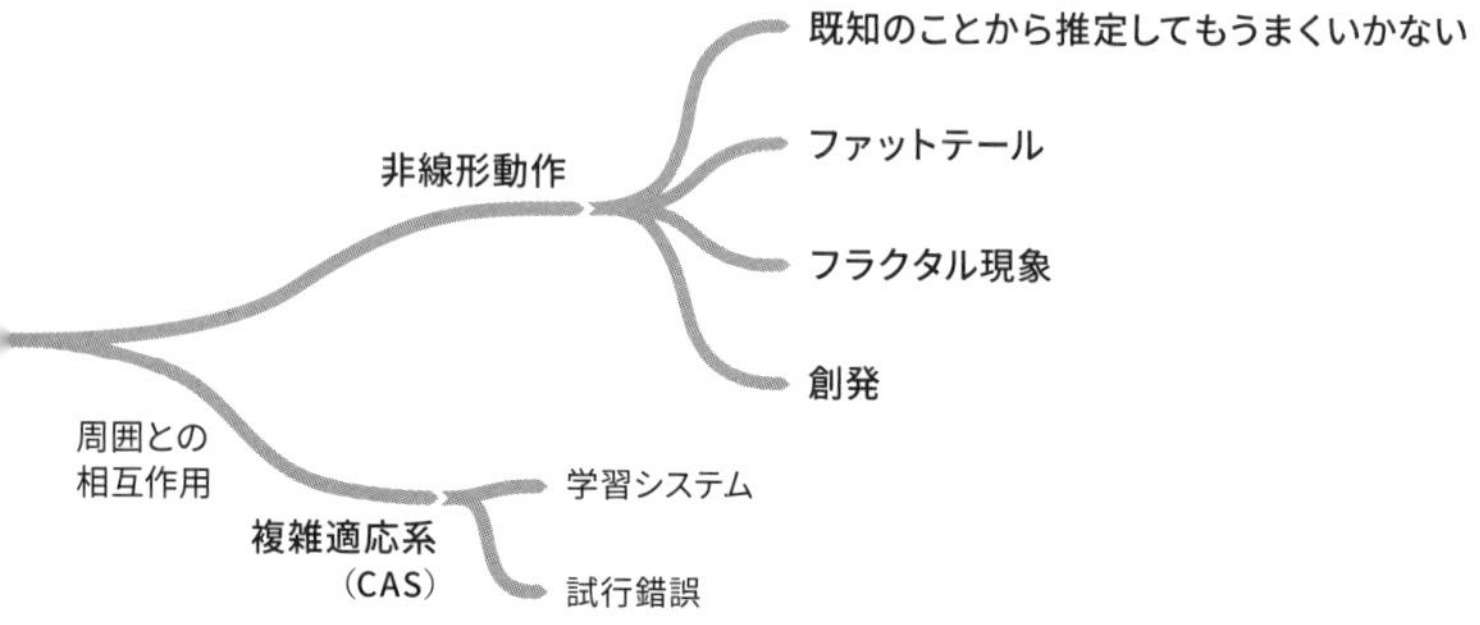
非線形動作
既知のことから推定してもうまくいかない
ファットテール
フラクタル現象
創発
周囲との
相互作用
複雑適応系
（CAS）
学習システム
試行錯誤

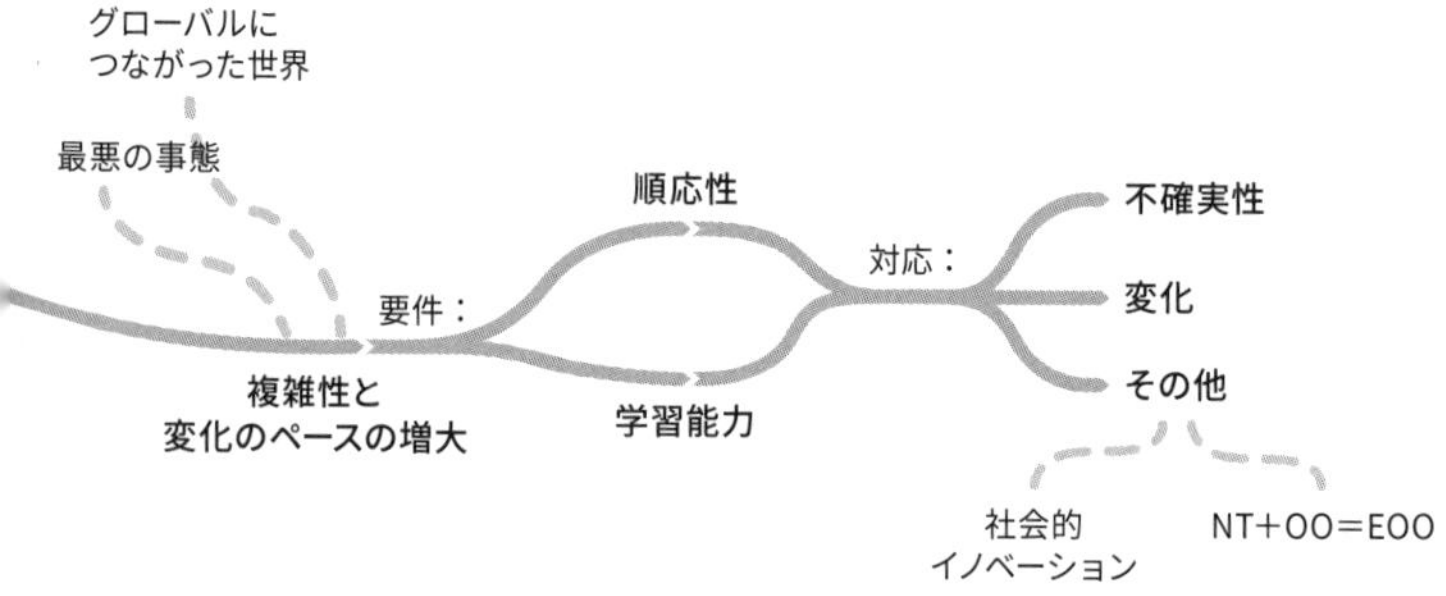
グローバルに
つながった世界
最悪の事態
要件：
複雑性と
変化のペースの増大
順応性
学習能力
対応：
不確実性
変化
その他
社会的
イノベーション
NT＋OO＝EOO

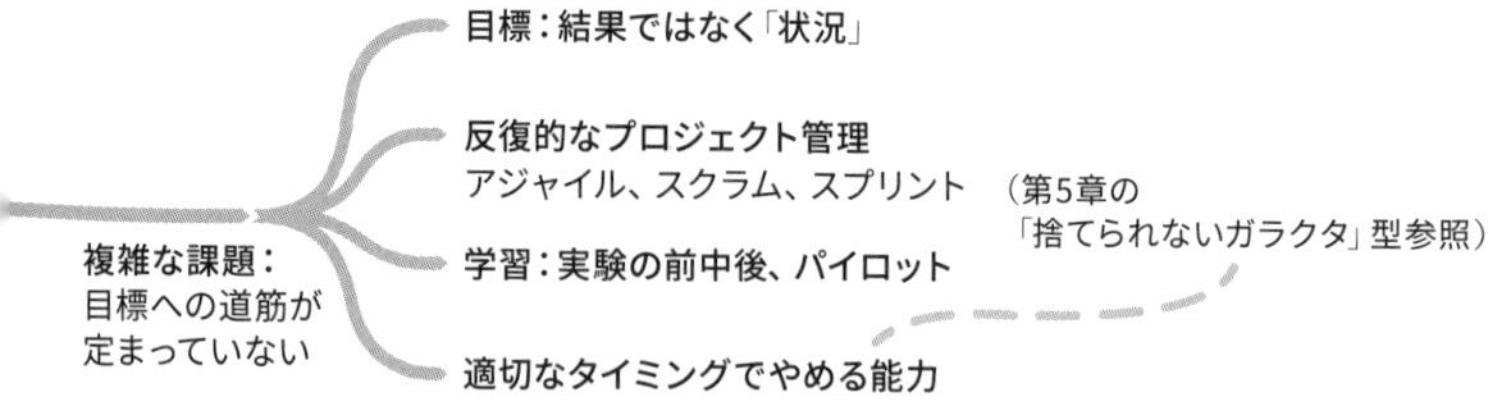
複雑な課題：
目標への道筋が
定まっていない
目標：結果ではなく「状況」
反復的なプロジェクト管理
アジャイル、スクラム、スプリント
学習：実験の前中後、パイロット
適切なタイミングでやめる能力
（第5章の
「捨てられないガラクタ」型参照）

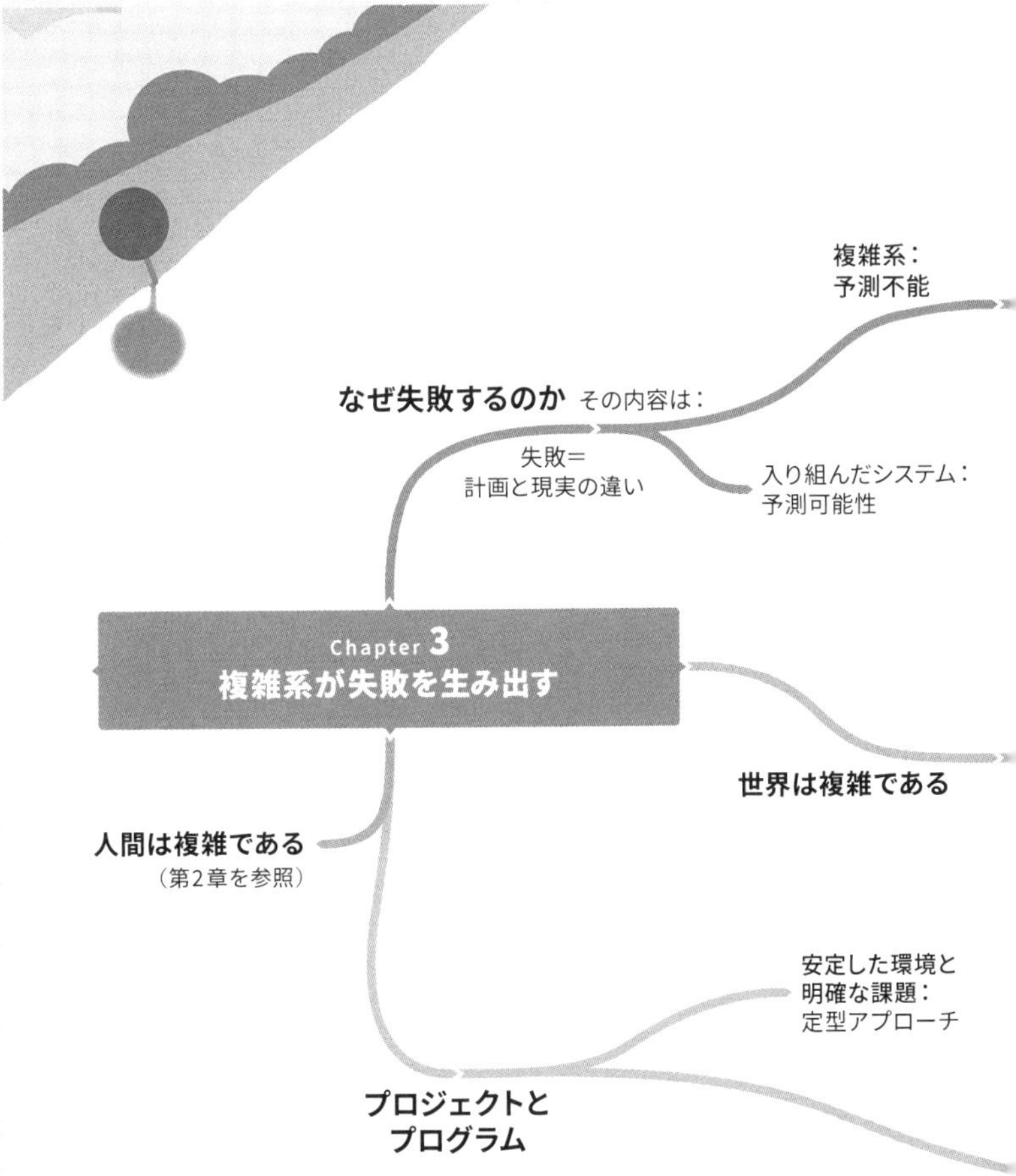
Chapter 3
複雑系が失敗を生み出す
なぜ失敗するのか その内容は：
失敗＝
計画と現実の違い
複雑系：
予測不能
入り組んだシステム：
予測可能性
世界は複雑である
人間は複雑である
（第2章を参照）
プロジェクトと
プログラム
安定した環境と
明確な課題：
定型アプローチ

Chapter 4

イノベーションと起業家精神のための風土

A Favorable Climate for Innovation and Entrepreneurship

イノベーションはどこから生まれるのか

「イノベーション」という言葉は、ラテン語の「innovare」（リニューアルする、変化するなどの意）に由来する。イノベーションは新しい製品やサービスだけを指すわけではない。組織の内外で実施される、価値を創出する変化はすべてイノベーションといえる。これを理解するためには、ビジネスや事業活動の重要な要素を表す「ビジネスモデル・キャンバス」（図表4－1）というフレームワークが役立つ。

イノベーションは、ビジネスモデルを構成する各要素とその組合せから生まれる。提供価値（製品やサービス）のイノベーションと同じように、新しい収益モデル、新しいパートナーシップモデル、新しい労使関係（社会的イノベーション）などでもイノベーションは起こりうる。しかし、

「新しい」という言葉のとおり、過去に実施したことがないので、サプライズがあったり、イノベーションごとに前章で説明したU字プロセスを経ることが予想される。

モジュラーとアーキテクチャのイノベーション

イノベーションは、関係するビジネスモデルに対する破壊力や影響の度合いに応じて分類することができる。現状に与えるインパクトに応じて、イノベーションは管理すべきである。私たちはシステムの構成要素内の変更に関するイノベーションと、要素の構成を変えるイノベーションとを区別している。前者がモジュラー・イノベーション、後者がアーキテクチャ・イノベーションである。(1)

漸進的（インクリメンタル）イノベーションには、

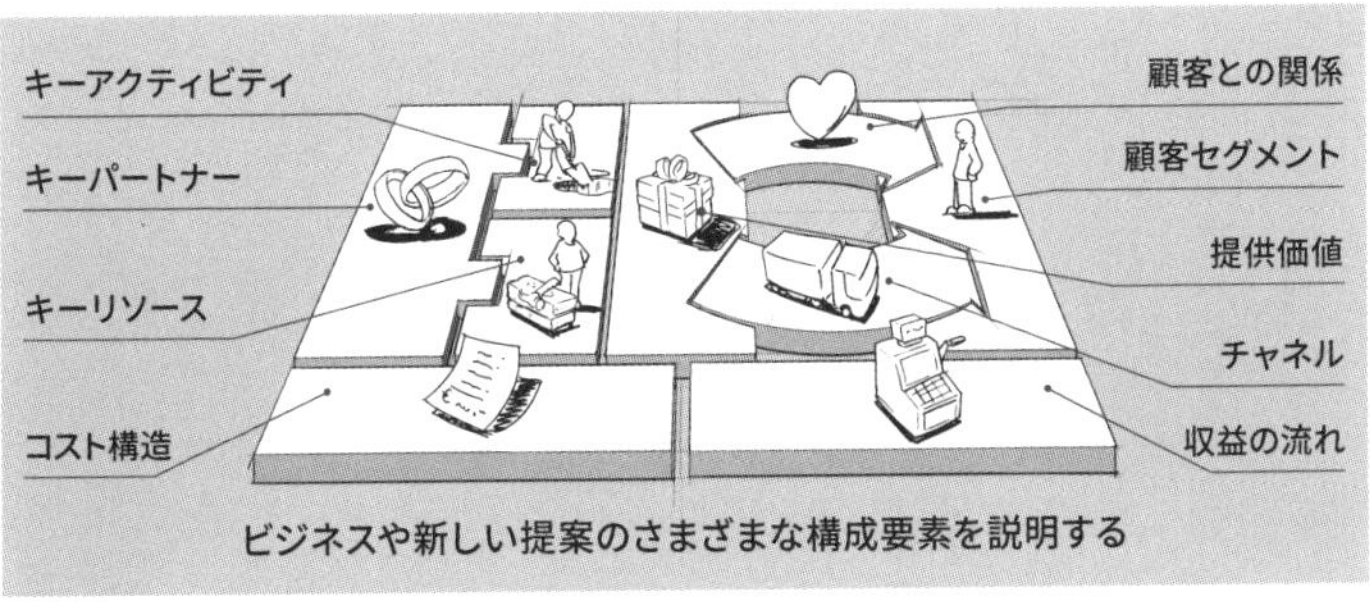

図表4-1 ▸ ビジネスモデル・キャンバス

出所：Osterwalder and Pigneur (2010).

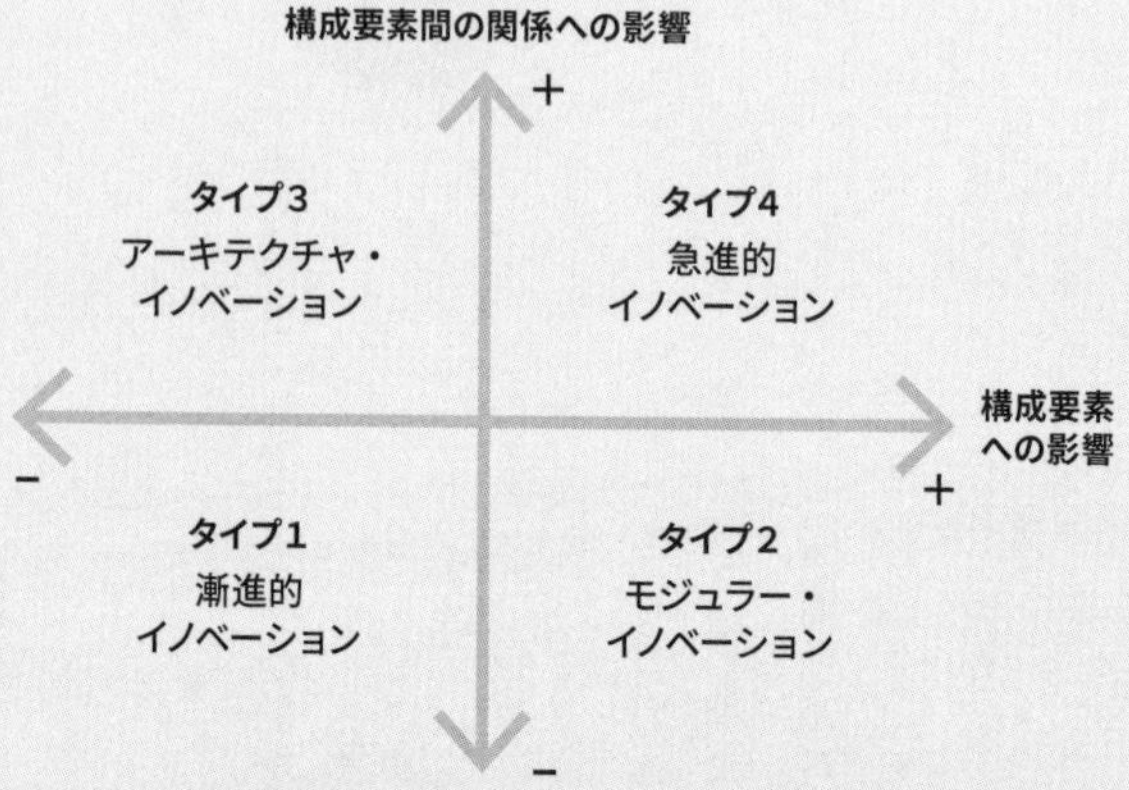

図表4-2 ▸ ヘンダーソンとクラークが提唱した4タイプのイノベーション

システムの構成要素や要素間の関係にほとんど影響しない変化も含まれるが、急進的（ラディカル）イノベーションはその両方に大きな影響を及ぼす変化を伴う。図表4－2に4タイプのイノベーションを示した。当然ながら、変化の複雑さと規模が大きくなるほど、輝かしい失敗が起こる確率は高まる。

ここでの「システム」は、主に組織全体を指すが、ビジネスモデルの構成要素内でもイノベーションは起こりうる。どちらの場合も、システムはより大きな全体であるのに対して、その構成要素は独立型のパーツ（たとえば、スマートフォンの画面、銀行の決済チャネルなど）かもしれない。新タイプの画面や再設計された決済チャネルは、モジュラー・イノベーションにあたる。

アーキテクチャ・イノベーションの例としては、ノートパソコンやオンラインバンキングの導入などがある。ここでは、顧客、チャネル、サービス事業者の間で新しい関係が樹立されている。

ヘンダーソンとクラークのモデルでは、イノベーションを4つのタイプに分けている。タイプ1とタイプ2のイノベーションは既存モデル内で起こる。

タイプ1は、現在のプロセス内での品質、利益率、スピード、顧客満足度などを改善するための調整が含まれる。これに対してタイプ2は、新たに改善された製品やサービスにつながるイノベーションである。

タイプ3とタイプ4のイノベーションには、ビジネスモデルへの抜本的変化（たとえば、IBMは製品サプライヤーからサービスプロバイダーへと移行した）や、まったく新規のビジネスモデル（タイプ4）の開発が含まれる。

アップルのアップストアや、最近成長しているウーバー、エアビーアンドビー、クラウドファンディングなどはタイプ4に相当する。さらに古い例を挙げると、林業や製紙会社から、最新の移動通信システムを扱う通信機器会社へと転身したノキアもそうだ。

イノベーションプロセスは次第にアジャイルな手法をとり、さまざまなフェーズの合間に軌道修正を行うようになった。その時に必要になるのが、すべての目標とマイルストーンを事前に決める従来のやり方ではなく、中間結果をもとに新たな決定を下し、リソースを再配分できるやり方、言い換えると、試行錯誤しながら意思決定をする方法だ。輝かしい失敗を受け入れてそこから学ぶことは、イノベーション戦略の本質部分だと考えるべきである。

私はさまざまな立場で、多数の事業計画書を見て評価してきた。その経験上、次のように要約できる。

「事業計画書は、自分が他の人に決定してもらいたいことを決めさせる、嘘の塊である。」

成功の裏には多くの失敗がある
（組織科学の専門家　マシュー・ウェッヘマンの寄稿）

組織内のプロフェッショナルに相互評価を依頼すると、オランダのプロフェッショナルの約80％はお互いに、その仕事が得意で、卓越していると考えていることがわかる。また、得意分野のある人は、第1に、その仕事が好きであり、第2に、間違ったことをするよりも正しいことをしたいと思っているという研究結果もある。

これを踏まえると、熟練のプロフェッショナル（全体の約80％）に、各自のプロセス（仕事のやり方）について自由度と信頼を与え、最終的な成果（What）の観点だけで管理するように、経営者に勧めるのはもっともなことだ。時間の記録、進捗報告書、プロジェクト管理報告書、チェックリストの記入などの官僚的な職務からプロフェッショナルを解放すれば、各自の生産性が向上する（主要業務により多くの時間を割けるという理由だけだとしても）。さらに重要なのが、おそらく仕事の満足度も高まることだ。

自由と信頼が与えられれば、プロフェッショナルはもう1つの主要な仕事であるイノベーションに取り組む余裕がもっと持てるようになる。知識は次第に衰退していくものだ。今日習得した新しい知識は、明日には陳腐化しているかもしれない。しかし、単に新しい知識を後追いするだけでは、長期的に競争力を維持することはできない。知識集約型の組織では、時には新しい革新的な製品やサービスを真っ先に売り出さなければならないことを肝に銘じよう。これは、収益性、組織のイメージ、プロフェッショナルのプライド維持に役立つ。

イノベーションなくして未来はありえないので、イノベーションはプロフェッショナルのもう1つの主要な仕事である。ほとんどのプロフェッショナルは、自由と信頼が与えられれば、自ずとこの課題に取り組むはずだ。特に、キヤノン、グーグル、I

BM、フィリップスなどで行われているように、そのための時間（カジュアルフライデーや、自由に研究ができる午後の時間など）が設けられている場合はそうだ。

もちろん、プロフェッショナルが勤務時間の10～20％をイノベーションに割くとなれば、多額の費用がかかる。しかも、そうしたイノベーション・プロジェクトは、曖昧な初期段階からなかなか先に進まないことが多い。

私が1980年代にフィリップスの有名な研究部門（ナットラボ）で働いていたとき、ある研究担当役員がこんな話をしていた。「当社が手掛けるイノベーション・プロジェクトのうち、最終的に製品となって店頭に並ぶのはだいたい10に1つだ。でも、その1つが他の9のプロジェクトのコストを補っておつりまで来るんだ！」

ナットラボの本部長は年次演説でこれと同じ比率に言及し、聴衆である研究者たちに、この瞬間からその1つのプロジェクトに専念し、他の9つは中止するように求めた。どのクリエイティブなアイディアが最終的に実行可能な製品につながるか、1つのイノベーション（ゲームチェンジャー）が市場を一変させるために、どのような輝かしい失敗が求められるのかは決してわからないという事実を十分に認識しながら、彼は満面の笑顔でそう語ったのだ。

まとめると、自分の仕事を得意とするプロフェッショナルには、自由と信頼を与えてイノベーションに取り組めるようにする。結果として生じるイノベーション・プロジェクトのすべてではないにせよ、その一部は成功することをあらかじめ認識しておこう。失敗なくして成功はない！

オープンイノベーション――さらなる複雑性

現代は以前にも増して、協力が求められる時代だ。これは学生時代から始まる。生徒はグループでプロジェクトに取り組まなくてはならない。メンバーの1人が、他の人よりも作業量が多いと感じることもあるので、これは厄介な話だ。とはいえ、1人ではやり遂げられないので、早い時期に一緒に作業することを学ぶことが大切だ。コラボレーションは必要だが、さらに複雑性が増すので、必ずしも容易ではない。コラボレーションが失敗すれば、それに伴ってプロジェクト全体が失敗に終わる可能性もある。

コラボレーションの成功と失敗に関する研究は多い。調査結果を要約すると、コラボレーションを成功させるには3つのタイプの適合が必要になる。

1つ目は、文化の適合である。コラボレーションは、関係者がいくつかの基本的な原則や価値観に同意した場合にのみ成功する。多様性は良いことだが、文字どおりすべてのことで意見が一致しなければ、一緒に作業するのはひどく困難で骨が折れる。

2つ目は、戦略の適合だ。共通の目的はあっても、各当事者は常に独自の野心を持っている。共通の目的と個人の目的が互いに矛盾せず、理想的には互いに強化し合うときにのみ、コラボレーションはうまくいく。

3つ目は、運用面の適合で、関係者が連携もできたほうがよい。コラボレーションを阻むのは、言語の壁、互換性のない（コンピュータ）システム、時差、場所の隔たり、時間の制約などだ。信頼、コミットメント、結果、優先順位の変更などの要因の1つ以上がうまく適合しなかったときに、コラボレーションはたいてい失敗する。

イノベーションを実現させるより効果的な方法は、すべての知識を自前で開発するよりも、必要な知識をすでに身に付けた人やうまく開発できる人を探すことだという事実を、組織はとうに認識している。これを指す言葉が、ヘンリー・チェスブロウが2003年に提唱した「オープンイノベーション」だ。(2) 論理的にオープンイノベーションの反対は、従来型の「クローズドイノベーション」で、自身のアイディアや知識を発展させて市場に出す。

オープンイノベーションには、独自の知識を使う方法だけでなく、関連する知識をよそで見つけて使う方法を組織が心得ていることが欠かせない。つまり、外部で知識を見つけ、評価し、それを既存の知識に結びつけるために、より多くのスキル開発が求められる。ただし、他者とつながる能力や、どのようにコラボレーションの成果を市場にうまく持ち込むかという判断力も必要となる。

そのためには、他者が持つ知識について基本的な理解があり、成功を分かち合う覚悟が欠かせない。小さなカップケーキではなく、大きなパイの一片をもらったほうが、自分にとって良いと信じなければならないのだ。既存の知識に加えて、インターフェース管理という新しいスキルが求められるといってもよいだろう。

サプライチェーンの複雑性
（経営学者 フランク・ローゼメイヤーの寄稿）


ボーイングは２００７年に非常に革新的な７８７ドリームライナーを発表したとき、顧客のために記録的な期間で生産すると約束した。これを可能にするために、組立てやサプライチェーン・マネジメントに大幅な変更を加えた。しかし、ボーイングに悪意がなくても、その約束を果たせないことはすぐに明らかになった。

サプライチェーン内のあちこちで小さな混乱が起こったため、生産に遅れが出始めていた。一部には、サプライヤーが供給できない部品もあった。時にはネジ、ボルト、ナットなどのシンプルな留め具さえも不足し、生産を続けるために地元の金物店に駆け込むことまであった。こうしてサプライチェーン上の細かな混乱が重なり、最終的に非常に大きな遅延が生じたのである。最初のドリームライナーの納入は、約束した2008年ではなく、2011年にずれ込んだ。

簡単に言ってしまうと、ボーイングはごく短期間で多くのことを変えようとしすぎた。サプライチェーンが整備される前に、非常に複雑な新製品を発売することは、失敗の処方箋である。この問題を解決するために数十億ドルの費用がかかった。

このケースは、サプライチェーン・マネジメントが困難で複雑なことを示している。関係者（バイヤー、サプライヤー、販売業者、顧客）に悪意はなくても、正確な情報やサプライチェーンの透明性の欠如、関係者間の相互不信、内部の協力不足、組織間の文化的な違い、誤ったインセンティブに基づく契約などにより、さまざまな場所に失敗が潜んでいるかもしれない。

起業家精神とは、試行錯誤のプロセスである

「enterprise」という言葉は企業を指すが、恋愛、休暇、スポーツ、学界など、人生のさまざまな領域で進取的（enterprising）であることも意味する。たとえば、「進取の気性に富む子ども！」

といった描写にも使う。この言葉を用いることで、主として性格や行動、新しい機会の探索と活動的であることが表現できる。欧州委員会が採用してきた起業家精神（entrepreneurship）の定義から、あるタイプの振る舞いであることが確認される。

「起業家精神とは、個人の動機づけと、機会を見極めて追求する能力を示す態度である。」

重要なのは、進取的な人々は機会を見つけるだけでなく、それを追求するということだ。仮に、私がテレビでサッカーの試合を観戦中に、そこにチャンスがあるとわかっても、見ているだけで自らプレーすることはない。これは起業家精神のうちに入らない。私がこれまで話を聞いた多くの人の経験や意見に基づくと、起業家に特によく見られるのが次の行動や特徴のようだ。

- 情熱、エネルギー
- リスクテイク、大胆さ
- オープン、外向き
- 柔軟性、適応力

- 忍耐力、スタミナ
- 現実主義
- 結果重視、集中
- 独創的
- 境界の探索、ルールに疑問を持つ
- ネットワーキング、協力
- 賢明、知識を活用
- 労働意欲

ところで、進取的な人々がリスクをとる事実があるからといって、彼らが危険を考慮しないわけではない。そのリスクを受容できるか、積極的に受け入れたいかを判断するために、できる限り正確に評価しようとするのだ。ただし、起業家は進取性の低い人々と比べて、実際により多くのリスクを受け入れる傾向がある。というよりも、異なる形でリスクに対処しようとするのだ。

▼輝かしい倒産をめぐる評価

起業家精神とは、機会を見つけて、たとえば組織変革や新しい製品・サービスの導入を通じて価値を生み出すことである。言い換えれば、起業家精神とイノベーションの間には明確な関係がある。特徴的なのが、新しい機会を切り拓いている起業家には必要な手段が揃っていないことが多いが、情熱と忍耐力により、挑戦課題や内在するリスクを受け入れている点だ。失敗することも、起業家精神ならではの特徴といえる。

どれだけ強い意志があろうとも、起業家の2人に1人は5年後に姿を消している。倒産することが多い。[3] また、後継者問題も中小の同族会社には影響を及ぼす。創業家の2代目や3代目はイノベーションをそれほど重視せず、創設者の影に甘んじるとの指摘がある。[4]

倒産は単にキャリア上の失望だけにとどまらない。起業家やその愛する人にとって、個人的な大惨事であり、時には起業家精神や社会全体のイノベーションが不必要に失われかねない。オランダでは、企業倒産によって毎年約30億ユーロの損失が生じている。税金を滞納したり銀行や取引先への債務を残したまま、毎年約1万社が看板を下ろす。毎年ほぼ同数の人が自己破産を申し立てるが、その約25%が個人事業主として起業した人だ。倒産に関連する失業件数は推定で年間7万~10万件以上に及ぶ。オランダでは、起業家の家族を含めて、年間約20万人が企業倒産によって経済的、個人的な影響をもろに受けている。

倒産の話はどうもタブーのようだ。経験者は触れたがらず、間近で見てきた人も往々にして話題にするのをためらう。オーナーや取締役が会社の顔となっていた同族企業や中小企業が破綻した場合は、特にその傾向が強い。起業家精神は近年、着実に広がり、オランダには現在、10万人以上の新しい起業家が存在する。最も大きく伸びているのはサービス部門で、新規企業の約95%

を占める個人事業主が牽引している。その一方で、起業に携わるのは一時的だという人も多い。オランダ統計局（CBS）の公式数値によると、開業届を出した個人事業主の約50％が5年以内に活動をやめている。

倒産リスクが最も高い産業は、法人向けサービス、建設、食品、ホスピタリティである。経営破綻の原因について起業家に聞くと、財務上の問題が70％、取引上の問題が70％、人事面の問題が58％、顧客の倒産が55％という結果になる。ただし、清算人によると、起業家の能力不足、経営上の問題、資金調達の問題、不正行為の順だという。

ロバート・ブロムの2004年の論文に、起業家の破産後の体験に関する調査結果が示されている[5]。その多くは財政難に陥り、3分の1近くが自宅を手放し、4分の1が家族にも大きな影響が及んでいる。配偶者と離婚したり関係が悪化したと答えた人は約15％にのぼった。また、3分の1の人が、誤解や非難をはじめとする厳しい実態により、破産後に元の生活に戻ることは難しいと感じている。

オランダの個人債務再編法は1998年に施行され、破産した個人事業主がさんざん味わってきた苦痛の多くが取り除かれた。ただし、オランダの非公開会社や公開有限責任会社は、依然として1893年のオランダ破産法の対象だ。さまざまな修正が行われたが、この法律にはいまだに19世紀の文言が使われ、現在の起業家精神のニーズを満たすものにはなっていない。オランダ経済・気候政策省の高官、ロエル・ニエウウェンカンプが2005年に述べたように、「失敗した起業家を非難することは典型的なオランダ人の特徴である」。

２００２年、ボストン コンサルティング グループ（ＢＣＧ）は、「Setting the Phoenix Free（フェニックスを解放する）」と題する報告書を発表した。[6] ヨーロッパで最も急成長中の５００社を調査したところ、一度失敗した起業家は間違いから学び、再び起業を試みると成功することが明らかになった。再挑戦で立ち上げた企業は、過去に失敗経験のない状態で立ち上げた企業よりも、収益と従業員数の成長が早い。これはどうやら特に輝かしい失敗をした人、つまり、甚大な過失や回避可能な過ちを犯すことなく、善意を持ち、失敗から学んだ人に当てはまるようだ。このことは、２００１年にＩＮＧグループ経済部門がオランダ経済・気候政策省と実施した倒産の教育効果に関する共同調査でも確認されている。

ＢＣＧが「起業家精神の再生」と呼ぶものも、ＧＤＰ成長率や雇用機会の拡大につながる。輝かしい失敗に関する私たちの考察では、不正行為や、意図的もしくは違法な機能不全ではなく、「輝かしい」方法で倒産することの価値を認識し、その経験者に起業の夢を実現するために別の機会を与えることが重要となる。２００６年にＡＢＮアムロ銀行とオランダ経済省が発表した「Tweede Kans. Lessen in vallen en opstaan（セカンドチャンス――試行錯誤からの教訓）」には、倒産した起業家を排除することは重大な価値の損失をもたらすとあり、説得力がある。[7]

問題は、１回目と2回目では、どちらの成功確率が高いかだ。再び起業する人には忍耐力があり、最初の起業時よりも知識が増えている。これは、過去に輝かしい倒産をした経験者が率いる企業にのみ投資するセカンドチャンスファンドやセカンドチャンスクレジットのように、倒産後に再び起業家精神を発揮しようとする人々に特別な便宜を図る活動を支持する考えである。

アメリカでは、起業家としての失敗は個人的な失敗よりも学習経験が多く積めると考えられている。ヘンリー・フォードの言葉を引用すると、「失敗は単に再び始める機会にすぎない。今回はより賢い形でだ」。

ミヒール・フラッカーは、オランダでインターネット関連のビットマジックを起業したが、それが失敗に終わった後、グーグルのヨーロッパ・マネージング・ディレクターなど、アメリカ企業からいくつも魅力的な誘いを受けた。

「オランダ企業からはまったく声がかからなかった。でもアメリカでは、『いいね！ ガツンとやられて、少し鼻血が出ちゃったね』と言われる。成功よりも失敗から多くを学ぶとみんなが言うし、私の個人的な経験でもそのとおりだ。しかしオランダでは、本気でそう言っているようには見えない」と、彼は語った。

もちろん、間接的な被害を伴う場合もあるし、アメリカの起業家はあまりにも簡単に他人に損失を転嫁し、難なく継続できてしまうという側面もある。それはこう考えよう。アメリカ人はオランダ人を、オランダ人はアメリカ人を見ているなら、どちらも正しい方向を見ているのだろう。

▼新しい起業家精神──スタートアップとスタートダウン

シリコンバレーをはじめとして、アイディア、知識、資金が出会う革新的な起業家たちのホットスポットがあることはよく知られている。しかし21世紀は、世界中で新しい起業家精神へのニーズや関心が高まっている。オランダでは毎年スタートアップが200社も産声を上げる。2015年の統計によると、このうち国際的に成功するのは10社中1社にすぎない。残りは零細企業のままか数年以内に姿を消す。

スタートアップが失敗する理由は一様ではない。十分に革新的ではなかった、資金を使い果たしてしまった、十分に力のあるチームがつくれなかった、競争に敗れた、はたまた純粋に製品やサービスがいまひとつだった、ということもある。失敗した180社は、事前にそれを知る術はなかったのだろうか。

複雑な世界の中で生き残らなくてはならないことも、革新的な事業が失敗する重要な理由の1つとなる。限られた環境内では順調だとしても、より広い環境になると新たな状況や課題に直面し、うまく対応しきれないことがある。事業開発の観点でいうと、スタートアップの段階が好調だからといって、次のステージ（継続的な成長）でも成功するとは限らない。基本的に、3つの異なる段階がある。

- コンセプトの検証
- ビジネスの検証

●成功の検証

次のステージへと移る間に、チームのスキル（チーム内の変革につながりうる）、顧客のタイプ、資金調達の方法、組織のガバナンス構造など、その時点で変更される、または変更すべき側面を慎重に検討しておくことが重要だ。ますます複雑になる状況の中でコンセプトを貫けず、初期の成功が持続不能となって、輝かしい失敗に至るケースも多い。これは輝かしい失敗の型でいうと「熊の毛皮」であり、プロトタイプや実験ではうまくいっても、事業を立ち上げる中で問題が発生する（第5章で詳しく説明する）。

誇り高き大学はいずれも、初めて起業する若者が計画や知識を実現させるための場、いわゆるインキュベーターの仕組みを持っている。起業家たちは多くの場合、仕事をする場所、アドバイス、資金へのアクセス、メディア露出などの形で支援を受ける。起業家精神に必要なスキル開発を目的としたさまざまなコースも用意されている。

しかしほとんどの場合、大多数の企業がまったく成功していないという事実にもかかわらず、スタートアップ段階ばかりに注目が集まる。奇妙なことに、起業プログラム、インキュベーター、起業支援センターなどは、最も確率の高い失敗シナリオに、ほとんど（まったく）注意を向けないのだ。

事態が悪化し始めたらどうするか。どのように損失を食い止めるか。おそらく、プランBを立てて、活動を終了して新しいことをする余地をつくっておけばよいだろう。「スタートダウン」段階では、多くの新しい知識も得られるだろう。スタートアップ段階で得られた知識をどのように最大活用するかという問いに答えることは大いに価値がありそうだが、得てして日和見主義的な起業家プログラムの中では取り上げられない。

起業家が失敗する主な原因は、製品やサービスが市場のニーズを満たしていないことにあると考えられる。資金が尽きてしまう場合もある。新しいものを開発するときには、技術的に実現させたり、市場を開拓するのに予想以上に時間がかかることが多い。ちなみに、ヨーロッパ人はアメリカ人よりも、一定期間内に十分な売上や利益が得られなければ「撤退する」傾向がある。若くて非常に急成長を遂げている「ガゼル」と呼ばれる中小企業でさえ、長期的に生き残れるとは限らない。ここでガゼルという言葉を用いるのには、どうも違和感がある。というのも、ガゼルは群れで行動する、静かで臆病な捕食対象となる動物であり、どう考えても成功している起業家から想起されるものではないからだ。

それはさておき、最近の研究では、オランダのガゼルは平均的な新興企業よりも、やや生存確率が高いそうだ。(8) 調査対象のガゼル269社のほぼ半分は依然として順調に成長している。2006年から2016年にかけて、オランダ・フィナンシャル・タイムズ紙が主催するガゼル賞に選ばれた企業の3分の1はまだ成長しているが、同賞の候補になった時点ほどの勢いはない。

新しい企業が失敗を成功に転換させるためには、起業家個人でいえば忍耐力が必要となる。多階層構造で結果重視の企業の多くには、起業家精神や関連リスクを受け入れる文化を生み出す社会的イノベーションが求められる。

前述のとおり、これには適切な組織文化が必要となる。その後でようやく、起業家にも従業員にも共通して見られる、失敗への恐怖という希望を打ち砕く感情に代わって、成功に関連するリスクという、責任重大だが起業家的な視点を持てるようになる。それは最終的に、私たち全員のためになるだろう。第8章で、それを可能にする環境について詳しく説明する。

F.A.I.L.――スタートアップにとって初めての学習の試み
（輝かしい失敗研究所の共同創業者　バス・ライゼナースの寄稿）

ウェブサイト「autopsy.io」には、うまくいかなかったスタートアップの長いリストが掲載されている。成功しなかった理由も添えられているが、それは創設者自身から集めたものだ。その理由を見ると、実務的なもの（「十分に速くスケールできなかった」）、笑いを誘うもの（「ひらめきが鈍って、また大惨事だ」）、悲劇的でさえありなんと思うもの（「長々と誤った戦略にこだわりすぎた」）など多岐にわたる。目標を達成しようとするなら、継続的な軌道修正が必要だ。柔軟な認識力、打たれ強さ、新しい機会を見出して活かす能力も求められる。

20年前には、事前に定められた戦略を貫くことが効果的だったかもしれないが、今日では市場からのフィードバックを踏まえて継続的に調整することが欠かせない。この点において、恐怖は忠告者としてあまり役立たない。研究によると、恐怖は、振返って、ある程度の距離をとり、シナリオで考えるのを妨げる重要な要因となる。恐怖によって自分の世界が狭まり、既知のものにしがみつくことで、イノベーションが抑制されてしまう。多くの場合、恐怖の対象は2つある。失敗する可能性があることを試すことと、問題を抱えていることや過去に問題があった事実を話すことである。

自分たちの失敗について恐れずに話す起業家の実例は、オランダのスタートアップ、ハロースペンサーだろう。注文を受けたら1時間以内にデリバリーするサービスをめざしていたが、うまく実現できなかった。２０１７年９月、同社の創設者たちはオンデマンドサービスを機能させるビジネスモデルにできなかったことを発表し、異例の行動に出た。自社のウェブサイトで主な失敗と教訓を公表したのだ。

たとえば、「大きく夢見て、小さく始める」とある。ハロースペンサーは、注文時に電話番号のみを入力してもらい、小さく始めることで、有機的成長を遂げたいと思っていた。配達プロセスよりも、配達員と顧客間の個人的な経験をビジネスの中心に置けば、顧客の購入動機について洞察が得られ、自社が何か大きなものになれそうな気がしたのだ。残念ながら、これは彼らが日々の配達業務に集中しすぎて、時間にしっかりと焦点を当てていなかったことも意味していた。

「自分たちの目標を達成する」とも書かれている。デリバリーサービスで利益を出すには、最終的にボリュームが欠かせない。ハロースペンサーの顧客は毎週増えていたが、その成長ペースは遅すぎた。もっと素早く量を増やすか、もっと長期的な資金を調達する必要があった。

最後の教訓は「全員参加」である。十分な才能とエネルギーを備えたチームをまとめることは最初のステップだが、全員がチームとしてだけでなく個人レベルでも成長し続けられるようにすることが、少なくとも人材をつなぎ留めるためには重要となる。ちなみに、ハロースペンサーの社員がその後どうなったかというと、半分はオランダのSNS銀行（現・フォルクス銀行）に就職し、残りの半分は新旧のスタートアップに加わって起業家精神を果敢に追求し続けている。

私自身が挑戦したのが、「YOU.FO」と呼ばれる革新的なスポーツ製品とコンセプトを掲げたスタートアップだ。これは基本的にフリスビーと、テニスやフィールドホッケーなどのラケットスポーツを足して割ったようなゲームで、特製スティックで航空力学の原理を応用したリングを投げてキャッチする。

ここ数年取り組む中で私が学んだ教訓は、市場のフィードバックを踏まえて事業戦略を調整し続けなくてはならないことだ。国内外でさまざまな賞を受賞したので、私はトップダウン方式で、流通パートナーと一緒にYOU.FOを市場に出せると思っていた。現実はというと、はるかに複雑だった。この革新的なゲームには、もっとボトムアップのマーケティング施策が求められた。ゲームに熱中し続けてもらうためには、みんなに実際に経験してもらい、やり方を学んでもらう必要があったのである。

私たちは現在、ドイツを拠点とするスポーツコンサルタント会社と一緒に、グローバルコミュニティを設立しようと励んでいる。これは、最初に考えていたものとはまったく異なるアプローチだ。そして、このビジネスアドベンチャーは予想よりもはるかに時間がかかっている。この点で、私はハロースペンサーなどが共有してくれた教訓を肝に銘じるつもりだ！

輝かしい失敗研究所では、autopsy.ioと同じく、すぐに成功しなかったスタートアップから、恥じ入るのではなく、学習を促そうとしてきた。ところで、失敗の共有と学習は事後にしかできないことではない。自分の前提や手法を定期的に振り返り、その反省を他の人と共有することは、スタートアップの過程において特に重要だ。要するに、儲かるときもあれば、学ぶときもある。

第４章のエクササイズ

- 起業家的な冒険を始めて失敗したことがあるか。その後もう一度やり直したか。前回よりもうまくできたか。そうでない場合は、もう一度試そう！
- イノベーションには９つの条件がある（リードビーターの進化の条件から派生したもので、第８章で詳しく説明している）。先回りして読むか、第８章を読んだ後でもう一度戻って、次の点を考えてみよう。あなたの組織で最も強い条件は何か。最も弱いものはどれか。弱点を克服するために、どのような介入をすれば役立つか。

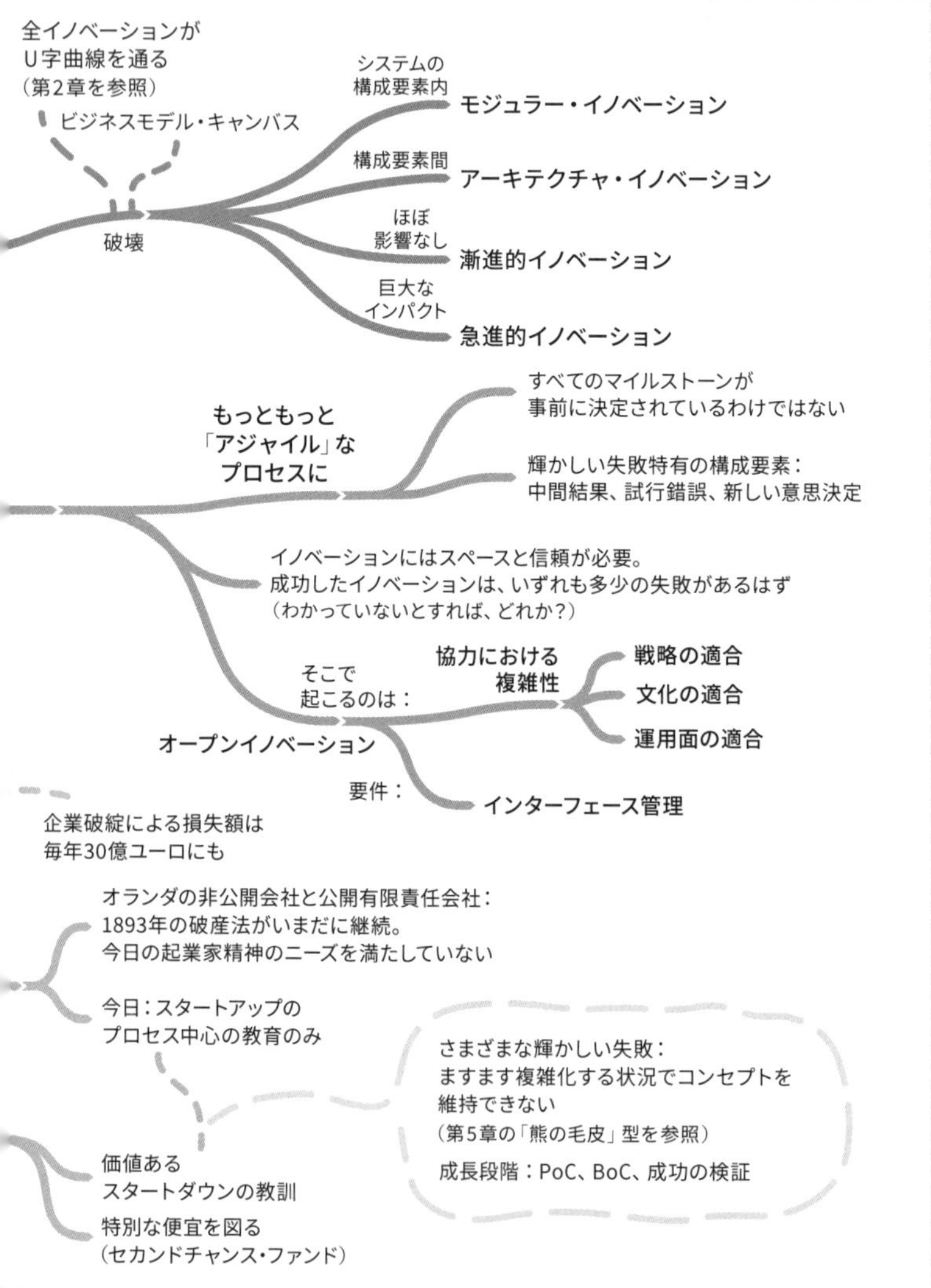
全イノベーションが
U字曲線を通る
（第2章を参照）
ビジネスモデル・キャンバス
破壊
システムの
構成要素内
モジュラー・イノベーション
構成要素間
アーキテクチャ・イノベーション
ほぼ
影響なし
漸進的イノベーション
巨大な
インパクト
急進的イノベーション
もっともっと
「アジャイル」な
プロセスに
すべてのマイルストーンが
事前に決定されているわけではない
輝かしい失敗特有の構成要素：
中間結果、試行錯誤、新しい意思決定
イノベーションにはスペースと信頼が必要。
成功したイノベーションは、いずれも多少の失敗があるはず
（わかっていないとすれば、どれか？）
そこで
起こるのは：
協力における
複雑性
戦略の適合
文化の適合
運用面の適合
オープンイノベーション
要件：
インターフェース管理
企業破綻による損失額は
毎年30億ユーロにも
オランダの非公開会社と公開有限責任会社：
1893年の破産法がいまだに継続。
今日の起業家精神のニーズを満たしていない
今日：スタートアップの
プロセス中心の教育のみ
さまざまな輝かしい失敗：
ますます複雑化する状況でコンセプトを
維持できない
（第5章の「熊の毛皮」型を参照）
成長段階：PoC、BoC、成功の検証
価値ある
スタートダウンの教訓
特別な便宜を図る
（セカンドチャンス・ファンド）

Chapter 4
イノベーションと起業家精神のための風土

イノベーション：分類

ビジネスモデルの
破壊とその影響の度合いに
基づく

イノベーション戦略

起業家精神と失敗

態度

リスクに向けて：
より高いレベルで受け入れ、
リスクによって違う対応を試みる

階層構造で結果重視の企業では：
起業家精神（と失敗）を受け入れる文化にするために社会的イノベーションが必要である。したがって、関連するリスクも受け入れる（第8章を参照）

（輝かしい？）倒産

起業家の2人に1人は5年後には姿を消す。その多くが倒産

個人の生活に甚大な影響

話題にするのはタブー

2度目は成功確率が高まる：
起業家精神の刷新

Chapter 5

輝かしい失敗の「16の型」

A Common Language: Archetypes

「型」を使って失敗を見つめる

想定外のことを広く受け入れ、未知から学ぶことは、イノベーションと現代の起業家精神の前提条件である。これは、私たちが輝かしい失敗を強く求める1つの側面にすぎない。同じ過ちを避けるためには、お互いに学び合うことのほうがはるかに重要かもしれない。

私たちの究極の目標は、知識の共有を重視する社会である。知識をうまく移転させるためには、人々の想像力に訴えかける明快な共通言語を持つことがきわめて重要だ。これを念頭に置いて、第1章でBriFaモデルを紹介したが、そこに「輝かしい失敗の型」という重要な要素を追加したい。これはパターン認識をする人間の性向に基づくアプローチである。こうした型が企業や組織内の知識共有にどれほど価値があるか、私たちは実際に何度も目にしてきた。

型があることで輝かしい失敗を突き止めたり転換するのが容易になり、学習体験を積んで活かすための非常に健全な土台になる。主なメリットをさらに挙げると、みんなが型を使って楽しく自分の失敗を共有し、最もつらい失敗でさえ話すことをためらわなくなり、そこから他の人たちも学ぶことができる。

パターン認識

パターン認識やパターン処理は、知性の重要な側面である。私たちは周囲の世界の中にパターンを発見、認識、分類しながら、思考し学習する。というのも、私たちの脳には自己組織化してパターンを形成するメカニズムが備わっているからである。脳は細胞から細胞へと伝わる電気信号を発する神経細胞で構成されている。脳は静的ではなく、動的で変わりやすい。

神経可塑性《かそせい》とは、神経細胞間に新たな接続をつくる能力であり、新しいことを学ぶだけでなく、習慣や行動を変えることもできる。この神経可塑性は人間の神経系全体の特徴となっている。新しいことをうまく学習することで、神経細胞の接続が新たに形成され、活性化されるのだ。

意識的に観察するほど、より早くパターンが認識できる。私たちは絶えず情報にさらされており、その多くは脳によって除外される。しかし、ある状況ではパターンがはっきりと目立ち、私たちが自らそれを助長することもある。その良い例が、「フリークエンシー・イリュージョン」だ。

これは、あるインターネットユーザーがつくった造語で、バーダー・マインホフ現象(一度見聞きした情報や出来事を頻繁に起こるように思い込む現象)としても知られている。そのユーザーは、西ドイツの極左過激派組織のバーダー・マインホフ・グルッペ(ドイツ赤軍)のことをよく知らなかったが、ひとたび認識すると、24時間以内に2度も、その名前を偶然に見かけたという。

こうした現象はさまざまな形で現れる。たとえば、高級車を購入したとたんに、今までよりも頻繁に他の人が同じモデルの車を運転していることに気づくようになる。私の友人は以前、自分の車のモデルは人気がありすぎるとこぼしていた。「良い車だと喜べばよい。みんなが欲しがっているのだから」と私が言うと、友人は冗談めかして「みんな欲しがるけれど、おいそれとは買えない車が欲しいんだ」と答えた。

音楽を聴いて「良い曲だ」と思った後で、前よりも頻繁にその曲を耳にするようになったり、カナダで休暇を過ごすために予約を入れようと思った後、他にも多くの人が同じ考えを持っていることに突然気づいたりする。脳はこうしたパターンを察知するようにできているので、豊富な情報の中から素早く見つけ出せるのだ。これに影響を及ぼす要因は、どのくらい前に、どのくらいの頻度で、その情報を受け取り、それが自分にとって何を意味するか（情報への接続）である。

型を使うことは、パターン認識を促す手段としてバーダー・マインホフ現象を用いる興味深い方法である。

ウィキペディアの定義によると、英語の「archetype」は「始まり」や「起源」を意味する古代ギリシャ語「αρχη（アルケー）」に由来する。純粋な基本形、あるいは、理想化された原型を指し、これを使って複製や模倣したバージョンが作られる。型として使われるのは、文化的伝統（文学、神話、宗教、さらには英雄の歴史も含む）を踏まえた擬人化、対象物、概念などだ。

ＢｒｉＦａモデルは、イノベーションを分類し理解を深めるために世界中で用いられているメソッド「ＴＲＩＺ《トゥリーズ》」の影響を一部受けているが、イノベーションを起こすツールでもある。ＴＲＩＺは、ロシア語「Teoriya Resheniya Izobretatelskikh Zadatch（発明的問題解決の理論）」の頭文字をとったものだ。ＴＲＩＺメソッドには興味深い歴史がある。

第2次世界大戦の直後、ロシアの発明家、ゲンリッヒ・アルトシュラーはソビエト海軍の特許部門で働き始めた。発明家として活動を続ける傍ら、他の人が保有する膨大な数の特許についても研究した。そして、すべての発明が何らかの形で技術的矛盾をなくすものとして説明できると結論づけた。アルトシュラーの見解では、イノベーションはカオス、運、神秘的なひらめきの結果ではなく、いくつかの原則を当てはめれば体系的に達成できるという。

アルトシュラーと同僚のシャピロはその研究の価値を確信し、イノベーションへの方法論的アプローチは、国家が行っている無秩序なアプローチよりもはるかに効果的だとする書簡をヨシフ・スターリンに送ることにした。この批判は国家への攻撃と見なされ、アルトシュラーはシベリアに追放された。しかしそこで生き延びるうえで、彼の発明力が役立った。たとえば、眠ることを許されなかったので、黒い点が描かれた煙草の包み紙を丸く切って、閉じたまぶたの上に貼り付け、起きているかのように見せたこともある。

スターリンの死後、アルトシュラーは故郷に戻って研究を続け、研究所も設立した。さまざまな研究が行われ、多くの人材を育成した。この結果、世界中でＴＲＩＺを広める機運が生まれ、複雑な問題を体系的かつ創造的に解決するための標準的手法になったのである。１９５６年に発表されたアルトシュラーとシャピロの初期の研究は、いまだにＴＲＩＺメソッドの基礎となっている。

その後、イスラエルの学生がＴＲＩＺを必要最低限の要素だけにそぎ落とした簡略化バージョン、体系的発明思考（ＳＩＴ）法を開発した。製品やサービスなどすべてのイノベーションの70％以上がそれで説明できる５つの基本原則で構成されており、ビジネスの世界では非常によく知られる創造テクニックとなった。

輝かしい失敗の「16の型」

観察していくと、輝かしい失敗はそれぞれ細かな部分や前後の状況は異なるが、想定と違う展開になった理由は同じであることが多い。私たちは大量の事例を分析して、そうした失敗の原因を特定した後で、失敗の見極めや学習に役立つ16の型を開発した。この型には分類機能もある。それぞれの事例は、1つかそれ以上の型に分類できるので、似たような輝かしい失敗の例を素早く簡単に見つけることができる。

型を使うことは、ストーリーテリングやストーリーを通じた知識共有の良い出発点にもなる。実践を通じて、計画とは異なる結果になった理由を分析するうえで、型が重要な役割を果たすことがわかってきた。

型はＢｒｉＦａモデルの中核をなすものである。ＢｒｉＦａモデルでは関連する型を認識し、学習体験を記述して実際に体験できるようにした後で、その知識が関連しそうな新しい状況に学習体験を結びつけていく。

まずは、輝かしい失敗の16の型について概要を説明しよう。

①見えない象（全体は部分の総和よりも大きい）

多角的に考えて物事が初めて、明らかになることがある。異なる目線から見たことを組み合わせて、ようやく全体像が浮かび上がるのだ。私たちは基本的に自分が見たものを投影させるので、時折重要な情報を見逃してしまう。

しかし、こうした「投影」が何度も行われることで、オリジナルが再構成されることもある。この現象は、目隠しされた男と象のたとえを使うとうまく説明できる。6人の男たちが、目隠しされた状態で象に触れて、その体験を説明するように言われる。1人はヘビ（象の鼻）のようだと感じ、別の人は壁（胴体）のようだと感じる。他にも、木（脚）、槍（牙）、ロープ（尾）、扇（耳）のように感じる人がいる。それが象の一部だと説明する人は誰もいないが、それぞれの観察結果を共有して組み合わせていくことで、象が「出現」する。

これがパターンの発現の例だが、象は共有された複雑な世界にのみ存在する。すべての視点を使ってようやく完全に見えるようになるという意味で、多くの現象は創発的（部分の性質の単純な総和にとどまらない特性が全体として表れている状態）である。

残念な自動車のネーミング

▼**最初のねらい**……自動車メーカーのフォードは、魅力的なモデル名をつけたいと思っている。市場で認知されやすく、ブランドの外観や車種を連想させる名前でなければならない。

▼**アプローチ**……マーケティングチームや代理店の助けを借りて、ネーミング候補のリストを作成する。最終的は、ブランド・エクスペリエンスに最もふさわしい名前が上位にくる。特定の市場により適した名前に変更される場合もある。

▼**結果**……モデル名はたいてい車と売り出す市場にマッチさせるが、常にそうなるとは限らない。特にフォードは、次の例が示すように、あまり賢明とは言えないブランド名を選ぶ傾向がある。

フォード・ピント(ポルトガル語で、フォード・小さなペニス)
フォード・カリエンテ(メキシコのスペイン語で、フォード・街の売春婦)
フォード・フィエラ(スペイン語で、フォード・醜い老女)
フォード・コルティナ(スペイン語で、フォード・おんぼろ車)

▼**学んだ教訓**……車の名前は象のようなものだ。それが本当に適切な名前であることを確認するためには、あらゆる観点（言語）から単語の意味を考慮しなければならない。

▼**補足ポイント**……フォードの弁護をすると、他の自動車メーカーもいくつかのブランド名で失敗している。フィアット・クロマ（クロマはオランダ語で、揚げ物やオーブン焼き）、フィアット・ブリオ（ブリオはオランダのバターブランド）、フィアット・ウノ（フランス語で、フィアットの馬鹿野郎）、トヨタ・MR2（フランス語の読みで、くそトヨタ）、日産・Sカルゴ（フランス語で、日産カタツムリ）、マツダ・ラピュタ（スペイン語で、マツダ売春婦）。

②ブラックスワン（予見できない出来事が頻発する）

すべてのことが予見できるとは限らない。想定外の展開によって計画と期待が完全に混乱をきたすことがある。忌々しいことだが、本当に起こるのだ！

たとえばプランBを策定して、失敗したときのために予備費をとっておけば、想定外の事態に対して部分的に先手を打つことができる。また、逆境を受け入れて、後退した部分を挽回したり、何か学べることはないかという確認もできる。とにかく、複雑な世界ではすべてを完璧に計画できないという事実に気づくことが重要だ。

システム内で制御不能な出来事が起こることもあるだろう。２００１年9月11日（アメリカで同時多発テロ事件が起きた日）に会社を設立したり、新技術がブレークスルーとなって自社商品が使いものにならなくなったりするかもしれない。暗号通貨に関する論文を書いて、ビットコインがまだ１ドル未満の時点で買えるかもしれない。……何でも起こりうるのだ。実際に、自分には何の落ち度がなくても、外部状況によって計画が台なしになることもある。

ナシーム・ニコラス・タレブが２００７年に出版した『ブラック・スワン』は、予期せぬ事態が突然起こって、最終的に大きな影響が出ることを取り上げた注目すべき本だ[1]。私たちは自分が知らないと自覚していない事実に気づくことがどれほど大切であるかが説明されているが、私たちが知らない、あるいは、知りえなかったことも、やはり重要であるかもしれない。この種の予見できない出来事は、私たちの複雑な世界における創発現象であることが多い。

ロシアの禁輸政策による経営破綻

オランダの食肉加工会社のベウズミートは、ロシア市場向けに週２００～３００頭の豚を輸出していた。２０１４年にロシアがEU製品の輸入を禁止したため、同社は主要な販売市場を失い、苦境に陥った。ゼネラルマネジャーのポール・ウェリンクは２回にわたる人員削減計画を発表して流れを変えようとしたが、うまくいかなかった。

２０１４年２月にアルバイト従業員などを80人削減し、10月には非正規従業員を１２０人削減した。ベウズミートは２０１４年中に何度も余剰人員を解雇した。にもかかわらず、なぜうまくいかなかったのだろうか[2]。ウェリンクは次のように述べている。

「ベウズミートが営業停止に追い込まれたのは、ロシア市場の閉鎖とその後の経済的影響が響いた。過去10年間で、ロシア市場が政治的理由で閉鎖されたのは、これが初めてではない。しかし、過去に閉鎖がこれほど長く続いたことはなかった。ロシア以外の市場に十分に展開していなかったことも重なり、販売量が大幅に減少し、大きな損失を被った。

もちろん、私たちはロシア市場の損失を補おうと努め、他の市場機会を見つけたが、残念ながら失われたロシア市場を十分に補填するまでには至らなかった。現在、会社を再始動する機会を見出せずにいる」

③財布を間違う（誰かには好都合だが、他の誰かに負担がかかる）

複雑な状況では、誰にとって不利になるかも含めて、プロジェクトの具体的な長所と短所を予測しにくいことがある。変化がシステム全体に良い影響を及ぼすこともよくあるが（コスト削減、サービスの向上、公衆衛生の改善など）、それは誰かの犠牲の上に成り立っていたりする。

雇用機会を犠牲にして環境が改善される場合もあれば、その逆もある。こうしたジレンマはたいてい、経済的、社会的、自然資本の観点で価値を創出する、間違いなく有益な状況が、ローカルレベルでの負の影響によってうまくいかないことから生じる。

投資をする人は受益者ではない。この種の輝かしい失敗にはシステム思考が必要なので、予防しにくいかもしれない。他のプレイヤーは負の影響を被りそうな人々を説き伏せて、協力を仰ぐ方法を見つけ出さないといけないだろう。お金の話だとすれば、関係者が受け入れられるウィンウィンの状況、あるいは少なくとも「ノットルーズ・ノットルーズ」（どちらも負けない）で、誰かを犠牲にして1人の財布が潤うことのないようにするために、時にはみんなで補償し合う必要がある。

スウェーデンの6時間勤務実験

▼**最初のねらい**……スウェーデン政府は6時間勤務日の導入効果を調べたいと考えていた。検討事項は、就労時間の短い日を設けることで、ウェルビーイング、生産性、サービスが向上するかどうかだ。この取組みはすでに、スウェーデン・トヨタの工場やIT企業のフィリムンダスなどで数回テストされてきた。その基本的な考え方は、1955年に発表されたパーキンソンの法則、つまり、ある仕事のために使える時間が増えると、その仕事を終えるのに必要な時間も膨れ上がるという法則に沿っている。

▼**アプローチ**……スウェーデンのヨーテボリにある高齢者介護施設で、68人の看護師に対して、1日6時間働くだけで、フルタイムの日給を全額支給することにした。

▼**結果**……当初の結果は上々だった。従業員はより健康的になり、病欠日数が減った。患者は、より良いサービスを経験した。しかし、パーキンソンの法則はこの種の環境に当てはまらなかった。6時間では作業をこなしきれず、新たに17人の看護師を雇い入れる必要があったのだ。これには、2年間で約250万ユーロの費用がかかった。言い換えると、従業員の健康とウェルビーイングの向上と、より良い顧客サービスのための費用は、施設運営者の財布でまかなわれていたことになる。この実験は失敗に終わった。

▼学んだ教訓……悪影響を受けることが明白な関係者に、何とかプロジェクトに参加してもらうためには、より高いレベルのインセンティブを提供しなくてはならない。この事例では、雇用主が追加費用を払うことになるのは事前にわかっていた。スタッフの給与を減らすか、施設側の収入を増やすべきだったのだ。労働環境も災いした。平均的な北欧人はもともと働きすぎではなく、週50時間以上就労する従業員は、ほんの1％だった。

④チョルテカの橋（解決すべき問題は1カ所に留まっていない）

世界は複雑なだけでなく、非常に動的で、変化しやすい。ある問題はうまく解決できても、すぐに別の場所に問題が飛び火したり、新たな問題が浮上したりする。言ってしまえば「悲惨さ保存の法則」である。そこには複数のリスクが存在し、1つのリスクに対処しても別の問題の発生を食い止めることはできない。こうした傾向は、人に対処するときにも当てはまる。みんなの希望をかなえようとすると、他の願望や要求が次々と出てきて、モグラ叩きの様相を呈するのだ。

問題が想定外の方向に動いた興味深い例が、ホンジュラスにあるチョルテカ橋だ。この橋は1930年代にアメリカ陸軍工兵部隊によって建設され、最強のハリケーンにも耐えられる造りに

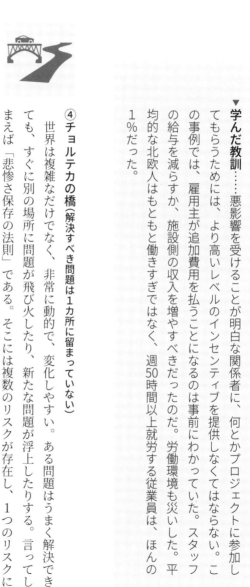

▶ **チョルテカ橋**
以前は役立ったが、現在は無用の長物である

なっていた。

1998年にハリケーン・ミッチがこの地域に襲来したとき、確かにこの橋の並外れた品質が証明された。ハリケーン・ミッチは広範囲に被害をもたらしたが、チョルテカ橋は無事だった。しかし残念なことに、洪水が引くと、チョルテカ川の流れは数百フィート移動していた。橋がかかっているのは川の上ではなく、その傍らの乾いた土地の上になっていたのだ。

ここでの教訓は、プロジェクトが始まった時点でのリサーチや解決策は完全に正しかったとしても、問題が変化したり移行すれば、最終的にその結果は有効でなくなることもある、ということだ。

燃料を補給できなかった燃料電池船

▼**最初のねらい**……水素燃料電池で動く最初の遊覧船は、アムステルダム運河の風景を永遠に変えるはずだった。有害な排出ガスも臭いも出さず、化石燃料を使わない静かな運河船は、先駆的なアイディアだった。

▼**アプローチ**……２００６年後半から07年初頭にかけて、オランダ企業のコンソーシアム、ヒューエル・セルー・ボートＢＶは、水素燃料電池船の開発と建設に同意した。全長約22メートルのその船は、アムステルダムで運河クルーズ船として利用されることになっていた。

２００９年に元女性市議会議員のマリーカ・フォスによってNemo H2の進水式が行われた。Nemo H2は海洋イベント「ＳＡＩＬアムステルダム２０１０」で簡単にお披露目され、２０１１年のシップ・オブ・ザ・イヤーにノミネートされた。シェル・アムステルダムはアイ川の対岸にある自社ビルまで従業員の通勤の足として、この船を使うつもりだった。

▼**結果**……プロジェクトの途中で大きな課題が浮上した。燃料電池ステーションの常設場所の問題だ。燃料電池ステーションには専用設備が必要で、水陸両方からのアクセスの良さも求められる。ところが、シェルが当初予定していた敷地内の土地は適して

いないことが判明した。

諸々の手続きにも長い時間がかかった。その間に、シェルの従業員は公共交通機関のフェリー船で川を渡るようになった。200万ユーロ以上をかけたこの船は脇に追いやられたのである。

▼**後日談**……2011年についに遊覧船として就航したが、また別の問題が発生した。運航費用が高すぎたのである。化石燃料のほうがはるかに安かった。しかも、全長22メートルの船はアムステルダム市が新たに設けた制限（遊覧船は20メートル以内とする）をオーバーしていた。

⑤欠席者のいるテーブル（すべての関係者が参加しているとは限らない）

変革を成功させるためには、すべての関係者にその変革について同意してもらわなくてはならない。準備や実行に関与しないせいで、変革の有用性や重要性に確信が持てない人もいるだろう。疎外感もまた非協力的な態度につながりかねない。たとえば、新製品開発の際に意見を聞き入れてもらえなかった顧客などがそうだ。

「公正なプロセス」という言葉が示すのは、人々が十分な情報を得て自分の関心事が考慮されている場合に、肯定的であれ否定的であれ、その結果を受け入れる可能性が高まるということである。だからこそ重要になってくるのが、プロジェクトの影響を受けそうな人を特定するためにステークホルダー分析を行い、関係者を適切な形で巻き込み、プロジェクト開始から最後の実行に至るまでテーブルに空席がないようにすることだ。

ホットライン・トゥ・ホーム

オランダのホットライン・トゥ・ホームは、郊外の小さな病院の心臓専門医が始めた電気通信プロジェクトである。新技術とボランティアによるコミュニケーションを組み合わせて、重要な社会的接点を増やして維持し、入院患者のウェルビーイングを向上させることを目的としていた。

技術的なソリューションの成否は、最終受益者に受け入れてもらえるかどうかにかかっている。専門家やビジョナリーと呼ばれる人々がいくら情熱を傾けても、コミュニケーションの領域で新しい技術的ソリューションの成功が保証されないのは、そのためである。まずは、対象となるユーザーの要望や機会をとことん研究しなくてはならない。

⑥熊の毛皮（成功が確定する前に結論を急ぎすぎる）

最初に成功すると、これが正しい道だと誤信しやすい。しかし、成功し続けるためには、長期的で大規模なアプローチや、他の状況でも通用するアプローチが必要となる。実際に、最初に成功してしまうと、適切な長期的アプローチが見つけにくくなるケースもある。というのも、代替案や長期的に障害になりそうなものを探そう、探さなくてはならないという気持ちになれないからだ。これはスタートアップの世界で顕著に見られることで、最初に急成長を遂げても、長期的に健全なビジネスになるという保証はない。

多くの企業にとって重要なのは、ＰｏＣ（概念実証）からＰｏＢ（プルーフ・オブ・ビジネス）へのステップだが、大きすぎる一歩となる傾向がある。若い企業のライフサイクルを例に、この２つのフェーズの違いを考えてみれば驚くまでもない。チームに必要なスキルや顧客タイプから、資金調達方法、ガバナンス構造まで、ほぼすべてのことが異なってくる。ＰｏＢでは、優れたアイディアや興味深いテクノロジー以上のもの、つまり、現状のフェーズに組織を適応させる能力が求められる。

当然ながら、これはスタートアップだけの話ではない。たとえばスポーツでは、最初に成功した戦略やテクニックはさらなる進歩の妨げになり、後で捨て去ろうにもかなり苦労することが多い。オランダ語の諺「孵化する前にニワトリを数えるな」は、「熊を撃つ前に毛皮を売るな」と同じく、重要なメタファー（隠喩）として役立つ。日本でいう「取らぬ狸の皮算用」と同じだ。

割れ窓、壊れた生活

▼**最初のねらい**……1990年代、アメリカの主要都市の住民は秩序を取り戻したいと願っていた。

▼**アプローチ**……当時のニューヨーク市長のルディ・ジュリアーニは、1982年に「割れ窓理論」を提唱した犯罪学者のジョージ・ケリングとジェームズ・Q・ウィルソンに触発されて、ゼロ・トレランス（不寛容）政策を実施した。軽犯罪（建物の窓ガラスを割る）に対処しないと、近隣全体が悪化する（建物全体が崩壊する）という考えに基づき、重罪人だけでなく軽犯罪者も警察による取締りの対象にし始めたのだ。他の都市は感銘を受け、同じアプローチを採用した。

▼**結果**……このアプローチは当初は成功し、犯罪率が低下した。そのため、今後数十年にわたって犯罪と荒廃に有効な施策のお手本になるだろうと思われた。ところが、警察があまりにも熱心に取り締まった結果、刑務所が過密状態になり、社会不安が生じ、「割れ窓、壊れた生活」として抗議の声が殺到したのだ。軽犯罪者に対する一種の魔女狩りが起こり、何の落ち度もない人々（特に黒人）までもが、警察から嫌がらせを受ける始末だった。

▼**学んだ教訓**……最初の成功によって正しい判断を見誤ってはいけない。そのアプロー

チが長期的または大規模に持続可能かどうかを確認しよう。しばらくしてから、自分のアプローチに変更が必要かどうかも確認したほうがよい。ジョージ・ケリングでさえ、結局、自分の提唱した概念は修正を加えなければ持続可能でないことを認めざるをえなかった。

⑦電球の発明（何をやっているかがわかっていれば、それを研究とは呼ばない）

進歩は通常、直線的な道をとらない。だから、最善のアプローチや成功への正しい道を探すために、試行、実験、学習をしなくてはならないのだ。必要な情報がすべて揃っているわけでもない。時として状況は複雑なため、関連するすべての問題やその相互関係がわからず、試行錯誤の末にようやく発見することもある。少なくとも失敗した試みから、どのやり方がまずかったのかがわかり、次の計画や実行の参考になることもある。しかし、そのためには失敗して学習体験を受け入れる意欲と能力が

1000回失敗したのではない。
1000のステップを踏んだ発明が
電球である。
トーマス・エジソン

必要だ。

アインシュタインの言葉に「自分たちが何をやっているかがわかっていれば、それを研究とは呼ばない」とある。同じく偉大な頭脳の持ち主であるトーマス・エジソンも実験、学習、試行錯誤の重要性を認識していた。未知の探究の価値を忘れてはいけない。

鉛筆と粘着テープを使った試行錯誤

物理学者のアンドレ・ガイムとコンスタンチン・ノボセロフは、「金曜日の夜の実験」を楽しんでいた。「自分の時間の少なくとも10％」を使って、あらかじめシナリオを考えずに実験する。２００４年に行った実験の１つが、「スコッチテープ」（３Ｍが製造販売する粘着テープ）を使って鉛筆の芯先から極薄のグラファイト片を剥がしていくというもので、最終的に、ハニカム構造状の炭素原子、グラフェンを取り出した。今日まで物理の世界を魅了し続けているこの物質により、２人は２０１０年にノーベル物理学賞に輝いた(3)。

⑧兵隊のいない将軍（アイディアは良いけれど、リソースがない）

計画どおりに成功させるためには、必要なリソースが利用可能で、資金、適切なツール、知識、時間、従業員、パートナー、顧客、インフラなどのリソースを提供する関係者が、活動を行う当事者に十分にコミットしなくてはならない。関係者には、経営陣、投資家、ロイヤルカスタマー、同僚など、プロジェクトの成功に貢献できる人も含まれる。もちろん、どのリソースも無尽蔵に使えるわけではない。

起業家は例外なく、可能なリソースを最適な形で利用するという難題に直面する。最も欠かせない支援やリソースが得られないために、不可能なミッションに挑んでいることが判明することもある。重要な役割を果たすのは素晴らしいことだが、どれほど有能な人でも必要なリソースなしでは成功にこぎつけることはできない。

ゼロックスのパロアルト研究所――実行力を伴わない素晴らしいアイディア

コピー機メーカーのゼロックスは、コンピュータ、特にプリンタの分野に参入したいと考えていた。コンピュータのマウス、イーサネット（インターネット）、グラフィカルユーザーインターフェイス、ＷＹＳＩＷＹＧ《ウィジウィグ》エディターなど、現代のコンピュータに必要な機能はすべて思いついていた。ところが、マーケティングの計画や販売手段が揃っていなかった。つまり、サポートとリソースが不足していたのである。

スティーブ・ジョブズはゼロックスのパロアルト研究所のツアーに参加して、ゼロックスのアイディアに大いに触発された。その後の顛末は知ってのとおりだ。

⑨捨てられないガラクタ（やめる術がわからない）

始めたことは終わりまでやり遂げたいと思うのは、とても人間らしいことだ。というのも、私たちは何らかの理由があって目標を設定するからだ。「やめるという言葉は私の辞書にない」「君ならできる」「一度決めたことは絶対だ」といった言葉は、「やめられない・やめたくない」症候群という人間的な側面を表している。

その一方で、会社への配慮からという場合もある。目標が達成されるまで、もしくは、もはや現実的に継続不能となるまで、プロジェクトは打ち切りにならない。プロジェクトが成功しなかったと発表するのは必ずしも簡単ではないため、できる限り先延ばしにしたり、自己保身を図ろうとする。

活動を続けて関連する投資を誤って正当化する例として、いわゆる「埋没コスト」がよく知られている。人はすでに行った投資のことを考えて、そのすべてが無駄になるのは忍びないと結論づけるのだ。

しかし、過去〔もはや使い道のないガラクタ〕ではなく将来を見たほうがよい。今後どのくらい投資が必要になるのか。どのようなリターンがあるか。学んだ教訓を評価して未来に活かせば、損失の一部を取り戻せる。「失敗コスト」の代わりに、「失敗リターン」が得られるのだ。

失敗したITプロジェクトを、輝かしい失敗に変える

（ポール・イスケ、フランク・ハルムセン、ハンス・ムルダー、モーリス・ナイセン、フリッツ・ブッスマーカーの寄稿）


オランダ個人情報データベース（BRP）には、オランダ在住者と海外在住オランダ人の個人情報が含まれている。このデータベースの近代化をめざしたBRPプロジェクトは、オランダ政府が推進したITプロジェクトの失敗例の1つである。

その長いリストを見ると、どうやら多額の資金が無駄に使われていて、深刻な問題といえる。さらに由々しきことに、政府は過ちから学べないようなのだ。失敗したITプロジェクトを輝かしい失敗に変えるよう、私たちが求める理由もそこにある。

オランダ下院のために政府系ITプロジェクトの失敗事例を調査する目的で、数年前に発足した暫定のエリアス委員会が報告書をまとめたところ、政界とオランダ社会

の両方から「税金の無駄づかいだ！」「変えるべきだ！」という怒りの声が上がった。同委員会の勧告は、失敗を防ぐことを目的としていた。たとえば、ITコンポーネントを使った大規模でリスクの高い政府系プロジェクトを個別に調査し、成功率を高めるための提言をまとめるため、ITテスト局（BIT）が設立された。BRPプロジェクトが最終的に打ち切られた一因は、このBITの提言にあった。

エリアス委員会もBITも、BRPプロジェクトが停滞したまま長引くのを食い止められず、最終的に損失額は9000万ユーロにのぼった。典型的な落とし穴にはまったのだ。要するに、複雑すぎるうえ、時間とともにニーズが変わる中で、十分にその点を織り込んでいないアプローチをとった結果、全体がよく見通せなくなり、そのプロジェクトは手の付けられない状態になってしまったのである。

⑩深く刻まれた渓谷（染みついた思考・行動パターンから抜け出せない）

私たちは生活の中で何度も同じような状況に出くわすことが多い。こうした状況に効率的に対処するために、お決まりの手順、習慣、ベストプラクティスを編み出す。こうして私たちは個人的にも組織的にも能力を獲得するのだ。それは意識的、無意識的に私たちの頭に刻み込まれ、組織や社会の中で文書をはじめとするさまざまな手続きの中に埋め込まれていく。

　こうした行いは便利だし、必要なことでもある。何かをするたびに、初めての経験だと感じる状況を想像してみてほしい！　経験や発展のメリットは享受できないだろう。また、こうした行いは、「これが私たちのやり方だ。私たちが学んだのはこれだ」というように、アイデンティティや権威の一部にもなる。

　一方で、自分たちの経験にむやみに頼ることには一定のリスクがある。他にもっと良い方法がある場合や、環境や問題が変わった場合はどうだろうか。あまりにも限られた思考しかできなければ、新しい機会や脅威を見逃してしまうかもしれない。あるいは、新しい機会や脅威を理解しても、そのための新しい対処法を生み出せなかったらどうだろうか。

　そうした状況を、何百万年も陸地を流れてきた川にたとえてみよう。長い時間をかけて、川は美しい渓谷を刻み、グランドキャニオンのような素晴らしい景観を作り出してきたかもしれない。しかし、川から見る世界はどんどん狭まっている。渓谷の外の出来事はすべて、川やそこに住む人の視界から完全に隠されているのだ。

胃腸障害の代替治療に関するカンファレンス
（「うんち博士」ことマーク・ベニンハの寄稿）

▼最初のねらい……小児科医は、健康に問題のある子を持つ親から、代替医療《ホメオパシー》は適切な選択肢になるかと聞かれることが多い。最近の研究によると、胃腸に障害のある子どもの40〜60%が代替医療（バイオレゾナンス療法、虹彩診断《アイリドロジー》、鍼治療、整骨療法）をすでに受けている、もしくは、過去に受けたことがあるという。私はこの分野の知識が乏しく、質問されてもたいして有益な情報を提供できなかった。そこでシンポジウムを開催し、代替医療従事者や臨床疫学者に、代替医療に関する経験、科学的論点、見解を聞いてみることにした。

▼アプローチ……代替医療、鍼灸治療、整骨療法、バイオレゾナンス療法を受けている人々に、適用した消化器疾患の症状、治療の病態生理的根拠、施術内容、治療期間、考えられる副作用とリスク、コスト、保険適用の有無について聞いた。そして、臨床疫学者には症状と治療の科学的根拠について議論するよう求めた。

　このシンポジウムは、小児科医、研修医、看護師、小児心理学者、かかりつけの医師、小児科理学療法士の年間研修日にカウントされる。この日の情報は、アムステルダムを本拠とする欧州大学院胃外科学部によって伝えられた。

▼**結果**……カンファレンスの招待状と暫定プログラムを送ったところ、アムステルダムの大学医療センター（AMC）理事会議長から電話がかかってきて、会いたいと言われた。代替医療に断固反対している人が、代替医療に関するシンポジウムがAMCで開催される運びになっていると、議長にこっそり知らせたのだ。そこで会ってみると、「抗うつ薬を代替医療に関連づけてほしくないし、シンポジウムは中止すべきだ」と告げられた。同時に、代替医療従事者の見解を共有するために招待したかった疫学の教授陣は誰一人として、この厄介なテーマを積極的に取り上げたいとは思っていないことも明らかになった。おそらくみんな当時の理事会議長と同意見だったのだろう。

▼**学んだ教訓**……昔ながらのオランダ医学界は、科学的かつ客観的な方法で、この重要なテーマを議論する準備ができていなかった（おそらく、いまだにそうだ）。

▼**後日談**……現在、子どもの慢性腹痛に関する食事療法や薬物療法はほとんど研究されていない。しかも、研究で明らかになっているのは限られた有効性にすぎない。過去10年間、私たちは臨床試験で大規模なランダム化比較試験（対象者をランダムに2つに分けて、片方には評価しようとする治療などの介入を行い、もう片方には別の治療などを行って、介入の効果を検証する方法）を実施して、慢性的な腹痛を訴える子どもに催眠療法を受けてもらった。私の予想に反して、この治療は短期的にも長期的にも大成功だった。1年後のフォローアップ調査の結果は、催眠療法を受けた子どもの85％が治癒していたの

に対し、小児胃腸科医の治療を受けた子どもの治癒率はわずか25%だったのである。
こうした研究結果はエビデンスに基づく医療原則に従ったもので、主要な国際的な医学雑誌にも発表されたが、従来型医療の従事者からは疑いの目で見られている。確かに、なぜこの患者グループに催眠療法がこれほど効果的だったのかは、まだ解明されていない。しかし、この問題に科学的な答えを出すかどうかを決めるのは従来型医療だ。私たち研究グループは現在もこの問題に取り組んでいる。

⑪右脳の功罪(合理的根拠のない直感的な判断をしてしまう)

複雑なシステムの動きを予測するのは困難なことが多い。システム内の個々の関係者の行動が、既知の事実に基づいて(直接的に)説明できないときには、一層予測しにくくなる。一部の人々の反応や意思決定は予測不能だったり一貫性がなかったりするので、さらなる不確実性が生じる。

一部の文化では、外的な変化がなくても、自分の考えを変えるのはごく当たり前のことである。また、あらゆる事実を収集したり客観的に処理するのが難しいため、事実を選択的に用いたり、文脈を無視して使うこともある。時には、完全に状況を理解していると誤解している人もいる。

興味深いことに(それほど意外でもないはずだが)、こうした現象は重要な意思決定をしなくてはならない場合にも起きてしまう。時には、問題があまりにも大きくて複雑なため、時間（もしくは意欲）不足ですべての不確実性を取り除くことができず、（左脳で論理的に考えるよりも右脳を働かせて）直感と経験に頼りたくなることもある。あるいは、相手が腹の中で何を考えているのか、どんな事実に基づいているかがわからなくて当惑し、相手の考えや意思決定プロセスを臆測して自己判断を下す人もいる。

オリ・ブラフマンとロン・ブラフマンは、2008年の著作の中で、不合理な行動につながる潜在的なパターンについて説明している。[4]

ウォーレン・バフェットの2000億ドルの失敗

▼**最初のねらい**……1960年代、有名な投資家で億万長者のウォーレン・バフェットは、繊維会社バークシャー・ハサウェイへの投資でリターンを狙っていた。バークシャー・ハサウェイは長年業績が下がり続け、定期的に工場を閉鎖しており、利益は企業価値を高めるために自社株買いに充てていた。

▼**アプローチ**……紡績工場がまた1つ閉鎖される直前に、バフェットの投資会社（ヘッジファンド）はバークシャー・ハサウェイにかなりの投資を行った。1964年にバ

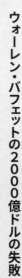

フェットは同社の当時のCEO、シーベリー・スタントンと協議し、一部の工場を閉鎖した後に、保有株を11・50ドルでバークシャー・ハサウェイ側に渡すことで合意した。

▼結果……数週間後、バフェットはバークシャー・ハサウェイから株式公開買い付けの通知を受け取った。そこには11・375ドルで株式を買い取ると書かれていた。先の合意価格である11・50ドルよりも0・125ドル少ない金額だ。バフェットは、さらに株式を買い増しして経営支配権を獲得し、スタントンを解雇した。その結果、バフェットは何年も業績不振の繊維事業に悩まされることになった。バフェットに言わせると、この投資によって結局2000億ドルの損失を被った。なぜなら、もっと収益性の高い事業や投資会社にその資金を回せなかったからだ。

▼学んだ教訓……合理的な考えに反しているにもかかわらず、復讐などの感情に突き動かされて判断すれば、トラブルを求めに行くようなものだ。こうした状況では、意思決定の前に1から10まで数えてみるのが賢明だろう。

⑫バナナの皮ですべる(アクシデントが起こる)

複雑な状況では、多くの関係者がお互いに影響を及ぼし合う。ローカルレベルで変更を加えた結果、システム内の他の部分でどのような影響が生じたのかを判別するのは必ずしも容易でない。

蝶の羽ばたきが、他の大陸に嵐を起こすとするたとえ話を思い出してほしい。確かに毎日起こるようなことではないが、人生とは結局、比較的小さな出来事の影響が重なり合うことで、おおむね決まる。私たちは大きな心配事や差し迫った関心事に集中する傾向があり、システムレベルの現象の引き金になりそうな出来事にはあまり注意を払わない。

こうした問題に対処するためのアプローチの一つに、シナリオ・プランニングがある。重大な影響を及ぼしそうな展開を検討するための手法だが、早期警告システムとしての機能も含まれる。複雑な状況の中で大事なのが、マイナーな事実、場合によっては一見無関係な事実に気づいて評価することだ。

また、理想的な状況や予想される状況から少し外れた活動の脆弱性を評価するのも役立つ。ニュースを見るだけで、人がどれだけ頻繁に、文字どおりまたは比喩的にも、バナナの皮を踏むようにつまらないことですべってしまうかがわかる。

バックラービールを襲った不運

1988年夏、オランダのビール会社、ハイネケンはアロエビール（アルコール度数は0・5%）を発売した。ノンアルコール・ビールでは消費者が興味を示さないのではないかと懸念して、低アルコールビールを選び、「バックラー」という力強いブランド名をつけた。バックラービールは当初は好調で、国内外の低アルコールビール市場で大きなシェアを獲得した。ところが発売から5年後に、オランダ市場から撤退したのである。

実は、オランダで最も有名なコメディアンの1人、ユープ・ファン・ヘックが、1989年の大晦日に、大勢の人が視聴するキャバレーショーの中でバックラー愛飲者をさんざん笑いものにした。

「俺にとって、とにかく鼻につくのが、バックラービールを飲んでいる奴ら。バックラー。そう、あの正統派プロテスタントのビールだよ。車のキーを手に持って、バーであんたの隣に立っている40代の間抜けな連中がそうだ。とっとと、うせろ。ここは酔っ払うための場だ！　ここから出ていけ、ぼんくら。教会で飲めよ。ていうか、一滴も飲むなよ。愚か者め。そう、バックラーを飲んでいるお前のことさ」

この発言は、オランダ国内におけるバックラーブランドのイメージに壊滅的な影響を与えた。

⑬ポスト・イット（失敗したけれど、偶然の幸運にも恵まれる）

異なる結果が生まれると、期待外れで、最初は失敗だったと思いがちだ。ところが、詳しく調べていくと、別の形で価値があることが判明するかもしれない。これは、実は「セレンディピティ」という重要なものを偶然に見つける技術を示しており、探していなかったものに気づくオープンマインドが求められる。

プロジェクトで行き詰まり、中止の決定が下されたときに、代替案を探すことには、特に価値がある。その場合、得られた結果の別の用途を探すことが重要となる。たとえば、いわゆるセカンドチャンスとして、取得した知識を別の試みに使ってみるのもよい。

この輝かしい失敗の型には、３Ｍの付箋紙「ポスト・イット」など、さまざまな事例がある。ポスト・イットの接着剤は当初、粘着力が弱くて失敗作とされていたが、貼り付けた後でもはがしやすい最適な成分であることが判明した。

くっつかない接着剤の意図せざる効果

３Ｍの研究者のスペンサー・シルバーは、強力で便利な接着剤をつくろうと、小さな球状の接着剤マイクロスフィア（微粒子）を開発した。マイクロスフィアと平面との接触面積は小さいので、粘着性はあるけれど、後から簡単にはがすことができた。しかし、シルバーはこの結果に失望した。新しい接着剤は、これまで3Mで開発してきたものよりも粘着力が弱かったのだ。３Ｍはこの技術を棚上げとした。

４年後、シルバーの同僚のアート・フライは、賛美歌の本に挟んだ栞がすぐに落ちてしまうことに不満を持っていた。彼はふとひらめいて、安心して使える栞をつくるためにシルバーの接着剤を試してみた。こうして、ポストイットのアイディアが生まれたのである。

発売から1年後の１９８１年、ポスト・イットは3Mの優秀新製品と呼ばれるようになった。それ以降、従来型の付箋に加えて、さまざまなポスト・イット製品が発売されている。

⑭アインシュタイン・ポイント（単純化しすぎても、複雑化しすぎてもいけない）

複雑な世界で活動していると、その状況が現実をよく表しているといえる情報を十分に得ることの難しさに常に直面する。だからといって、原因と結果を結びつけられず、基本的に制御不能な「ブラックボックス」化した状況になるほど、ややこしいアプローチにすべきではない。

単純化しすぎても、複雑化しすぎてもいけない。必要以上に単純化すれば、実際には通用しない解決策になりがちだ。必要以上に複雑化すれば、麻痺状態に陥る危険がある。アインシュタインがかつて述べたとおり、「何事も極力シンプルにすべきだが、シンプルすぎてもよくない」のだ。大切なのは、状況の捉え方をなるべくシンプルにしながらも、現実を映し出す中庸のポイントを見極めること。要するに、アインシュタイン・ポイントに注意しなければならないということである。

ブレグジットはなぜ可決されたのか

アインシュタイン・ポイントを見失ったと思われる状況の好例が、イギリスが2016年6月の住民投票の結果を踏まえてEU（欧州連合）離脱を決めたブレグジットだ。

ちなみに、この決定は投票者の過半数をわずかに超えただけで、特に若者はEU残留に票を投じた。すぐに、この決定の顛末を投票時点では誰も完全には理解していなかったことが明らかになった。

有権者はEU残留を望む人々から影響を受けていた。残留派はマクロレベルで全体像を語ろうとしたが、それは多くの人にとって、あまりにも込み入った話で抽象的すぎた。このため、グローバル化は短所だらけで長所はないと感じている人々などは、状況を単純化して実際には機能しない解決策を説くポピュリストの意見に耳を傾けたがった。

アインシュタイン・ポイントを挟んで、両サイドに立つ関係者間で繰り広げられた議論は、将来まで続くさまざまな結果をひっくるめて、一見不可能に思われる意思決定につながった。

⑮アカプルコの断崖ダイバー（タイミングを誤ってはいけない）

何かをするのに適切な時期はいつか。特に新しい製品やサービスを立ち上げる場合、アイディアの良さもさることながら、適切な瞬間を待つことも重要である。

よくありがちなのが、素晴らしいアイディアだと感じても、すでに同様の開発が行われていたり、似たような提案が市場でちょうど発表されたばかりだと判明するケースだ。市場がすでに一変していることもある。したがって、イノベーションを熟考し、完璧にしようと時間をかけすぎるのは危険だ。

良質であれば十分な場合もあるが、その反対で、誰かが最初に素晴らしいイノベーションを思いついても、市場がまだ追い付かないこともある。人々が新しいアプローチに慣れる必要があったり、前提条件が満たされていなかったり、新製品に関する初期の問題が頻出してしまったりするのだ。結局のところ、早すぎても遅すぎても良いタイミングではない。

ここで思い出されるのが、メキシコのアカプルコの有名な断崖ダイバーである。彼らは大勢の観客の面前で、とてつもなく高い崖から海に飛び込むのだが、打ち寄せる波が十分な水位に達するタイミングを待たなければならない。タイミングがずれたら、どうなるかは想像がつくだろう。ダイバーにとって、この時間感覚はダイビングの技術そのものと同じくらい重要だ。

ロッテルダム・スキルシティの試み

（哲学研究者 ヘンク・オーステリングの寄稿）

▼最初のねらい……ロッテルダム・スキルシティは、教育の全過程を通じて、野心的で

持続可能な21世紀型の職人スキルを育むことによってロッテルダムを有名にしようとするプロジェクトだ。

▼アプローチ……ロッテルダム・スキルシティは生態学《エコロジー》を3つの捉え方で展開し、身体的、精神的、社会的に、生徒たちの持続可能な思考力と行動力を体系的に伸ばしていく(エコスリー教育)。

たとえば、小学1年生のときから、調理やガーデニング、週1回の柔道、美術、哲学など、エコスリー教育科目を設ける。指導にあたるのは教員だけでなく、職業訓練生や大学実習生、保護者にも直接かかわってもらう。このような「エコの知恵」は、通常の初等教育カリキュラムの核になりうるものである。

▼結果……このエコソーシャルのアプローチは、これまで3回行われてきた。最初の実験は１９７５〜77年、２回目の実験は１９８１〜83年に行われ、３回目は２００８年から現在まで続いている。後から振り返ってみると、最初の２回は輝かしい失敗だったといえる。

私は１９７５年に、近所の小学校で教師、スタッフ、保護者とともに、ロッテルダムの社会経済力が弱い地区で小規模な教育プロジェクトを立ち上げた。同地区では過去10年間で(移民が増えたために)文化的な多様性が増し、その結果、学校に通う児童の数や教育に対するニーズが変化していた。学校側で独自の学習教材を開発するなど、当時としては革新的なアプローチを用いたところ、管理者、教師、支援スタッフ、保護者間の関係がフラットになり、行動や学習上の問題をうまく処理することができた。

ところが、オランダ教育監督局の承認をとり、保護者も積極的に参加して、うまくいっていたにもかかわらず、2年後にロッテルダム市議会は、このプロジェクトを打ち切ったのである。あまりにも急進的で反抗的なプロジェクトと見なされてしまったのだ。教員は全員、解雇された。どうやら、機がまだ熟していなかったようだ。

5年後、私は持続可能な代替エネルギー源、分散型環境管理、健康的なライフスタイルについての初等教育「エコプロジェクト」を開始した。オランダでは当時、不法占拠者による暴動、高い失業率、原子力エネルギーをめぐる国民的議論が起こっていた。私たちは再び地方自治体を巻き込み、このクラスのテストに参加した教員を核となるチームのメンバーに引き入れることに成功した。1983年に、クラスの包括的なパッケージと教育マニュアルを配布した。しかし、これらの教材はふれあい動物園で10年以上使われていたにもかかわらず、通常の初等教育のカリキュラムには採用されなかった。1990年代の初めに、ふれあい動物園でも使用が打ち切られた。

▼**輝かしい失敗から学ぶ**……1975年と1983年の「失敗」を振り返って、あの時点で別のやり方ができたとは思えない。当時は知らなかったことがわかっている今なら、すべてのことをより良い形でできただろう。しかし、後知恵は常によく見えるも

のだ。時の権力者を過小評価したり、自分自身を過大評価してはいけない。常に協業しながら、多様なステークホルダーの間で社会的支援を広げていく必要がある。

私はロッテルダム・スキルシティの経験を通じて、時の権力者の観点から適切なタイミングを見つけられるようになった。既存の政策に適応させることは、イノベーションの最初のステップだ。しかし、この適応は常により不可欠なつながりのためのものであって、最終的に相手側の当事者が自ら認めるところまで持って行かなくてはならない。

2004年から06年にかけて、数十年前にはできなかったことを実行する機会が訪れた。グッドクライシス（素晴らしい危機）を決して無駄にしてはいけない！

こうして2008年から、ロッテルダム市内の社会経済力が弱い地区の4つの小学校で、エコスリー教育が展開された。このプログラムは2010年から中学校にも拡大され、その2年後には職業訓練校でも採用されたのである。

今回は、私たちの準備態勢に抜かりはなかった。私たちはディレクターや政策立案者と議論し、近隣のパートナーと連携し、地元の若者グループも巻き込んだ。エコスリー教育制度は市の政策関連用語として定着した。この教育イノベーションは現在も発展し続けており、戦略的、戦術的、運用上の調整を継続させることで、より多くの支援を得ている。

⑯勝者総取りの理（生き残れるのは1人しかいない）

社会一般にいえることだが、特に多様性と競争の恩恵を受けるイノベーションでは、1つの有力プレイヤーの席しかない場合がある。

たとえば、標準規格について考えてみよう。標準規格に合わせなければならないことは、創造性とイノベーションに反するものだと考える人が時折いるが、そうではない。メーカーは製品の適用領域が広くても、標準規格がなければ、はるかに狭い範囲にしか普及しないことを知っている。GSM規格のようなものがあって、どのブランドの携帯電話でも相互に対話ができるのは非常に便利なことである。110ボルトもしくは230ボルトの家電製品が事実上どこでも使えるのもそうだ。ユニバーサルな電源プラグで使えるグローバルな電圧規格がないのは、実に残念なことではないだろうか。

領域によっては、標準規格を設定したり、最もよく使われるプラットフォームを開発して、勝者になれるのは1人だけであることは、事前あるいはプロセスの初期に明らかになっている。勝者は必ずしも最高のプレイヤーとは限らないが、その瞬間に絶妙な組合せの品質、戦略、影響力を兼ね備えている。その典型例がビデオの規格戦争（VHS、V2000、ベータマックス）であり、商業上の品質が最終的に技術面の品質に勝った。

時には、1人の当事者の努力しか報われないことがあらかじめ決まっている状況を、意図的に作り出すこともある。たとえばソフトウェア開発では、複数のチームが同時に同じ機能のプログラミングに取り組むことがある。これによって確実に前進するが、選ばれなかったチームの成果は採用されないことも意味する。

スウェーデンの有名なポップグループのＡＢＢＡは「The Winner Takes It All」という歌の中で、このことを雄弁に物語っている。歌詞に「勝者がすべてを取り、敗者は小さく佇む」という対比が出てくる。これはよくあることだが、それでも、人々がくじけずにレッドオーシャン（競争の激しい環境）で競争を続け、改善に向けて努力し、有力プレイヤーの立場に挑み続けていることを、私たちは喜ぶべきだろう。

Ｖ２０００はなぜＶＨＳに負けたのか

Ｖ２０００は、ＶＨＳやベータマックスと競合するために、フィリップスとグルンディッヒが開発したビデオ標準規格だ。品質と時間の長さの点で競合規格を上回っていた。Ｖ２０００のシステムは、ＶＨＳやベータマックスよりも技術的に優れていたが、市場投入が遅すぎた。ＶＨＳ規格はすでに主要なホームビデオシステムという地位を確立していたので、フィリップスとグルンディッヒはこのポジションを奪うことができなかった。

見えない象	ブラックスワン	財布を間違う	チョルテカの橋
全体は部分の 総和よりも大きい	予見できない 出来事が頻発する	誰かには好都合だが、 他の誰かに 負担がかかる	解決すべき問題は 1カ所に 留まっていない

欠席者のいる テーブル	熊の毛皮	電球の発明	兵隊のいない 将軍
すべての関係者が 参加しているとは 限らない	成功が確定する前に 結論を急ぎすぎる	何をやっているかが わかっていれば、 それを研究とは呼ばない	アイディアは 良いけれど、 リソースがない

捨てられない ガラクタ	深く刻まれた渓谷	右脳の功罪	バナナの皮で すべる
やめる術が わからない	染みついた思考・ 行動パターンから 抜け出せない	合理的根拠のない 直感的な判断を してしまう	アクシデントが 起こる

ポスト・イット	アインシュタイン・ ポイント	アカプルコの 断崖ダイバー	勝者総取りの理
失敗したけれど、 偶然の幸運にも 恵まれる	単純化しすぎても、 複雑化しすぎても いけない	タイミングを 誤ってはいけない	生き残れるのは 1人しかいない

図表5-1 ▶ 16の型の概要

失敗と学習の4つの観点

型を使うことで、どこでなぜ問題が想定外の方向に進んだのかを正確に見極めやすくなる。輝かしい失敗の価値を認識し、その恩恵をさらに享受するためには、次の4つの観点に分けて学習することが重要となる。

①システムの失敗（システムの特性による失敗）

この場合、システムの動きを制御するルールのせいで、物事が予想や期待どおりに進まない。たとえば、そのせいで予想に反するインセンティブが働き、システム全体としては望ましくない局所的な動きを誘発するかもしれない。あるいは、長期的な影響や副作用が発生して、そもそもの目標達成を阻むこともある。さらには、システムがあまりにも複雑なため、因果関係の認識や理解ができなくなる恐れもある。

②組織の失敗（組織レベルでの失敗）

目標が達成できない形でシステムの小集団が組織化される場合がある。

こうした組織には、設定された目標と互換性のないルールや文化があるかもしれない。組織の中で、その事業に適さない管理モデルを用いると、すぐに失敗してしまうこともある。たとえば、各部署で連携を欠いたり、人事方針が不適当でプロジェクトの成功に求められる知識を組織が持ち合わせていないような場合がそうだ。システムの他の構成要素や他の関係者は、これにほとんど、もしくはまったく影響を及ぼさない。

③チームの失敗（チームレベルの問題による失敗）

多くの事業活動はチームで実行するので、最適な成果を出すためには、チームメンバーが互いに補完し合うことが重要となる。メンバーは補完的なスキルを持ち、信頼と共通の志に基づき、チームの多様性を活用しながら、一緒に目標を達成しなければならない。

しかし時には、チーム内に関連する知識がすべて揃っていなかったり、最大限に活用されなかったりする。後者の原因はさまざまだ。時間不足、信頼の欠如、共通の志の欠如もあれば、チームがコンセンサスを急ぐあまりに他の可能性が見えなくなることもある。チームの機能は環境（組織やシステム）にも影響を受ける。

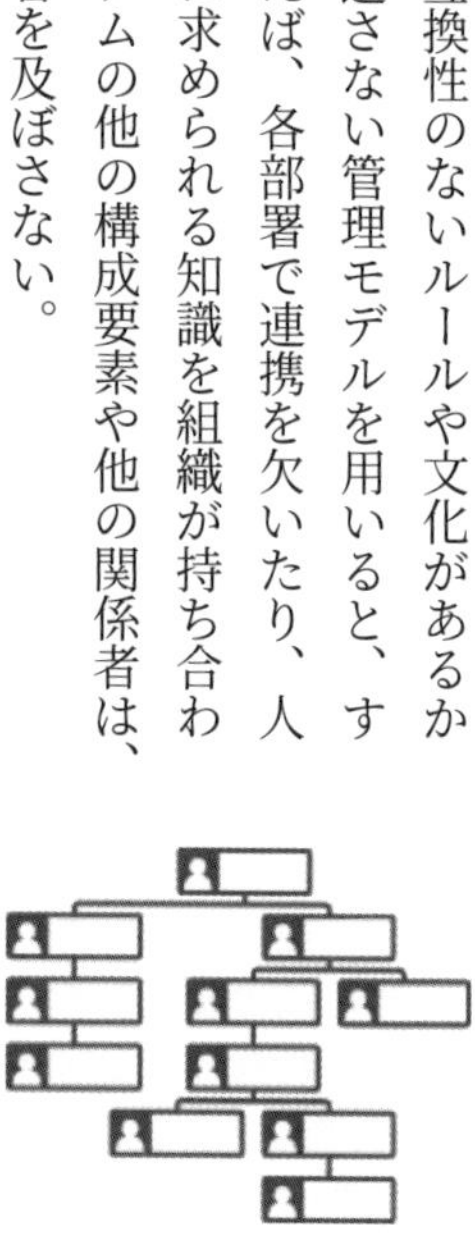

④個人の失敗（個人の問題による失敗）

完璧な人はどこにもいないし、あらゆる事実と進捗を完全に見通すこともできない。私たちはみな、自分の好み、染みついた働き方や考え方を持ち、常に合理的な意思決定をするとは限らない。第2章で説明した航空業界の「ダーティーダズン」は、人が失敗する理由のうちのわずか12個を挙げたにすぎない。

輝かしい失敗は、どれか1つの観点、あるいは、複数の観点で同時に失敗した結果かもしれない。これらの観点を16の型と組み合わせたものが16×4のマトリックスであり、輝かしい失敗をさまざまな場所に当てはめることができる。

問題は、個人かシステムか

2018年1月4日、ハワイはパニック状態に陥っていた。核警報システムが作動したのだが、明らかに予定されたテスト時刻ではない。とりわけ、北朝鮮の核ミサイル計画に対する緊張が大幅に高まっていた時期だったので、大騒ぎになったのである。しかし、すぐに誤報だと判明した。メンテナンス後にシステムをリセットしたときに、従業員が誤ってボタンを押してしまったのだ。

幸いなことに、ありもしない侵略行為にアメリカが反応する前に、ミスはすぐに見つかった。反応していたら、破滅的な結果を招いていたかもしれない。問題の従業員は解雇されたが、それは本当に公正だろうか。1つのミスが大災害につながり、大勢の人を恐怖に陥れるようなシステムを使って作業していたことのほうが、はるかに問題ではないだろうか。

これは間違いなくシステムの失敗の事例でもある。その従業員をそのままに雇い続けたほうが実際には良かったかもしれない。同じ過ちを再び犯す可能性はきわめて低いと考えられるからだ。

この本は、輝かしい失敗を中心に、失敗から学び、さまざまな状況における教訓を共有できるように、失敗のパターンを突き止める方法、具体的には言語について取り上げてきた。「そうは言っても、成功からも学べるのではないか」という指摘が間違いなく出てくるだろう。確かにそのとおりである。失敗から学ぶのと同じ方法論を使って、成功から学ぶ可能性を探ってみる価値はある。

では、どうすればよいのだろうか。学習するのは、何か期待に反すること（失敗）が起こっている瞬間だ。ところが、期待とは違った方向になりかけたけれども実際にはそうならなかった場合にも学習できる。何も問題が起こらなければ、学べるものは何もない（実証済みで、行動やプロセスなどに埋め込まれた知識を用いていることになる）。言い換えれば、成功から学ぶことは、失敗し損なったと考えられる場合に起こりうるのだ。

「成功は「失敗した失敗」である。」

型によるパターン認識を使った分析は、失敗しかけた瞬間を突き止めるのに役立つ。こうした瞬間に、なぜ失敗しなかったのかと考えればよい。運が良かったのか、それとも、適切に分析して正しい意思決定をしたのか。そこで学んだことは、自分で使ったり、他の人と共有したりできる。したがって、この章で取り上げた方法論は、あらゆる経験、成功、失敗から学ぶのに適しているのだ！

第5章のエクササイズ

- なるべく多くの型の失敗事例を考えてみよう。自分自身の失敗には3ポイント、他の人の失敗事例には1ポイントをつける。周囲の人にも同じことをしてもらう。
- 自分の人生の中で失敗したことを複数考えて、どの型に当てはまるかを判断する。

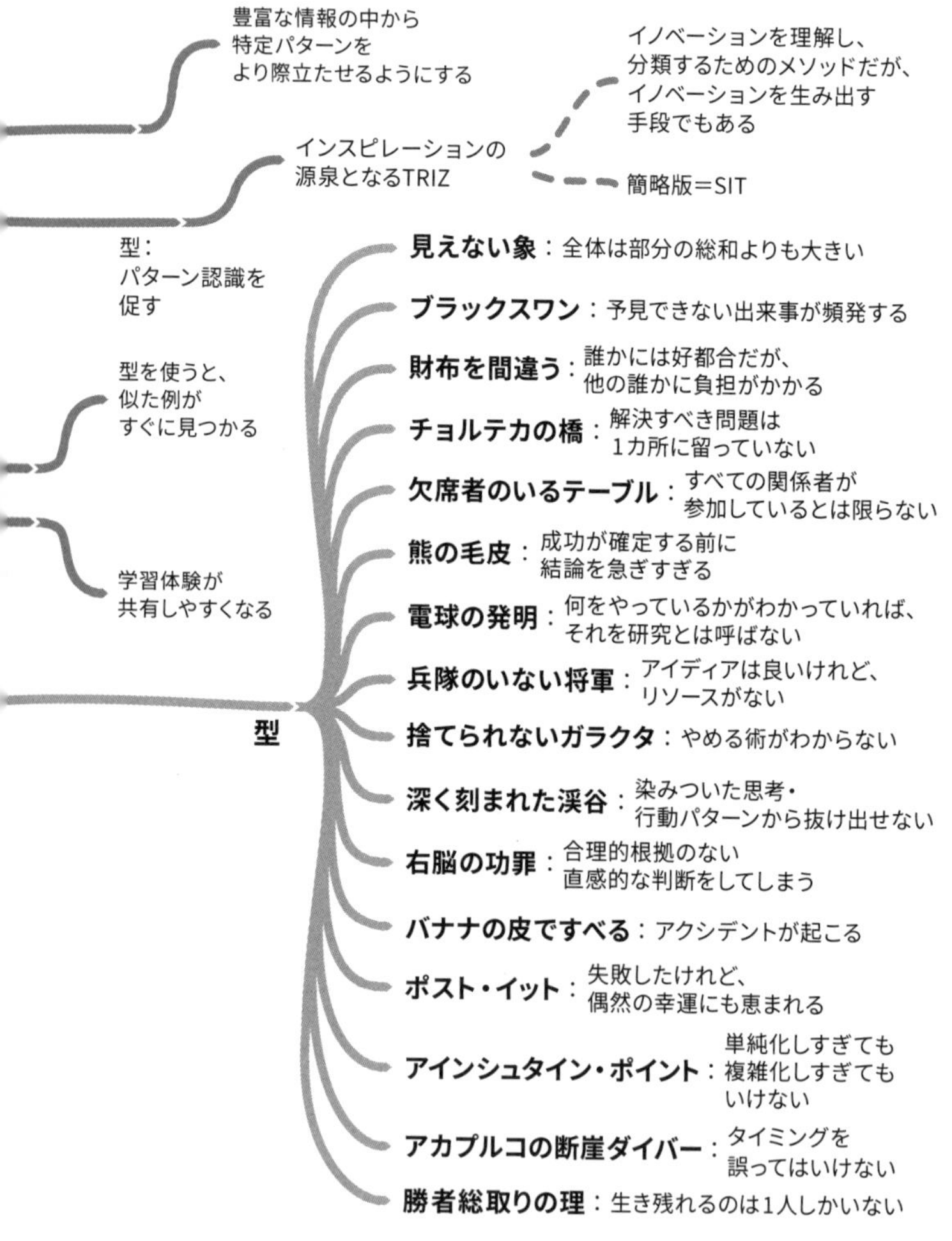
豊富な情報の中から
特定パターンを
より際立たせるようにする
イノベーションを理解し、
分類するためのメソッドだが、
イノベーションを生み出す
手段でもある
インスピレーションの
源泉となるTRIZ
簡略版＝SIT
型：
パターン認識を
促す
型を使うと、
似た例が
すぐに見つかる
学習体験が
共有しやすくなる
型
見えない象：全体は部分の総和よりも大きい
ブラックスワン：予見できない出来事が頻発する
財布を間違う：誰かには好都合だが、
他の誰かに負担がかかる
チョルテカの橋：解決すべき問題は
1カ所に留っていない
欠席者のいるテーブル：すべての関係者が
参加しているとは限らない
熊の毛皮：成功が確定する前に
結論を急ぎすぎる
電球の発明：何をやっているかがわかっていれば、
それを研究とは呼ばない
兵隊のいない将軍：アイディアは良いけれど、
リソースがない
捨てられないガラクタ：やめる術がわからない
深く刻まれた渓谷：染みついた思考・
行動パターンから抜け出せない
右脳の功罪：合理的根拠のない
直感的な判断をしてしまう
バナナの皮ですべる：アクシデントが起こる
ポスト・イット：失敗したけれど、
偶然の幸運にも恵まれる
アインシュタイン・ポイント：単純化しすぎても
複雑化しすぎても
いけない
アカプルコの断崖ダイバー：タイミングを
誤ってはいけない
勝者総取りの理：生き残れるのは1人しかいない

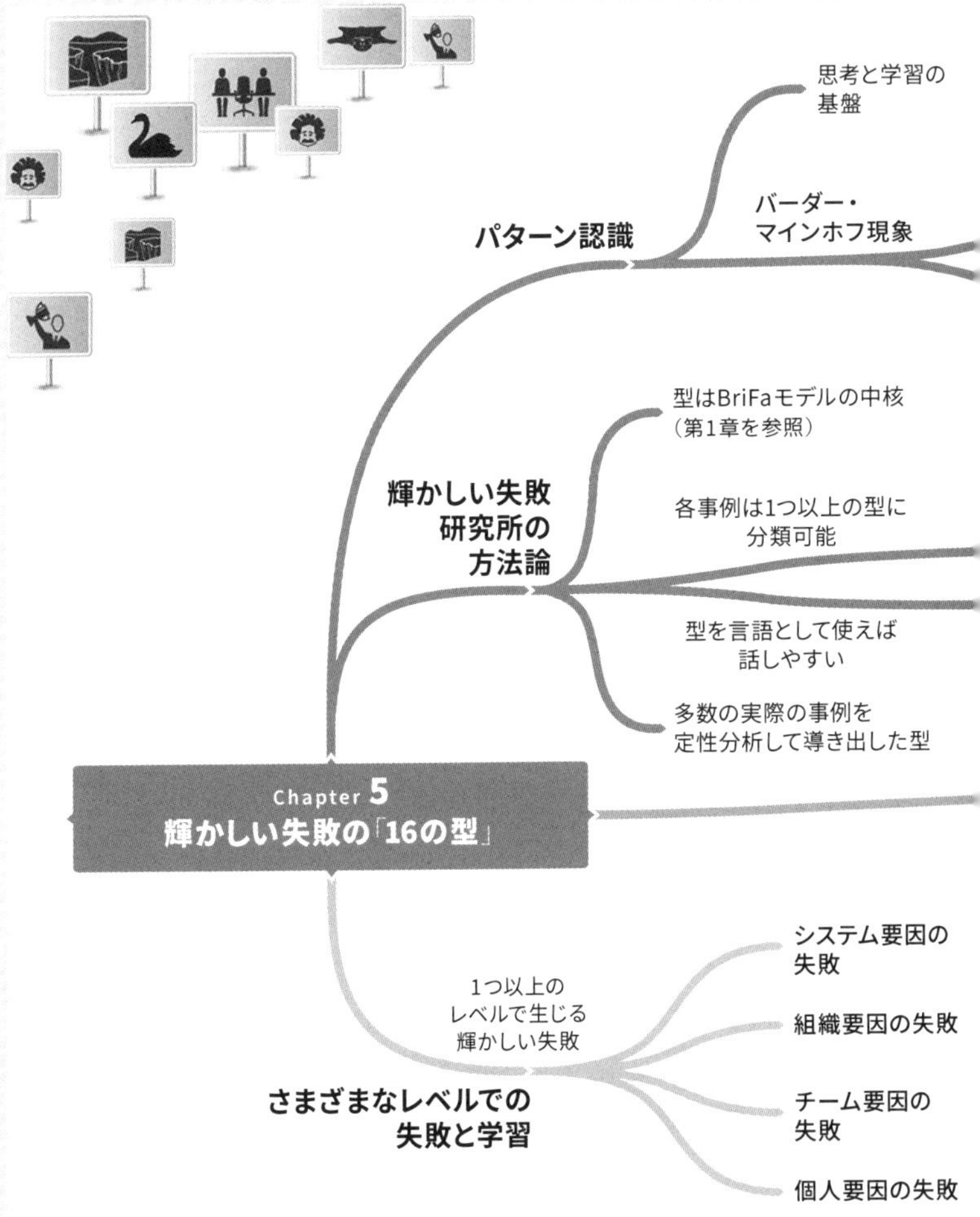
Chapter 5
輝かしい失敗の「16の型」
パターン認識
思考と学習の
基盤
バーダー・
マインホフ現象
輝かしい失敗
研究所の
方法論
型はBriFaモデルの中核
（第1章を参照）
各事例は1つ以上の型に
分類可能
型を言語として使えば
話しやすい
多数の実際の事例を
定性分析して導き出した型
さまざまなレベルでの
失敗と学習
1つ以上の
レベルで生じる
輝かしい失敗
システム要因の
失敗
組織要因の失敗
チーム要因の
失敗
個人要因の失敗

Chapter 6

学習から知識創造へ

On Knowledge and Learning

知識は世界を動かす

知識は、私たちのほぼすべての行いに重要な役割を果たしている。年に1回から数回、多くの人がそれとは意識せずに、かなり知識集約的なプロセスを踏んでいるのが、休暇を取得するときだ。知識の観点から、このリラクゼーション活動を考えてみると、なかなか興味深い。充実した家族旅行もしくは家族抜きの旅行になるように、やるべきこと、決めること、知っておくべきことをすべてリストアップしよう。

良かれと思って準備したのに、計画や希望とは違った休暇になることがある。その理由はいろいろと考えられる。天気が悪かった。目的地での段取りがうまくいかなかった。家族内でもめた。今ではもう過去のような経験ができなかったり、予想よりも街が混雑しているかもしれない。飼

活動の種類	説明	必要な知識	情報源
決断	何をするか？	①好み ②制約 ③経験	①家族 ②家族 ③家族、友達、インターネット
	どこに、いつ行くか？	①好み ②空いている日付 ③気候情報 ④予算 ⑤可能なアクティビティ ⑥利用可能性	①家族 ②カレンダー、インターネット ③インターネット、ガイドブック ④銀行の預金残高 ⑤トラベルガイド、インターネット ⑥旅行代理店、インターネット
実行	計画と予約	①どこで予約するか ②価格 ③空き状況	①インターネット、旅行代理店 ②インターネット、旅行代理店 ③インターネット、旅行代理店
	準備	①何を持っていくか ②何を買っておくか ③荷物はどのくらい持っていけるか ④ペットの預け先 ⑤移動手段（タクシー）	①リスト、家族 ②食品貯蔵室、インターネット、店 ③運送業者の利用規約、経験 ④家族、隣人、インターネット ⑤インターネット、連絡先リスト、友人／知人
	休暇に出かける	①旅行情報 ②宿泊 ③アクティビティ ④食べ物（どこ、何、価格） ⑤買い物（何を買うか、時間、価格） ⑥留守宅の監視	①予約情報、インターネット、観光案内センター ②予約情報、旅行計画者 ③予約情報、経験、インターネット、観光案内 ④経験、インターネット、レコメンデーション ⑤経験、ローカル情報、為替情報 ⑥在宅の家族、ソーシャルメディア、ニュース、インターネット、ウェブカメラ
	帰宅	①家計管理 ②家の状況 ③実行すべき行動	①銀行／クレジットカードの明細書 ②在宅の家族と連絡 ③電子メール、To Doリスト、経験

図表6-1 ▸ 休暇――知識集約的なプロセス

い猫が病気になった。飛行機が遅れた。家族が食中毒になった。帰宅すると、膨大な量の仕事が溜まっていた。ふたを開けてみると、だいぶ散財していた……といった具合だ。

このうち予防できたこともあれば、不確実な外部要因で引き起こされたこともある。事前に把握できたものも、そうでないものもあるだろう。

ここから、輝かしい失敗が起こる。善意を持って準備して最善を尽くしたのに、物事は必ずしも意図どおりには運ばないのである。

準備段階で用いる知識が多ければ多いほど、思いどおりにいかないけれど、簡単に回避できた予測可能な結果よりも、なかなか興味深い成り行きになる可能性が増える。そのうえ、行動することで新しい知識が得られるのだ。経験を積むこと自体が多くの場合、きわめて重要だが、その経験をその後の活動に活かし、他の人とも共有して、そこから恩恵を受けられる人が増えれば、その価値は一層高まる。

輝かしい失敗と知識と学習の関係を整理するために、「知識」(knowledge)という言葉について明確にしておこう。ここでいう知識とは、意思決定、機会の創出、問題解決を中心とする課題を実行するための「燃料」と見なすことができる。知識は3つのカテゴリーに分かれる。

1つ目は、洞察(Insights)だ。振り返り(リフレクション)をして過去の経験を理解する。2つ目は、情報(Information)である。無知、不確実性、不確定なものを減らすために、意味のある形で収集して提示したデータである。3つ目は、インスピレーション(Inspiration)で、どこに行きたいか、どこに行くべきかを私たちに教えてくれる。大まかに言うと、私たちは知識を使って過去、現在、未来を結びつけているのだ。この3要素はシンプルな公式にまとめられる。

「K（知識）＝I（洞察）×I（情報）×I（インスピレーション）」

情報は明示的知識とも呼ばれるが、オリジナルの文脈以外に、インターネット、書籍、データベース、リポートといった多様なチャネルを通じて共有できる。

ただし、比べてみるとわかるように、知識の重要な部分は私たちの中にある。私たちの経験が洞察やインスピレーションの重要な情報源となって、何かを行ったり、決めたりするのだ。洞察は時にはうまく言葉にできないこともある。ほとんど明示できないこの種の知識は、暗示的知識や暗黙知として知られている。

THEORY → PRACTICE →

燃料としての知識

知識が、意思決定して課題を実行するための燃料だとして、そのバリューチェーン

について考えてみよう。石油が見つかると、生産、輸送、精製、流通、給油を経て、燃焼させて車両を動かす。こうしたステップはすべて「ナレッジプロセス」の一部でもある。

たとえば、原油をそのまま車に給油するわけにいかないので、使用できるように変換する精製のステップが必要になる。いくつかの油田が枯渇すれば、新しい油田を探さなくてはならない。これは事前に予測可能で、十分な投資を必要とする。

この燃料のメタファーは知識にも応用できる。私たちは積極的に燃料を探して投資しなくてはならない。少なくとも当面は、燃料がひとりでに私たちの車に飛び乗ってくることはないのだから……。

ナレッジマネジメントの最大の課題としてよく指摘されるのが、各自の知識を共有するようにみんなを動機づけることである。しかし、これは話の半分でしかない。みんなが知識を探索する意欲を持つ必要もある。

ナレッジバリューチェーン

いろいろな情報源の知識を組み合わせて使えば、より多くのことが可能になる。アイザック・

ニュートンは、「私が他の人よりも遠くを見てきたとすれば、それは私が巨人の肩の上に立っていたからだ」と語った。

マシュー・ウェッフマンは1997年にナレッジマネジメントに関する著書の中で、適切な知識が利用可能で実際に使われていることを確認する重要な手順として、ナレッジバリューチェーンを説いている(1)。

バリューチェーンの図の左側は主に戦略的な性格を持つ(図表6－2)。何を達成したいか。そのためにどのような知識が必要か。それは入手可能か。入手できない場合、開発、購入、協力など、どんなやり方で取得すればよいか。右側は運用部分で、知識の共有や応用を可能にする方法を検討する。その知識はまだ使えるのか、目標達成に十分な品質のものかを時折、確認しなければならない。

ウェッフマンによると、これは部分的に知識の半減期が関わってくる。半減期とは、ある環境の中で知識の半分が陳腐化するまでの期間をいう。そうなれば、再び戦略部分に戻るので、このバリューチェーンが実はサイクルであることがわかる。

知識経済において、知識は未来の持続可能な成功に最も重要な要素となる。誤った方法や杜撰なやり方で知識を処理すると、多くの知識が失われ、結果的にお金も失われる。その理由は、従業員が辞めたり、知識の移転がうまくいかなかったり、不一致や調整不足、あるいは、単にシステムの奥底に埋もれて知識が見つからないためかもしれない。

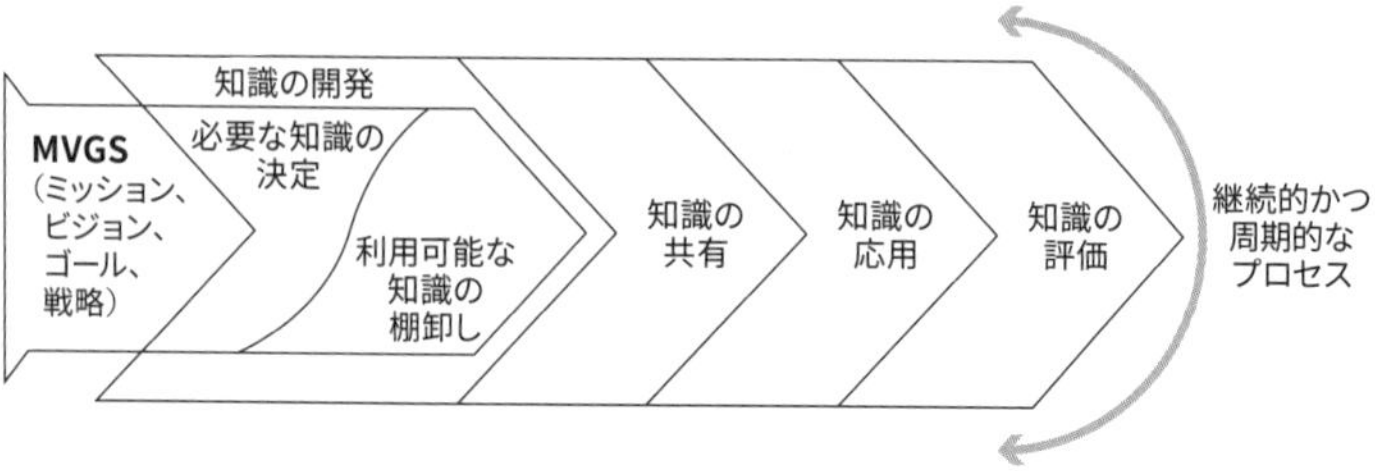

図表6-2 ▶ ナレッジバリューチェーン

多くの組織は、おおむね知識を集めてＩＴシステムで利用できるようにすべきだと考えている。しかし実際には、そうしたものは何もかも溜め込んだ「データベース」と化し、時が経つとともに絶望的に古くなりやすい。何が保存されているかわからないので、ますます利用されなくなり、データベースを維持する魅力が薄れていくという悪循環に陥ってしまう。

ナレッジバリューチェーンは、知識の獲得だけでなく、知識を活用する力も表している。その知識の可能性を実現させる、ということだ。必要な知識を効率的、効果的に共有、活用できるかどうかはきわめて重要な問題である。多様なバックグラウンドを持ち、多様な企業や業界で働いている人々が介在するときは特にそうだ。単にアクセス可能であるだけでなく、その知識が一貫性と明快さを持って整理されて、初めて知識は活用される。加えて、その知識の正確さや現状との関連性も評価できるとよい。

あるオンライン調査で、多様なバックグラウンドを持つオランダ人９３０人に「日々の活動で使っている知識（洞察、情報、アイディア）はどの程度か」と聞いた。これはもちろん自己評価で、知識の定量化を十分に

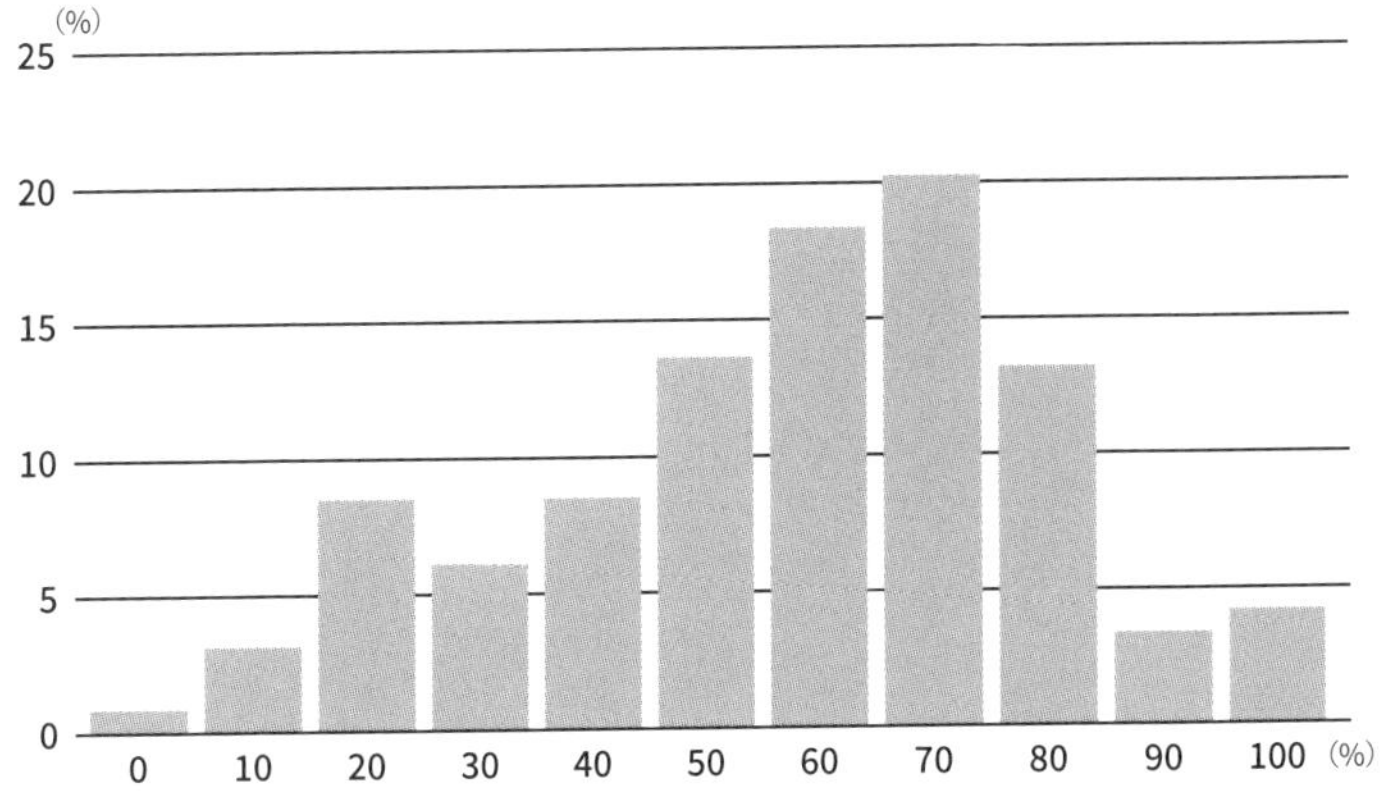

図表6−3 ▶ 日々の活動で使っている知識（洞察、情報、アイディア）はどの程度か

グラフの見方の例：回答者930人中20％が、日常の活動に自分の知識の70％を活用していると考えている。
注：横軸は活用比率。縦軸は回答率（N= 930）。
出所：著者の2004年の調査より。

理解したうえで回答したものではない。それでも、本来はもっと利用できる知識がどのくらいあると考えているかを把握することはできる。図表6－3はその結果をまとめたものだ。

このささやかな調査の結果から私たちが読み取ったのは、組織における個人の知的資本の活用状況に関して、60％未満と自己申告する人が多いことだ。この部分については改善の余地があるだろう。

知識の移転

知識全体のうち、書類で移転できる形式知はごくわずかである。デルファイ・グループが業界横断的に行った調査では、全知識のうち形式知は平均して12％にすぎない。それ以外はすべて、私たちの脳の中や、電子メール、メモ、ボイスメールなどの「構造化されていない」知識環境に溜まっている。

文書化、形式知化、送り手と受け手間の双方向的な知識共有などをバランス良く行うことで、知識移転の有効性は格段に高まるだろう。互いに学び合う興味深い方法として、専門家パネルの活用が挙げられる。これは、最もふさわしい専門家に質問することのできる仕組みだ。また近頃は、説明ビデオを使った視覚的な知識移転なども増えてきた。

適切なアプローチと手段を使えば、輝かしい失敗に終わったプロジェクトで得られた知識がより簡単に「流通」しやすくなり、さまざまな場所でより頻繁に利用することができる。

現在、増加傾向にあるチャットボットは、自動化された質問と回答をやり取りする質問主導型の獲得方法で、探している知識へと誘導する。質問することは長い間、知識共有プロセスを始める強力な方法だった。実際に、子どもたちは主に質問しながら、知識を身に付けていく。(2)

この種のアプリケーションは一般的に、専門家の経験を確認して目録をつくるのに役立つ。こうした知識は通常、専門家の頭の中にある。詳しい説明をしなくても、専門家がより多くの質問に答えていくにつれて、次第に見やすくなっていく。この手法にはさまざまなメリットがある。

- 必要に応じて質問する。文脈は明確で、フィードバックは非常に率直である。
- 知識と回答の質は評点(ピアレビュー)ですぐに示される。
- システム内に質問と回答が溜まっていくので再利用できる。

実際に使ってみると、この双方向的な知識の獲得や共有には最高に楽しい要因が含まれているため、多くの技術インフラの中でキラーアプリとなってきた。

こうしたやり方はＢｒｉＦａモデルにもよくなじむ。ＢｒｉＦａ学習環境でめざしてきたのは、輝かしい失敗から知識を抽出し、それを簡単に共有して適用できるようにすることだ。これは、知識の提供と探究の両方ができる仕組みであると同時に、どこで知識が見つかるか、どこでその知識が必要になるかがわかる情報システムでもある。

結局のところ、多くの意思決定は暗黙知に基づいている。個人、チーム、組織レベルでもそれは変わらない。輝かしい失敗から暗黙知も豊富に生み出されるが、自動的に他の人でも利用できる状態にはなっていない。そうした知識を互いに共有する方法を探さないといけないのだ。ここで、社会的なやり取りや振り返りが大事な要素となってくる。

日本の研究者で、『知識創造企業』を著した野中郁次郎と竹内弘高によると、知識を広めるうえで、人々の間の直接的または間接的なやり取りが欠かせない。野中と竹内は、さまざまな形式の知識の移転と蓄積を組み合わせて「ＳＥＣＩ《セキ》モデル」を提唱した。(3) ＳＥＣＩは、共同化(Socialization)、表出化(Externalization)、連結化(Combination)、内面化(Internalization)の頭字語で、継続的な知識の開発と移転に不可欠な４つのプロセスを表している。

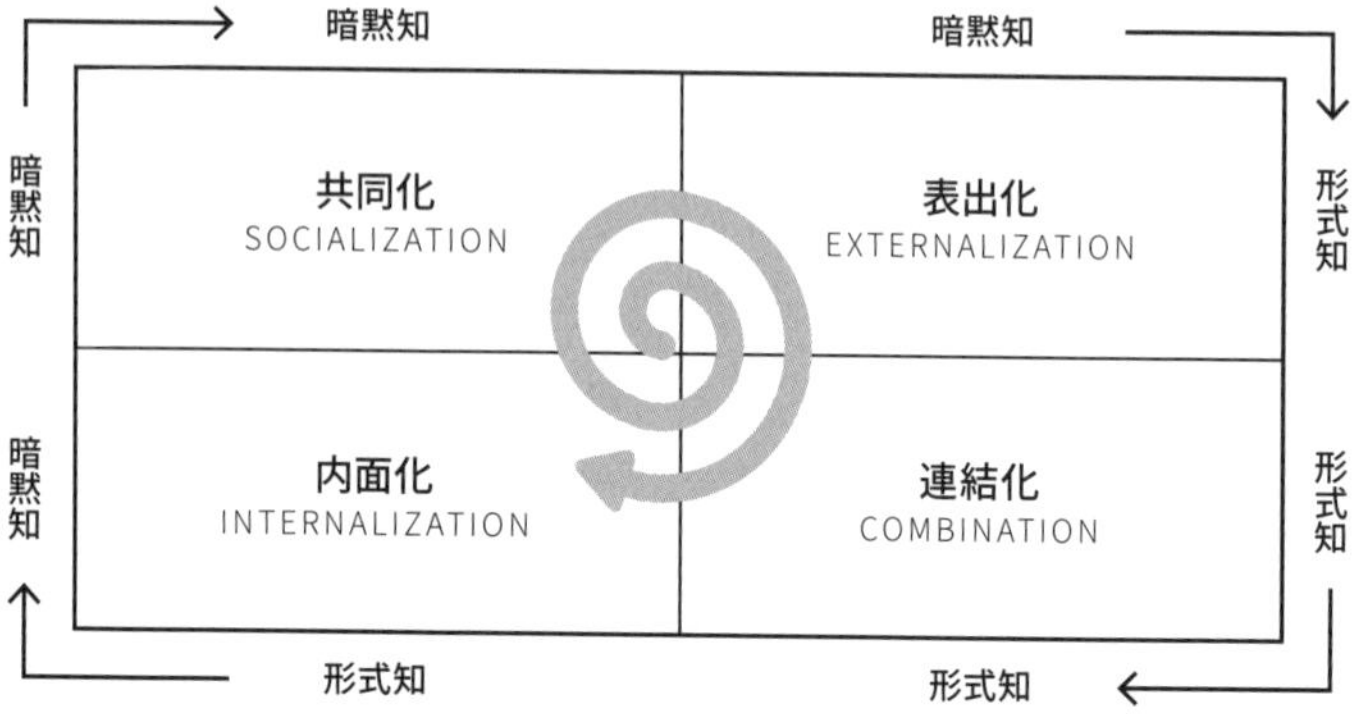

図表6-4 ▶ 知識創造理論(野中と竹内によるSECIモデル)

●**共同化**……共同化とは、一緒に経験を積んだり、経験についてやり取りすることで、知識を共有することである。私たちは、往々にして明示的な言葉を使わずに、一緒に作業しながら知識を共有する。このタイプの知識共有の有名な例が、師弟関係である。人は弟子が師匠から学ぶような形で、共に学ぶことができる。プラスとマイナスの両方の経験を一緒に振り返ることにより、他の人の行動と比較しながら、自分自身の行動について結論を導き出せる。

●**表出化**……表出化(顕在化)とは、暗黙知をできる限り具体化することを意味する。こうした暗黙知は言葉にしていなかったり、うまく表現できなかったり、あるいは、まだ明確になっていないのかもしれない。共同化を通じて暗黙知を共有するだけでは不可能である。知識を形式知化すれば、より具体的になり、他の人が利用しやすくなる。これは文字、音声、画像でのやり取りにつながるかもしれない。

●**連結化**……連結化は、さまざまな情報源から形式知を収集して再構成することである。コピーをとるなどして、既存の知識の伝達手法を増やす場合もある。組合せをつくれば、ガイドライン、標準規格、トレーニングコースの形で新たな移転可能な知識につながる可能性がある。

●**内面化**……内面化は形式知を自分のものにするプロセスを指す。それは個人的な能力の一部となり、この形式知が個人のスキルに変わる。トレーニングコースを受けたり、日常の実践の中で学んだことを活かすことで、こうしたことが達成できる。

知識創造を上手に行うためには、適切な環境[4]をつくる必要がある。この概念は、第8章で詳しく説明する。

さまざまな学習の段階――シングルループ・ラーニングとダブルループ・ラーニング

ここで、クリス・アルギリスとドナルド・ショーンが開発したメソドロジーを使って、学習現象について掘り下げてみたい[5]。彼らは、シングルループ・ラーニングとダブルループ・ラーニングの2つに分類している。

シングルループ・ラーニングでは、行動しながらうまくいくこと、いかないことを見極め、積極的に修正しようとする。そこで習得した知識は直ちに次の一歩につながる。

ダブルループ・ラーニングはより高次の学習で、その結果として、後で利用したり、他の人にも使ってもらえる知識が得られる。「経験則」を見直して適応させ、次の機会や他の所でも望ましい結果を出せるようにする。最初の問題は解決できない場合もあるが、他の状況でその知識を応用できるところに価値があるのだ。

経験則とは何を意味するのだろうか。アルギリスとショーンによると、人は主にメンタルモデルに基づいて行動や評価を行う。メンタルモデルは自分の経験や好みに強く影響される。このような無意識的な力は行動や意思決定の中に埋め込まれていて、私たちが意識的に用いる理論よりも大きな役割を果たす。自分の行動を振り返ることによって、こうした経験則を突き止めて形式知化することができる。さらに、自分が支持する理論と経験則との違いがはっきりし、理解しやすくなる。

「デュテロ・ラーニング（第二次学習）」という言葉が用いられることもある。第二次学習では、さらにより良く、より意識的な学習をめざして、シングルループ・ラーニングとダブルループ・ラーニングを組み合わせる。人は現在と過去の両方の間違いから学ぶことを認められるようになったほうがよい。

学習にさまざまな側面や次元があることは、デイヴィッド・コルブが示した経験学習サイクルにも見ることができる。[6] そこでは、以下の4段階の学習メカニズムが明らかにされている。

①経験……オープンマインドで行うシングルループ・ラーニングで、新しい行動を積極的あるいは受動的に始める。

②省察……第1段階での経験を振り返る。新しい行動を始めると、うまくいくこと、いかないことがある。それを突き止め、さまざまな角度から検討する（ダブルループ・ラーニングのステップ1）。

③概念化……第1段階と第2段階の経験は概念そのものと一致しているか。新しい経験を用いて、この2つの段階の関係を検討する（ダブルループ・ラーニングのステップ2）。

④実験……第3段階の結果を踏まえて実践する。この結果から再び新しい洞察につながっていくだろう。

このプロセス全体がサイクルであり、どこから始めても回り続ける。輝かしい失敗からの学びは通常、第4段階から始まり、さまざまな時や場所で使える新しい知識をもたらす。ダブルループ・ラーニングは、問題の原因とその効果的な解決方法についてより深い洞察を導き出すのに欠かせない。図表6－5は、輝かしい失敗から始まるプロセスとしてのシングルループ・ラーニングとダブルループ・ラーニングを示している。

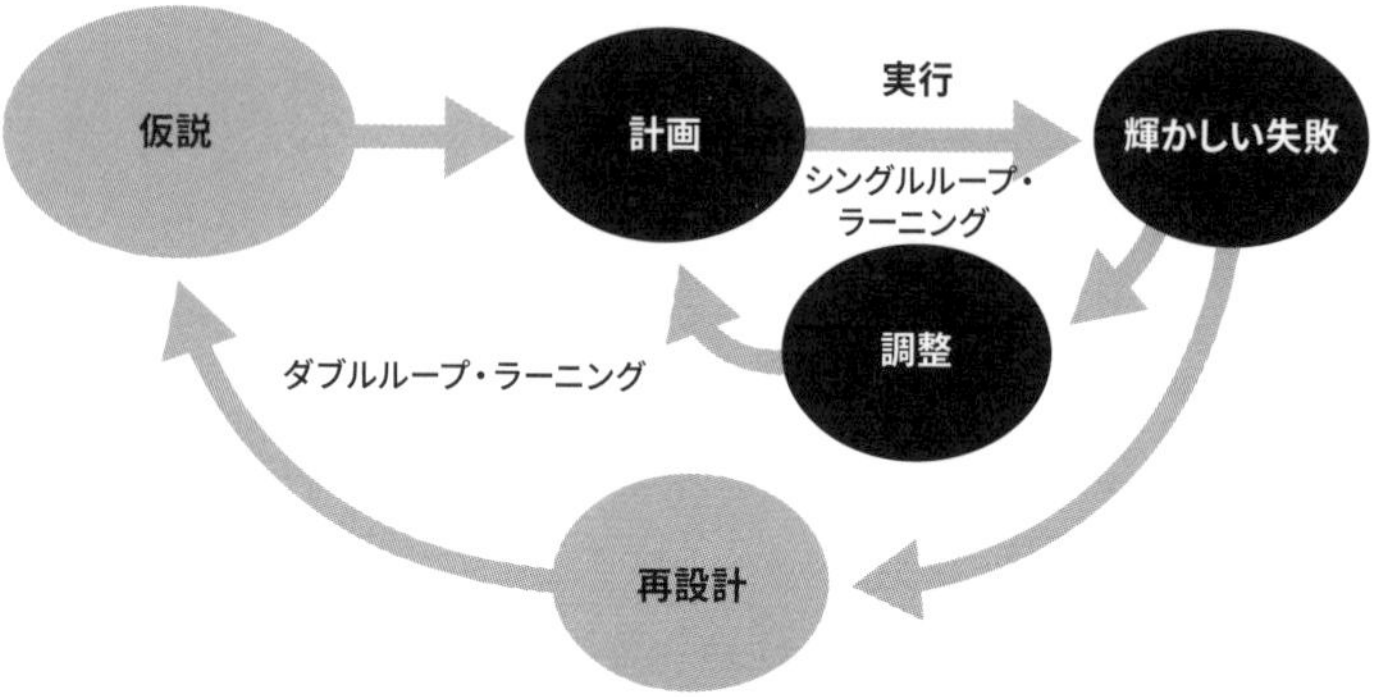

図表6-5 ▶ 学習プロセスの出発点となる輝かしい失敗

ただし、この図では、学習プロセスによって知識レベルが上がることを十分に強調しきれていない。理想は、開始した地点で終わらず、より高いレベルに達することである。BriFaモデルで、第1章で紹介したBriFa学習スパイラルを用いるのもそのためである。これは、学習と成長がスパイラルで起こるBriFaランドスケープに合わせたものだが、異なる環境の間でも知識移転は生じる。

図表6-6に、BriFaランドスケープを再掲した。ここまで読み進めてくると、この図表のさまざまな要素がはっきりするはずだ。スパイラルは学習を通じた成長を象徴的に表すものである。学習はプロジェクトの内部でも起こり、最初からやり直したり、部分的にやり直したりする理由になる。

これを表すのがスパイラル3段目左側のバイパスである。梯子は過去の経験から学べることを示している。たとえば、同じ型で特徴づけられるので、似たような状況があれば、知識を伝送するケーブルを通じて知識移転が起こる。

輝かしい失敗は新しい知識を得るための貴重な情報源だが、

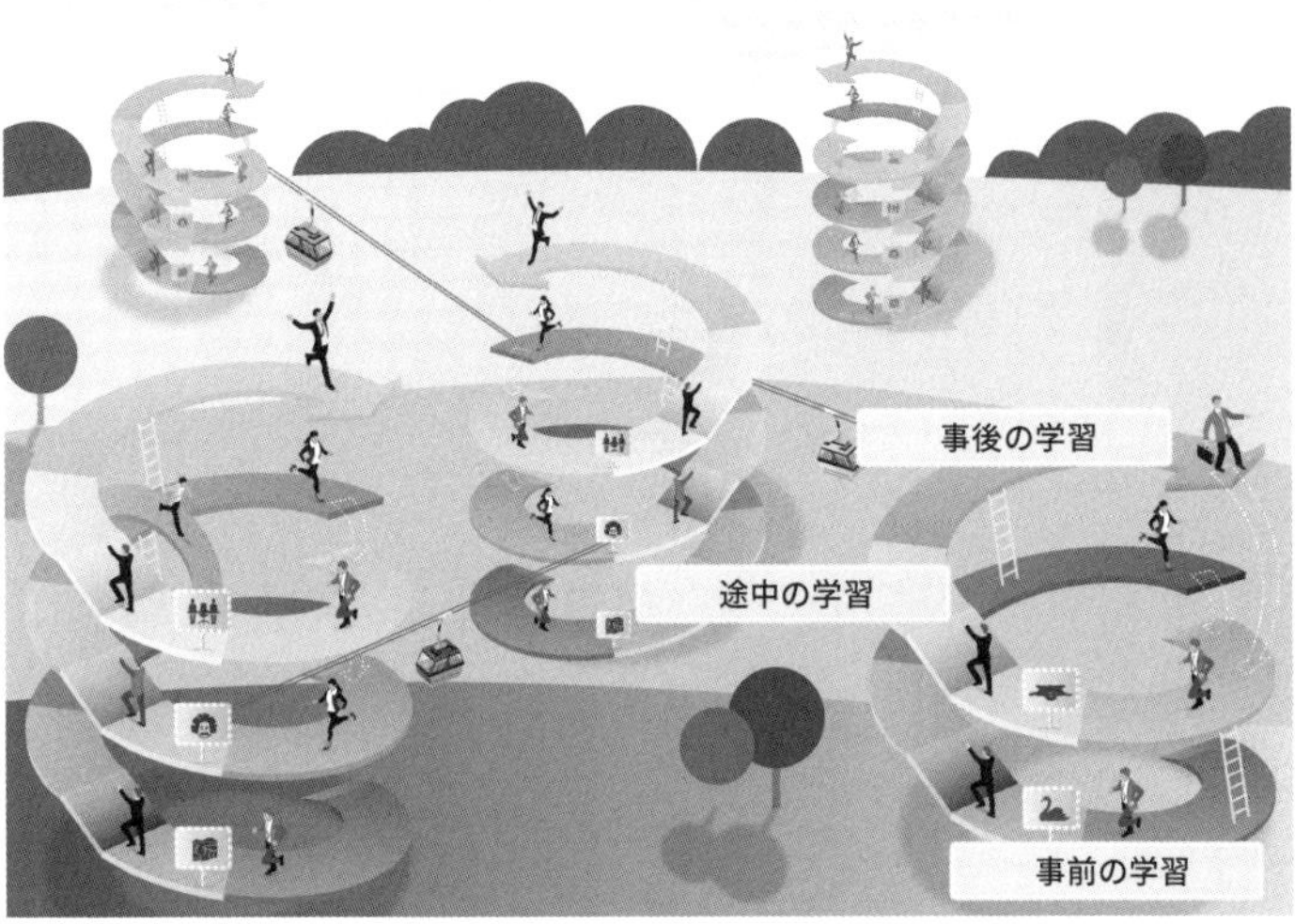

図表6-6 ▶ BriFaランドスケープ

だからといって、必ずしも輝かしい失敗から実際に学習するとは限らないことは、数々の実例が示している。シングルループ・ラーニングとダブルループ・ラーニングのどちらにも、さまざまな障害がある。

シングルループ・ラーニングの阻害要因

- 自分が間違った方向に進んでいることを認めたがらず、直視できない。経験則にこだわって、必要な調整をしなかったり、調整するのが遅すぎたりする。
- プロジェクトが失敗しかけていること、失敗の恐れがあることを認めたがらない。
- 残念な結果を隠したり責任転嫁して逃げようとする。
- 必要な修正をかける時間がなく、結局、プロジェクトは完全に失敗するか、理想とはかけ離れた成果に甘んじてしまう。
- 他の人からプロセスや結果に関するフィードバックが十分にもらえない。

ダブルループ・ラーニングの阻害要因

- 活動の後で振り返りをしたり、学んだ知識を形式知化、移転、適用する時間がとれない。
- 後から他の所でも使える知識の構築や維持に投資する価値を認めていなかったり、その意欲を持っていない。
- NIH（Not Invented Here）症候群……ある環境で習得した知識が、違う環境では認められなかったり評価されなかったりする。人は自ら実践したことから学ぶことを好む。
- 学習した基本的な教訓を、異なる状況でも使える形にまとめることが難しい。私たちが型を開発した理由もここにある。型があれば、こうした教訓をより移転可能で普遍的な知識へと転換しやすくなる。
- 学んだ教訓を記録し、利用しやすくするための適切なインフラがない。

▼組織的な愚かさから、組織的な知性へ

個人的な経験から、組織的な愚かさの好例を挙げると、高学歴で高報酬のプロフェッショナル人材を揃えて、プロジェクト型組織で働いていたときがそうだった。

このときの主な問題は、シングルループ・ラーニングではなかった。メンバーはプロジェクトを成功させるために全力を尽くし、うまくいかないことがあれば、すぐに別のアプローチを考え出そうとしていた。プロジェクトチーム内での知識共有はたいてい順調に進み、誰もが担当業務（主に提言の実施、クライアントへのプレゼンテーション、プロジェクトの実行と完了など）に精一杯取り組めていた。

ただし、各ステップについては改善の余地があった。提案をもっと適切にまとめたり、プレゼンテーションをより魅力的で心に刺さるものにできたかもしれない。時には、複雑なプロジェクトを実行中に同じミスが繰り返されたり、同じ情報を探すことに多くの時間をとられることもあった。

プロジェクトが失敗すれば、なるべく速やかに新しいプロジェクトを始めようとした。とにかくビジネスは続けなければならない！　報酬体系はプロジェクトの成果に連動し、失敗すれば報われなかった。そのため、十分な時間を割いて、どの知識が不足してどれが不正確だったかを振り返ったり、何がうまくいったかを見極めようとする動機はなかった。

問題の1つは、この組織であまり長く働く気はないが、今の仕事が他でより良い職を得る足掛かりになると考えている人が多かったことだ。ダブルループ・ラーニングは詰まるところ継続的な改善であり、それが長期的に組織のためになるということに、彼らはあまり共感を示さなかった。彼らから見れば、長期など存在しなかったのだ。

こうした障害を取り除くためのプログラムが設定された。たとえば、実行後のレビューが済んで初めて、プロジェクトは完了とする。また、個々の従業員は知識ドメインを構築して維持する責任があり、その責務を果たすことで報酬が得られる。

さらに、失敗したプロジェクトにつきまとう汚名を払拭し、個々人の結果だけでなく、集団学習プロセスへの努力や貢献も評価するようにもした。この組織はこうしたやり方で、組織的な愚かさ、つまり、知識を欠いたまま、シングルループ・ラーニングと(特に)ダブルループ・ラーニングが十分にできない環境をみんなでつくり出す状況と戦ったのである。

ここで続けて、興味深い副次的な疑問が出てくる。困難なプロジェクトに挑んで失敗に終わった経験者がいたとしよう。別の難しいプロジェクトが行われることになった。そのプロジェクトに参加してもらうために、誰に声をかけるべきか。初参加の人か、それとも、失敗したプロジェクトにかかわった人か。

失敗経験の扱いはさまざまである。有名なのは、ＩＢＭの創設者のトーマス・ワトソンに関するエピソードだ。ＩＢＭのあるバイスプレジデントが、大きなリスクを伴う新製品を開発した。このプロジェクトは失敗し、会社は1000万ドルの損失を出すことになった。このバイスプレジデントは、ワトソンの部屋に呼ばれた。

クビになることを確信していたので、「辞表をお求めですよね？」と聞くと、ワトソンの答えは「冗談じゃない。われわれは君の教育に1000万ドルも費やしたんだ！」。この対応は、失敗が仕事の一部であるだけでなく、失敗プロジェクトから得られた知識が将来的に大いに役立つかもしれないことを、ワトソンが理解していたことを示している。

否定的フィードバックと肯定的フィードバックの影響

サルと脳スキャンに関する研究により、前頭前皮質外側部が学習に重要であることがわかってきた。主に次のような制御機能がある。

- ワーキングメモリ（作業記憶）に一時的に情報を保存する。
- 情報を操作する（問題を解決する、情報を統合する、情報を適用する）。
- 定時に中止する（無意識下での行動に抗う、行動を正す、フィードバックに応える）。
- 柔軟性。新しい情報に基づいて行動を修正する。

学習能力において、柔軟性は何よりも重要な制御機能である。通常と違うやり方や、好みではないやり方を用いるときには、柔軟性が求められる。これは学習の基本でもある。学習とは結局、何かをする、修正する、やり方を変えるという相互作用プロセスである。私たちの脳に十分な柔軟性が備わるのは、15歳頃になってからだ。

オランダのライデン大学脳認知研究所(LIBC)は、fMRI(機能的磁気共鳴画像法)を用いて、前頭前皮質の脳の活動と、制御や処理を司る扁桃体や、多様な感情やフィードバック信号に応答する線条体などの皮質下脳構造について研究している。(7)

その研究メソッドは、シンプルなフィードバック学習に基づいている。被験者は「その行動は正しい」「それは間違っている」と言われることで、外部のフィードバック信号を受け取る。ここで問題になるのが、否定的もしくは肯定的なフィードバックに反応して、どれだけうまく自分の行動を修正できるか(つまり、学習できるか)である。

この調査では被験者を8～9歳、11～13歳、18～25歳の3グループに分けて、肯定的、否定的なフィードバックに対する反応の違い、前頭前皮質の諸領域の活動、それに関連した認知機能や感情機能を主に見ていった。その結果、肯定的なフィードバックをもらったときには、どの年齢層でも学習効果が高いことがわかった。肯定的なフィードバックの後で、より適切かつ迅速に課題が実行されたのである。

ただし、さまざまな脳領域内で測定された活動の相対強度には年齢差が見られた。年少の子どもは、年長の被験者より、否定的なフィードバックに対する反応がかなり鈍かった。これは、青年期になると一部の脳領域が否定的なフィードバックで活性化するのに対し、年少の子どもはその領域が肯定的なフィードバックで活性化するという調査結果と一致する。11〜13歳のグループでは、フィードバックが肯定的か否定的かによる反応の違いは見られなかった。脳の発達段階において、経験やフィードバックに応じて学習プロセスが進む中で、こうした移行が起こるようだ。

否定的なフィードバックを受けた子どもの成績が悪化する可能性があるという調査結果は、慎重に解釈すると、彼らの脳がまだ失敗から学ぶほど発達していないという意味にもとれる。ここで作用するのは遺伝的素因だけではなさそうだ。学習環境の影響は確かに関連要因（遺伝子以外のミーム）であり、社会的、文化的、教育的な要因の影響を補正した後で、脳の発達が結果に及ぼす影響を研究したほうがよい。どうやら脳は発達するにつれて、肯定的な経験と否定的な経験の両方から学習できるようになるようだ。

輝かしい失敗がそうであるように、否定的なフィードバックを肯定的に組み立てれば、最適なバランスが実現できるのだろうか。特に、認知科学と脳研究の分野はまだ発展途上なので、この質問に正確に答えるためには、さらに多くの研究が必要だろう。

これは間違いなく失敗の研究にもいえることで、原因や結果、失敗の「組織風土」への介入の影響などを調査する必要がある。

科学と研究の世界における失敗と学習

今では、アルバート・アインシュタインの以下の言葉がよく知られている。

「何をしているのかがわかっていれば、それを研究とは呼ばない。
——アルバート・アインシュタイン」

物事を試したり、すべてが学習の機会だと見なすことに、科学者や研究者はまったく不安を持たないと思っている人もいるだろう。研究結果は明らかに重要だが、こうした結果（中途半端に終わったものも含めて）の発表の仕方も重要であることに変わりはない。否定的な結果になっても、仮説や理論が間違っていることが検証できれば、今後の発展に向けた洞察が得られる。さらに、研究プロジェクトの中で見つかった方法論や手段などの付加的な知識は、同じ手段を用いる他の人々にとって非常に価値があるかもしれない。

研究資金は重要なポイントとなる。財政的支援を受けるには、綿密な研究計画書の提出を求められることが多い。ここで関係する主な要因が、研究の妥当性、独創性、実現可能性だが、独創性と実現可能性は相反することもある。さらに、研究者の実績という要因もある。過去に良い結果を常に出してきた研究者は資金を獲得しやすい。その結果、研究計画書の作成に膨大な時間を費やし（成功率は10％以下ということもある）、研究上のリスクは強調しないようにする。ここで別の言葉を引用しよう。

> 低すぎる目標を掲げて成功するよりも、高すぎる目標を掲げて失敗したほうがいい。
>
> ――ケン・ロビンソン

こうした姿勢は時間の浪費やフラストレーションにつながるだけでなく、限界に挑まない研究計画書にもつながる。

研究プロジェクトが始まれば、研究者は約束を果たすために最善を尽くすだろう。提案したアプローチがあまり有望ではないと判明しても、通常はプロジェクトを打ち切ろうとはしない。いずれにせよ予算は割り当てられたのだし、研究が失敗すれば自分の評判が下がってしまう。そこで何とかしようと頑張り続けるのだ。

とはいえ、特に著名な学術誌に論文が掲載され、引用数の多い研究者と比較されれば、良い気持ちはしない。被引用度は論文の引用回数と誰に引用されたかを追跡する指標であり、これが独特な競争につながる。自分のスコアが研究の質だけでなく、自分のネットワークや研究結果の自己評価に左右されると知っていたら、被引用度で極力高いスコアをとるために、どうすればよいだろうか。

繰り返しになるが、質の高い優れた研究は報われるべきだが、その域に達するために必要な知識は失われるべきではないし（その一部は失敗を通じて得られることが多い）、すぐに頂点までたどり着けない研究者の才能や情熱も失われるべきではない。

自然を欺くことはできない
（科学ジャーナリスト　ベニー・モルスの寄稿）

ベルリン生まれのユダヤ人、ジョセフ・ワイゼンバウムは、１９３６年に両親がナチスから逃げようと決めたとき、13歳の少年だった。ドイツを後にした彼らは、海を渡ってニューヨークに着き、そこから電車でデトロイトに向かった。戦後、数学の学位を取ったワイゼンバウムは、世の中の役に立ちたいという思いに駆られていた。同僚から言われたのが、「それなら、君はコンピュータで何かすべきだ」ということだ。

当時（１９５０年代前半）、世界中のコンピュータの数は両手の指で数えられるほど少なかった。

当時のコンピュータ・プログラムは、最初に紙に書き出した後で、パンチカード（コンピュータに挿入する）に保存されていた。プログラムは次第に長く複雑になっていった。ワイゼンバウムは、子どもに教えるように、自然言語でコンピュータに話すことでプログラミングできないかと考えた。そうすれば、プログラムは徐々に賢くなっていくだろう。

では、コンピュータとどんな話をするのか。コンピュータは基本的に世の中のことを何も知らない。そう気づいたワイゼンバウムは、この事実を隠すための簡単なスクリプトを発明した。コンピュータに心理療法士の役割を務めさせて、患者の言葉をおうむ返しにすることで患者に鏡をかざすのだ。こうして英語の文章解析方法と、文章から拾ったキーワードに基づいてコンピュータが回答を作成する一連のルールが編み出された。彼はこのプログラムを「ＥＬＩＺＡ」と名づけた。ユーザーとコンピュータの間の対話は、テキスト記述のみで行う。世界初のチャットボットである。

対話によってプログラミングするというワイゼンバウムの当初の目標は失敗に終わった。実際、彼の実験からコンピュータに関する学びはたいして得られなかった。しかし、人間についてより多くのことを教えてくれた。人は簡単にＥＬＩＺＡ効果に陥る。つまり、コンピュータが人を理解しているという幻想を抱いてしまう。というのも、人間の脳は擬人化する傾向があるからだ。たとえば、奇妙な形の雲の中に人間の顔を見出したり、コンピュータの処理速度が遅ければ「機嫌が悪い日だ」と考えて、プログラミングされた動きを実行するだけのロボットに、あたかも自由意志があるかのように捉えたりする。

人がいともたやすくコンピュータに自分の秘めた感情を委ねる様子を目の当たりにして、ワイゼンバウムはショックを受けた。ＥＬＩＺＡが単なるコンピュータ・プログラムだと誰よりもよく知る彼の秘書でさえ、チャットボットと話したがったのだ。一度など、上司に向かって、ＥＬＩＺＡとプライベートな会話をしたいから少し席を外してくださいと頼んだこともあった。

さらにワイゼンバウムは、この研究に対する同僚の反応にもショックを受けた。個人的にはコンピュータに関する新しい発見は何もないと感じていたのに、大半の同僚は、ＥＬＩＺＡが人と会話し理解できるコンピュータへの道を開いたと信じていたのである。１９７０年に、マサチューセッツ工科大学で一緒に働いている同僚の１人は、ライフ誌に「３年から８年後には、平均的な人間の一般的な知能を備えた機械ができるようになるだろう」と語った。

この話から、科学と研究の世界における、より根源的な問題が明らかになる。資金を確保するには、「人工知能はすぐに人間の知能を超えるだろう」といった大きな約束をしたほうがよい。ワイゼンバウムのように真面目に実験を行い、大言壮語だった、失敗だったと率直に結論づける研究者は、同僚ともども研究資金の調達で苦労することになる。

過去数十年間、研究者にとって大きな約束へのプレッシャーは増す一方だった。たとえば、オランダの研究者の調査によると、学術論文の要約に「新規な」「傑出した」といった単語が登場する頻度は1970年代の4倍にのぼったという。長期的に見れば、さまざまな約束をしすぎて満足に成果を出せなければ社会の信頼を損なうので、科学や研究にとっては深刻な脅威となる。

これは、1986年にスペースシャトルのチャレンジャー号爆発事故に関する調査報告の結論として、ノーベル物理学賞受賞者のリチャード・ファインマンが述べた言葉に見事に凝縮されている。「技術を成功させるためには、広報活動よりも現実を優先させなければならない。なぜなら、自然を欺くことはできないからだ」

この寄稿は、科学と研究の世界における誠実さ、好奇心、謙虚さの重要性を示している。研究者自身がこれを認識するだけでなく、周囲も、新しい知識を探索する際に公平で独立した思考の価値を認め、時には新しい知識を（直接的に）適用できないことを学ぶことが非常に大切だ。

無益な創意工夫の真価を問う
（理論物理学者　サンダー・バイスの寄稿）

私たちは社会的危機の只中にいる。私たちがしがみつく最後の藁は、宗教よりも、思慮深く、自立的で、おそらく反抗的ですらあるマインドのようだ。奇妙なことに、無益な創意工夫の背後に隠された画期的な影響力が、私たちにとっての最後の希望となる。

それは、無用な知識で若者に害悪を与えるなという主張が社会で高まっている重大な兆候のように見える。熟考は時間の無駄であり、時間の浪費は大罪だ！というのだ。地獄への道は、疑念の症状として循環論法で舗装されている。批判的思考は否定の一形態だ。

純粋な科学は、重要な発見と無用な発見の両方が蓄積された巨大な貯蔵庫のようなものである。いずれも凍結乾燥され、干からび、時には粉末状になって、真実の瞬間を待っている。

ニッチな知識は異国の珍味のように、一見すると無意味で実用的な価値もない。料理長が貯蔵庫のドアを開け、最上部の棚から干からびた具材を見つけ出し、何年も日の目を見なかった古い土鍋にそれを入れて、長らく忘れ去られていた他のさまざまな材料と混ぜ合わせるまでは、だ。しかし、そこから新しい証拠が見つかったり、新発見につながる。誰も注文していないし、思い付きもしなかったのに、驚くことに、そうやってまた1つ新しい組合せが生み出されてきたのだ。

創造的な思考プロセスは、盲目の豚がドングリを探し出せることを何度も示し続けている。これ以上に独創的で無益なことはない！　完全に不合理で一見すると無用な議論、くだらなくてつながっていないネットワーク、抽象表現主義の画家ジャクソン・ポロックのような特異性が絡み合うことで、突然、非常に明瞭かつ崇高で、反論の余地がない論拠が出てくる。

忍耐力を使って、無用感への恐怖を何とか克服できる人はごく少数にすぎない。実際に、目の見えない豚がドングリを探すような、しつこさと勇気が必要だ。

「私は海辺で小石を拾って遊んでいる小さな子どものようなものだ。しかし、真実の大海原は私の目の前に未開のまま広がっている」と述べたのは、ニュートンだったろうか。あのニュートンが海辺で小石を集めるだけだとでも言うのか？　大学院課程で自己宣伝ばかり教える現代にあって、こうした謙虚さは考えられないものだ。

アインシュタインは当初、相対性理論から導き出された重要な帰結に強い抵抗感を抱いた。私たちが暮らしている宇宙が膨張しているという予測だったのだ！　ポール・ディラックは、自分の理論がありえないもの（当時は呼び名がなかったが、文字どおり「反物質」）を予測していることが判明したとき、面白がりはしなかった。エルヴィン・シュレーディンガーは、自分の理論が本源的な不確実性を予測すると考えたときに動揺した。

これらはすべて、最初は無益な創意工夫として現れ、その後、私たちの思考の最も重大な変化の背後にある原動力であることが判明した例である。それは、新生児が何もできないのと同じだ。

新しい体制順応主義への驚くべき答えである無益な創意工夫は、巨大なハンマーを振るって、市場の力と有用性へのこだわりに目がくらんだ文化を砕くことができる。

第6章のエクササイズ

●プロジェクトや活動が終わった後で、少し時間をとって、「何がうまくいったのか、その理由は何か」「何がうまくいかなかったか、その理由は何か」「次回はどうしたらよいか」と考えてみる。

- 自分が今取り組んでいることを誰かに話し、相手の経験を聞いてみる。相手の経験から何を学び取りたいか。自分の経験から相手が学べそうなことはあるかを考える。

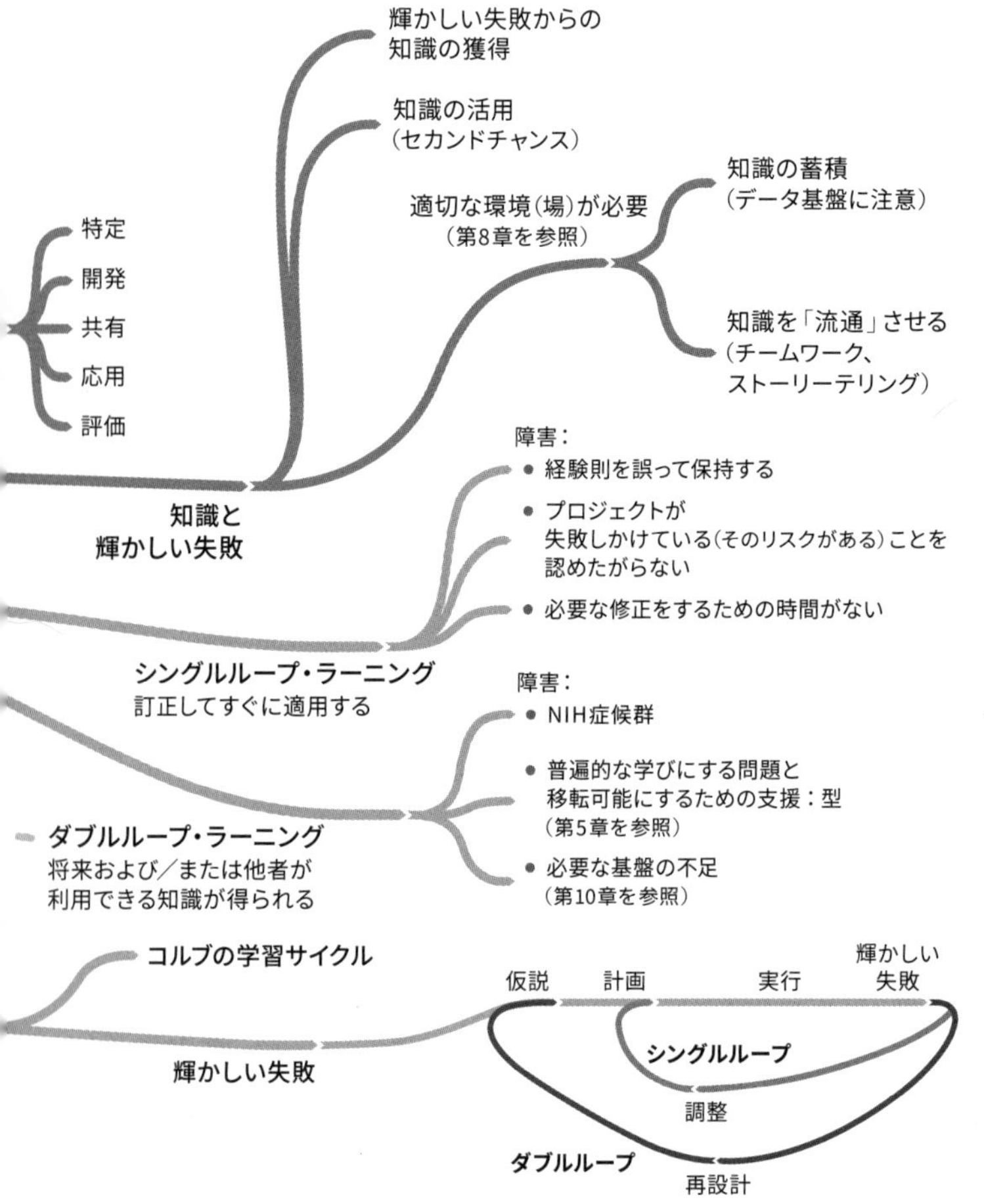

輝かしい失敗からの
知識の獲得
知識の活用
(セカンドチャンス)
適切な環境(場)が必要
(第8章を参照)
知識の蓄積
(データ基盤に注意)
知識を「流通」させる
(チームワーク、
ストーリーテリング)
特定
開発
共有
応用
評価
知識と
輝かしい失敗
障害:
経験則を誤って保持する
プロジェクトが
失敗しかけている(そのリスクがある)ことを
認めたがらない
必要な修正をするための時間がない
シングルループ・ラーニング
訂正してすぐに適用する
障害:
NIH症候群
普遍的な学びにする問題と
移転可能にするための支援:型
(第5章を参照)
必要な基盤の不足
(第10章を参照)
ダブルループ・ラーニング
将来および/または他者が
利用できる知識が得られる
コルブの学習サイクル
輝かしい失敗
仮説
計画
実行
輝かしい
失敗
シングルループ
調整
ダブルループ
再設計

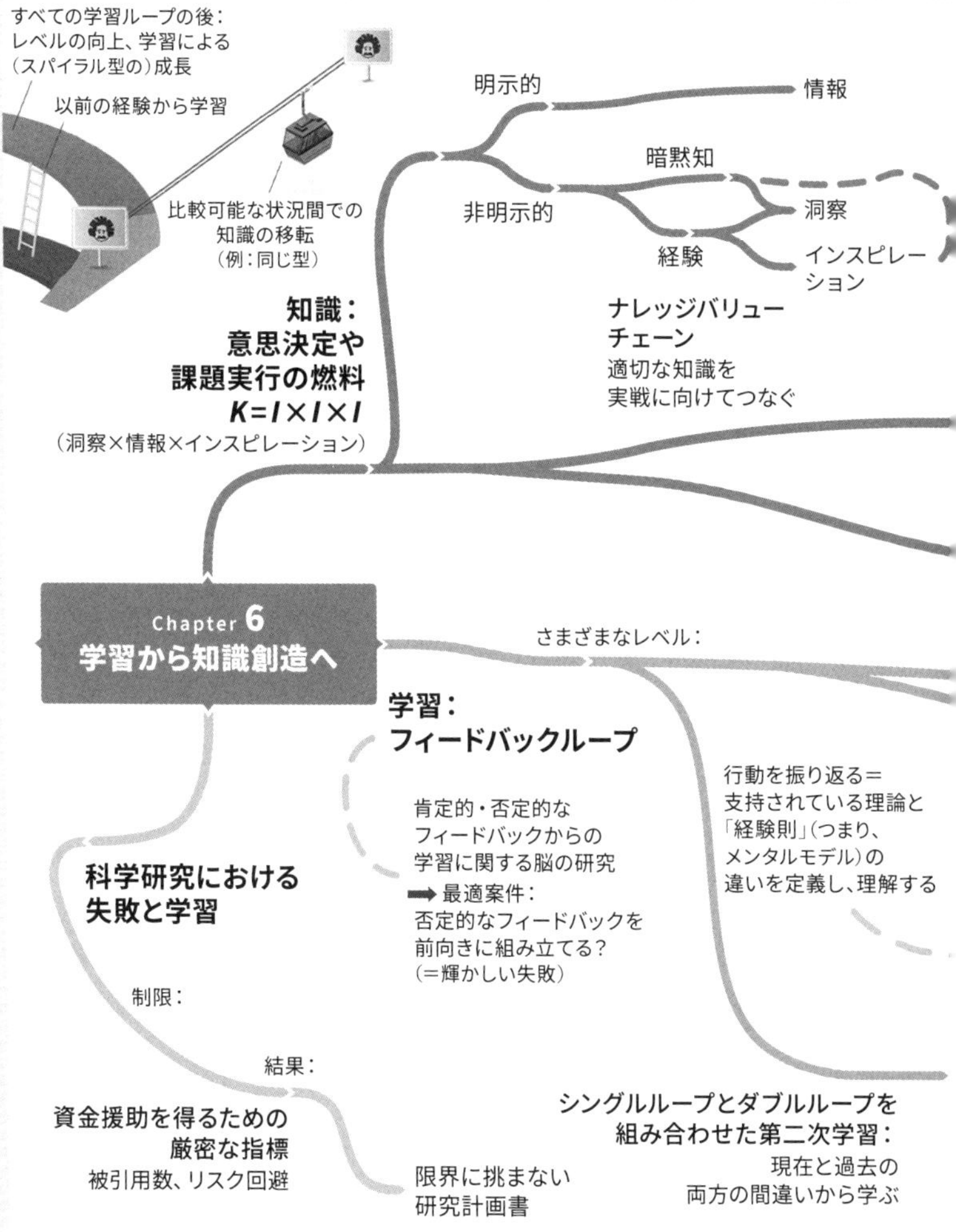
すべての学習ループの後：
レベルの向上、学習による
（スパイラル型の）成長
以前の経験から学習
比較可能な状況間での
知識の移転
（例：同じ型）
知識：
意思決定や
課題実行の燃料
K=I×I×I
（洞察×情報×インスピレーション）
明示的
情報
暗黙知
非明示的
洞察
経験
インスピレーション
ナレッジバリューチェーン
適切な知識を
実戦に向けてつなぐ
Chapter 6
学習から知識創造へ
さまざまなレベル：
学習：
フィードバックループ
肯定的・否定的な
フィードバックからの
学習に関する脳の研究
➡ 最適案件：
否定的なフィードバックを
前向きに組み立てる？
（＝輝かしい失敗）
行動を振り返る＝
支持されている理論と
「経験則」（つまり、
メンタルモデル）の
違いを定義し、理解する
科学研究における
失敗と学習
制限：
結果：
資金援助を得るための
厳密な指標
被引用数、リスク回避
限界に挑まない
研究計画書
シングルループとダブルループを
組み合わせた第二次学習：
現在と過去の
両方の間違いから学ぶ

Chapter 7

失敗する前にシナリオに学べ

Scenarios: Learning from Brilliant Failures before They Happen

予想や希望と違うことが起こったときに、「そうなるのはわかっていた」と言いたくもなるものだ。後からそう言うのはとてもたやすいが、失敗に至った原因を本当に突き止めたいなら、意思決定の瞬間に立ち返ることが大切だ。そのとき、別の情報が入手できたり、動機づけが異なっていたとすれば、意思決定にどう影響し、どんな展開になったかを考えてみると役立つことが多い。

もう1つの歴史

「もう1つの歴史」とは、別の形で起こったかもしれない出来事を示す言葉である。したがって、出発点が違っていれば、結果が変わってくるシナリオといえる。

よく知られている例として、芸術の才能に恵まれなかったアドルフ・ヒトラーについて、こんな問いが立てられる。ヒトラーは自分の絵を素朴派の芸術として認めてもらおうと懸命に頑張ったが、残念ながら実を結ばなかった。あのとき、ヒトラーが美術学校に入学できていたならば、第2次世界大戦は起こっただろうか。

もう1つ興味をそそられるのが、第3次世界大戦を阻止したかもしれない人物、スタニスラフ・ペトロフの事例だ。ペトロフは冷戦時代のソビエト連邦軍中佐で、アメリカから飛来するミサイル攻撃を探知する警報システムの監視業務に就いていた。1983年9月26日、画面に5つの点が表示された。それは、5発の核ミサイルがソ連に向かってくることを意味していた。しかし、地上レーダーではいまだ探知されていない。確信が持てなかったペトロフは、上司である最高司令官にその情報を伝えないことにした。その後、やはり誤報だったことが判明したのである。

ペトロフが報告を上げなかったことが功を奏して、大惨事に至らなかった可能性はきわめて高い。仮に報告していたならば、ソ連軍指導部は報復攻撃に出て、おそらく第3次世界大戦が勃発していただろう。

とはいえ、この行動によってペトロフが手厚く報いられることはなかった。報告しなかったことを罰せられなくて幸いだったくらいに、彼は考えていたのかもしれない。この一件は最終的に、分別ある英雄が拙速な意思決定を未然に防いだ事例ではなく、システムの失敗事例と見なされたのである。

だいぶ後になってペトロフの功績は認められ、第3次世界大戦を阻止したとして国際平和賞であるドレスデン賞が贈られた（ペトロフはその後、２０１７年5月19日に亡くなった）。

一連の出来事、特にある活動やプロジェクトの具体的な意思決定の影響を事後に評価する際には、もう1つの歴史を考慮してみると興味深い。実際とは違う戦略から何が学べるのだろうか。どの情報によって違いが出てくるのか。何に注意を払っていれば間違いに気づくことができたのか。このような「もしも〜ならどうか」という疑問は、輝かしい失敗の分析に役立つ。

もう1つの未来

本書ではすでに、後から他の所で自分が利用したり、他の人が参考にするために、出来事やプロジェクトから学習する方法についてかなり取り上げてきた。しかし、実はまだ実施していないプロジェクトからも学ぶことができる。

このアプローチの一例が、「プレモータム（事前検死）」という技法である。[1] プロジェクトや活動が失敗することを事前に想定し、何が原因で失敗したのかを遡及的に考えていく。プロジェクトの主なリスクを見つける機会を増やすためのグループディスカッションに適したツールである。

プレモータムのセッションにおいて、第5章で説明した輝かしい失敗の型を使うと、リスクの発見や確認に非常に役立つ。たとえば、患者がすでに「亡くなった」と仮定し、それまでの経緯をさかのぼって考えていく。つまり、まだ起こっていない未来から学ぶのである。

グーグルなどの企業も、プレモータムを使って「心理的に安全な」環境を作っている。[2] そうした環境であれば、実際にはまだ起こっていないので、失敗を恐れずに率直な議論ができる。

「もしも～ならどうか」という問いは、シナリオ・プランニングでよく用いられる(プレモータムの技法も基本的にシナリオ・プランニングの一種である)。シナリオ・プランニングでは基本的に、さまざまな未来を想定し、その中で自分たちの意思決定がどう展開するかを探っていく。

こうすることで、大部分の未来のシナリオで望ましくない結果につながる意思決定をしなくなり、失敗を食い止めやすくなる。また、潜在的なリスクに気づき、それを許容できるかどうかを判断するのにも役立つ。めざす結果が達成されない場合にも輝かしい失敗は生じるが、事の成り行きによって完全に不意打ちを食らうことがなくなり、経済的損失やプロジェクト実行の遅延といった悪影響が出たとしても許容範囲内に収めることができる。

未来から学ぶための手法

輝かしい失敗は通常、事前に予想したり望んだ結果ではないが、とにかく起こってしまったことだ！　そういうシナリオを十分に考慮に入れていただろうか。ここでいう「シナリオ」は、「未来の展開に関するもっともらしく、多くの場合は単純化された説明」として一般的に定義されるものだが、次の点に注目してほしい。

- シナリオは起こりうる未来である。多くの場合、ナラティブや説明形式で表され、現在の意思決定に基づいて文脈が形成される。
- 起こりうる未来の世界を多数検討することにより、根拠に基づいた意思決定を行い、導き出された洞察を使って成功率の高い戦略を策定するのに役立つ。
- シナリオは未来予測ではなく、変化の背後にある推進要因《ドライバー》を明らかにすることだと認識することが大切だ。こうした推進要因を理解すれば、自分の意思決定の影響を評価する能力が高まり、学習能力や事態をコントロールできる量も向上する。

THEORY → PRACTICE →

シナリオ・プランニングの歴史

シナリオ・プランニングというメソドロジーは、もともと軍事の分野で用いられてきた。極力多くの敵の動きを無効化できれば、戦争の勝率が最大になる。チェスのように、対戦相手の次の動きを予測するのではない。あらゆる動きに備えるのである。

1970年代と80年代には、シナリオ・プランニングに関する多くの理論的、概念的な研究が行われた。その成果として通常、複雑な学術的モデルが考案されたが、実際には適用しにくかった。シナリオ・プランニングを現実に適用するうえでの真のブレークスルーとなったのが、1973年の石油危機である。

石油会社のシェルは1950年代にすでに、石油が枯渇したらどうなるか、枯渇が進む中で、探査、生産、精製、貿易、輸送など社内のさまざまな部門がどのように対応できるかを探っていた。ただし、このシナリオは実際には起こらないだろうと考えられていた。当時は新しい石油資源の利用が比較的容易で、世界的な石油不足を現実的な選択肢にすべき技術的理由はなかった。

事実、その後起こった石油不足は、石油の発見や生産が難しかったからではなく、地政学的な要因によるものだった。イスラエルとパレスチナの紛争で、イスラエルを支援した西側諸国への制裁として、アラブ諸国が原油輸出を大幅に削減したのだ。石油不足が現実のものとなったとき、シェルは準備していたシナリオに基づいて迅速に行動し、競合他社を打ち負かすことができた。

行動と意思決定の結果をより長期的に評価するためには、頭の中で対応する絵姿を思い描かなくてはならない。次のやり方で行うことができる。

●長期的思考……私たちは多くの場合、突然の衝動や喫緊のニーズに身を任せることを容認するが、新しい機会を見通せるくらい先まで考えない限り、長期的に物事がどのように展開するかの判断はできない。
●アウトサイドイン思考……私たちには現在の立場から考えたり推論したりする傾向がある。自分のアイディアや願望に合わせて、世界を形作ろうとするのだ。外側から内側を見れば、自分の活動に影響を及ぼしそうな周囲の出来事によりオープンになれる。
●多重視点……複数の視点を持つことで、自分自身の前提を理解し、新しいアイディアを受け入れることがうまくできるようになる。そうすれば、より大局的な状況や自分の意思決定がもたらす結果を理解することができる。

その後の展開は、次のタイプに区別できる。

●可能性のある展開……そういうことは起こりうるが、確率は考慮されていない。後になってから初めて、そのとおりになったか、ならなかったかを判断できる。言い換えれば、まだ獲得していない未来の知識である。
●もっともらしい展開……そうなるかもしれないが、そうならない可能性も同じくらいある。両方の確率は、計算や過去の経験など、現時点で利用可能な知識に基づいて判断できる。

●確からしい展開……一部は起こる可能性があり、事前に判断もできる。このような展開は通常、現在の傾向を分析し、変化から推定することで突き止められる。
●望ましい展開……ここでは慎重に物事を進めなくてはならない！　私たちは特定の未来のシナリオに肩入れして、現実的に正当化できる以上に、そうなる確率が高いと思いやすい。その結果、周りが見えなくなり、自分が望む世界の中で自分の意思決定の結果だけを見てしまう。

ここで再び休暇の例に戻ろう。目的地は、仮にノルウェーとしよう。ノルウェーは美しい国だが、天候が読みにくいという特徴もある。休暇先選びでは、天気が重要な要素となることが多い。このシナリオのもっともらしい展開を考えてみると、休暇の期間は悪天候で寒くて雨が降るかもしれない一方で、夏の晴天に恵まれる可能性も十分にある。

この情報を用意してシナリオ作成に着手すれば、旅行の同行者の希望や要求事項を考慮しながら、持参品（特に衣服）や時間の過ごし方などを決めることができる。

▼シナリオを使って考える

どのようにシナリオ・プランニングのエクササイズを行うのか、段階を追って説明しよう。

①エクササイズの内容を決める。

a. どのような差し迫った疑問に答え、問題を解決しようとしているか。たとえば、どのくらいお金をかけるか。休暇用の荷造りをどうするか。パートナーにプロポーズするのかしないのか。スポーツキャリアに集中するために大学を中退すべきか。博士号のテーマには何を選べばよいか……。

b. 自分が今決めなくてはならないことに集中する。

c. 通常よりも長い時間軸で考える。通常の計画よりも長い期間にわたってその意思決定がどうなるかを探ってみる。

d. オープンマインドを保つ。「とにかく、そんなことは起こらない」と決めつけない。

e. その後も自分が今と同じ立場にあるか、自身の意思決定をどう振り返るかを考えてみる。

②内部環境と外部環境の両方を調べて、シナリオのテーマに影響するような変化が起こりそうな領域を特定する。たとえば、景気変動は自分の経済状態に影響を及ぼすかもしれない。失業するかもしれない。恋に落ちるかもしれない……。

③変化の根本要因を選び、不確実性のレベルを判断する。

a. 不確実性が低ければ、何が起こり、何が起こらないのか、それが予測可能かどうかは十分にわかる。たとえば、夏にハワイで霜が降りる可能性を考えてみよう。不確実性は低く、霜が降りることはないと、かなりの確信を持って言える。私たちはよく、うまくいかない可能性が十分にあることについて「それはとてもリスクが高い」と言い表すが、実際には不確実性は低い。

b. 不確実性が高ければ、何が起こり、何が起こらないのか、それが予測可能かどうかはわからない。大勢の顧客グループがいるとき、一部の人々の行動は予測不能だ。政治的決定、技術開発、オランダの天候などもかなり予測不能だが、目の前の問題と関連性があるかもしれない。輝かしい失敗の原因は往々にして、不確実性の高さにある。

④シナリオ・マトリックスを作成する。シナリオ・マトリックスでは、どの要因の不確実性が高いか、低いか、中程度かを示すだけでなく、それが自分の活

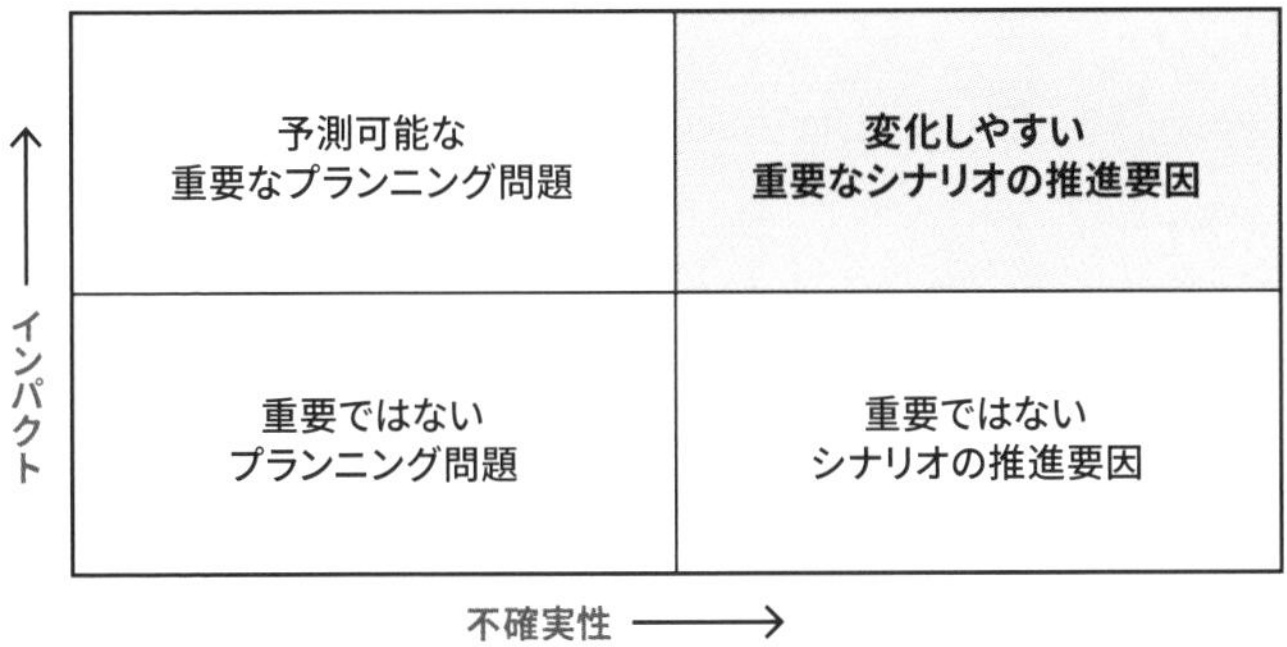

図表7-1 ▶ 重要なシナリオの推進要因

動にどのくらい重要であるかも示す。不確実性が低い要因は、常に警戒を怠ってはいけないものの、監視しておけば十分だろう。非常に重要な要因は、シナリオに正しく織り込む必要がある。そうしなければ、輝かしい失敗が待ち構えているかもしれない。

シナリオ・プランニングの観点から最も興味深いのは、不確実性がきわめて高く、最終結果に及ぼす影響が大きい要因である。一部の市場では、製品を提供したり新製品を投入することで顧客の価値観が変化し、自社製品の評価が変わってしまうリスクがある。たとえば、爆破事件などが起これば多くの場合、(通常は一時的に)観光産業は崩壊し、情勢が不安な地域で休暇を過ごすツアーを扱う旅行代理店に影響が及ぶ。

⑤シナリオをさらに発展させる。このステップでは、テキスト、視覚、あるいはその他のコミュニケーション形式で、シナリオを「ストーリー」に変える。シナリオは一般的にナラティブ形式で表現される。あるシナリオが現実になるかどうかではなく、その未来の世界で自分の意思決定がどうなるかを見ていく。この起こりうる未来を見渡して、自分が見ていることや、そこで自分がどんな意思決定をするかを考えて学習する。シナリオには内部的な一貫性が求められる。つまり、関連する不確実な要素に基づく分析から論理的に考え出し、関連する確からしい要素も的確に織り込んだシナリオでなければならない。

⑥次に、シナリオの戦略的影響を検討する。シナリオそのものというよりも、起こりそうなことを自由に考え、進んで取り入れる。シナリオを準備する行為だけでも、リスクを認識して、許容できるかどうかの判断力を高める活動になっている。

a. どの選択肢が最終的に利用できそうかという全体の感触がつかめる。

b. 長期的思考とアウトサイドイン思考を使うように促される。

c. 周囲のことを意識しやすくなる。自分の考えや意思決定に基づいてフレームワークを作ることで、特定のシグナルをより意識したり、それまで視野に入っていなかった選択肢や機会が突然見えるようになる。

d. リスクとその対処方法がより意識される。

e. さまざまな未来の世界で自分が下す意思決定の影響について、より深い洞察が得られる。各シナリオにおける自分のアプローチは適切か、あるいは、特定のシナリオが現実になるように願わなくてはならないか。

f. 成功率を高めるために自分はどんな影響を及ぼせるだろうか。たとえば、まだ意思決定を変えられるのか、シナリオが現実になるのを阻止できるのか、あるいは、悪い結果になったときのインパクトを減らす方法を考え出せるだろうか。

g. どのシナリオが現実になりつつあるか、補足可能または補足すべき初期の兆候があるか。

h. このエクササイズで得られた学習経験を、行動計画にどのように組み込んでいくのか。

シナリオ・プランニングを輝かしい失敗に適用する際の中心的メッセージは、失敗は1つの選択肢であるということだ。確実性や不確実性をすべて洗い出し、その関連性に応じて組み合わせることは、起こりうる障害、その原因、想定とは違う状況になりそうな兆候を素早く捉えるのに役立つ。また、自分にできることについての理解も深まっていく。シナリオを準備しておけば、早期に的確に行動することでより迅速に対応し、好ましくない影響を極力減らすことができる。

重要な意思決定を下した瞬間に時間を戻して、事後に起こったプロジェクト、活動、企業について議論や評価をするときにも、シナリオ・プランニングのエクササイズが役立つかもしれない。最終的に明らかになった現実だけでなく、もう1つの現実、つまり、その不確実性は事前にわかっていたのか、事後にわかったのか、まったく異なる結果になっていた可能性があるかどうかも確認できるだろう。

こうした形で学習することで、目の前のプロジェクトに関する洞察が深まるだけでなく、重要な意思決定の瞬間を突き止め、その意思決定と、それを踏まえた行動の最終結果について、複雑で変わりやすい環境の潜在的な影響を見極める能力が高まり、将来的に同じようなプロジェクトを行うときの参考になる。

避けられない文化大革命

（未来主義者 ウィム・デ・リデルの寄稿）

▼最初のねらい……未来研究の分野は輝かしい失敗に満ちている。結局のところ、新技術、新製品、新社会を予測することは本質的に未知の世界を探査することにほかならない。その1つの例を見ていこう。

20年前に台頭したインターネットは、たちまち革命的な発展を遂げた。科学ジャーナリストのマーガレット・ワートハイムは、「身の回りの至る所にあるサイバースペースは、それ自体がビッグバンのような指数関数的な力で爆発的に発展する」と述べた。約150億年前の宇宙の創造になぞらえたのである。

カナダのトロント大学で文化とテクノロジー領域を扱うマクルーハン・プログラムの当時のディレクター、デリック・デ・ケルクホーブが捉えたのは、私たちが暮らす物理的、精神的な空間と並行して新しい世界が出現する様子だった。

遺伝子学者のリチャード・ドーキンスは、「生態的地位を複製し、移植し、社会の集団思考の環境に適応するという、遺伝子のような特性を持った概念」である「ミーム」を提唱して注目を集めた。

これが、私が当時ディレクターを務めていた社会企業財団（SMO）で1998年に記念本をつくったときの時代背景である。

▼**アプローチ**……インターネットの隆盛がもたらす影響について、38人以上の執筆者がそれぞれの見解を語った。この記念本には、中国共産党指導者の毛沢東の言葉と、文中で根本的に異なる世界を説明した箇所を比較した「新・毛沢東語録」が添えられていた。

記念行事の目玉として、著名なオランダ人演出家であるヨハン・シモンズによる演劇「避けられない文化大革命」が上演された。文化大革命は不可避だったと固く信じるヨハン・シモンズは、劇中で企業内の階層的関係が自己管理組織に置き換わる時代を予想していた。

▼**結果**……この演劇は、起業家が社会的地位を高め、そして自分の力の限界を象徴するガラスの天井に衝突する姿を描いていた。避けられない文化大革命は、SMOの未来も決定づけることになった。1968年という記念すべき年にこのシンクタンク組織を立ち上げた既存の大企業にとって、ここで示された未来には親和性がなく、SMOと袂を分かつことになった。それは輝かしい失敗だった。

▼**学んだ教訓**……今回はインターネット企業の台頭も目立った。2000年のIT大手5社のCEOには2つの共通点がある。全員がハーバードなどの有名大学で学んでいる。そして、誰も卒業していないことだ。既存企業はデジタル開発に手を出さず、競

争はほとんどなかった。2018年、これらのIT企業はいずれもトップクラスの上場企業であり、競合他社は依然として少ない。たとえばアップルの時価総額は1兆ドル近くにのぼり、手元資金は2500億ドル超。これだけの財力があれば、何でも買える。

私たちは「デジタル進化論」の時代に生きている。この言葉が示すのは、デジタル技術が、大半の人々や企業が実現するよりもはるかに多くのものをもたらす事実である。しかも、それは悪化の一途をたどっている。なぜなら、デジタル・テクノロジーは指数関数的な速度で開発されているからだ。

多くの企業が今、デジタル・プロセスで収益力をつけた破壊者に、自社のビジネスが乗っ取られるのではないかと恐れている。ますます多くの企業が「食うか食われるか」という容赦ないやり方を学習し、予防策を講じつつある。巨大IT企業が使う成功の秘訣を探りに行って、MTP（野心的な変革目標）と呼ばれるものを発見している。

アクゾノーベル（オランダの化学メーカー）やユニリーバなどの有名企業は、もはや自らの独立性を決めることはできない。避けられない文化大革命の中で予測されたように、私たちはブロックチェーン技術の台頭により、強力な自己管理組織と直面するだろう。現在、多くの破壊的進化が進行中であり、その事実に名前をつけることは、近い未来についてあれこれ考えるよりも効果的だ。未来派は次第に、企業のデジタル変革の指揮を執ってほしいと依頼されるようになっている。こうした知識が成功に欠かせない今でさえ、私たちが熟考を重ねた「避けられない文化大革命」というビジョンはあまり評価されていない。

ウォーゲーム――未来で輝かしく失敗する

失敗と安全が生死を分けるレベルで直接結びつく分野がある。その最たる例が軍事的な状況だ。戦争、平和維持活動、軍事的な救助作戦はすべて、高いレベルの複雑さと付随するリスク（安全性）という特徴を持つ。その結果として、軍事環境には学習能力を向上させる要素が多い。

先述したように、シナリオ・プランニングは当初、軍事的な領域で用いられていた。何が起こったか、何が有効だったか、どうすれば改善できたかを体系的に分析するツール、ARR（アフター・アクション・レビュー）もそうだ。

しかし、防衛関連の諸側面と同じように、世界は劇的に変化している。たとえば、現代兵器の登場と拡散によって、そもそも紛争が変わってきた。さらに今日、新たな要素が追加されている。サイバー戦争だ。相互依存性が高まり、それゆえの複雑さを伴った、まったく新しい戦場になっていく可能性がある。

どれほど懸命に努力しても、物事がうまくいかず、時にはひどい状態になることもある。たとえば、１９９５年にボスニア・ヘルツェゴビナ紛争のさなかに起こったスレブレニツァの虐殺事件がそれにあたる。オランダの国際連合平和維持活動部隊は国連が指定する安全地帯の中で活動していたが、イスラム教徒の難民を守れなかった〔オランダ軍が警護していたスレブレニツァはセルビア人勢力に占拠され、イスラム教徒の男性が約８０００人殺害された〕。

オランダ社会を根底から揺さぶったこの悲劇が、システムレベルの学習をする機会であるのは明らかである。この学習機会を活かしてほしいし、これほど高い代償を払わずに済んでいたらと願わずにはいられない。

軍事環境での失敗とウォーゲーム

（ウォーゲームや戦略分析に詳しい　ハンス・スティーンスマとリック・エルヘルスマの寄稿）

▼間違うことは必須事項

経営陣が従業員に間違ってもいいと積極的に奨励する企業や組織を想像してみてほしい。どんな組織がそうするだろうか。ほとんどの組織は成長を願い、少なくとも会社を存続させたいと考えているが、こうした目標は、間違いを犯すこととは両立しない。ミスをすればお金がかかり、顧客を失望させ、混乱を招く……。どうして組織がそんなことを奨励できるというのか。間違えることが本当に組織の成長に役立つのかと、疑問に思うかもしれない。

しかし実際は、特段に驚くことでもない。現時点で軽微なミスをすることで、その後の重大な過失を予防できる。対処可能な間違いを通じて、みんながスキルを急速に伸ばし、組織が不確かな未来に対処すべく準備ができるのだ。

アメリカ海兵隊を例にとろう。1775年に設立されたアメリカ海兵隊は、継続性の素晴らしい例だ。当時の海兵隊司令官は、戦場の混乱と複雑さにうまく対応するために、部下と共有すべき重要な事柄について、きわめて明確な考えを持っていた。学習を通じて自分や部隊の能力を最大限に引き出すよう隊員に奨励したのだ。

「あらゆるレベルでリーダーシップ、イニシアチブ、知性、攻撃性、革新性をフル活用する、分散型アプローチで作戦を遂行するために、私は全力を注いでいる。(中略)海兵隊全員の才能や能力を最大限に活用することは、私たちの戦闘文化の重要な要素である。時にはこの手法が不完全な結果につながることは承知しているが、全レベルのリーダーは、学習プロセスの一環として間違いを積極的に受け入れなくてはならない」

▼演習で輝かしく失敗する

兵士は訓練や演習に多くの時間を費やす。これは、自分のすべきこと、できることを上手にこなすためだけでなく、コントロールされた間違いを通じて新しい手法や行動を実験するためでもある。

軍事演習は、通常の世界から離れて、詮索の目にさらされない演習場で行われるかもしれない。これは戦術や手順を段階的に訓練するための場所で、模擬的に妨害行動を交えることもある。ステージング環境（IT開発などで、本番環境と同じ構成で最終テストをするための環境）でのロールプレイのように、兵士はプレイヤーとして自分自身の行動を再現していく。結果を伴わずに、実生活ではできないことを試せるので、絶好の学習機会となる。訓練や演習はある意味で、体系的な方法での輝かしい失敗として定義することができそうだ。間違えることは偶発的でも副次的でもなく、予想された到達点である。

▼ゲーム形式で訓練する

ウォーゲームも意図的に作られた環境である。ウォーゲームは基本的に、仮想環境で作戦プランを策定して検証する。これはただのゲームではなく、主眼はプレイヤーにある。プレイヤーは、自分で意思決定したり他者の視点から推論する能力を用いて、起こりうるシナリオを策定することができる。

この別の視点から推論する能力は、潜在的な抵抗や支援の準備に欠かせない。適切な質問を投げかけ、知識や経験を最大限に活用し、洞察を大胆に組み合わせて行動計画を堅持することは、ウォーゲームを通じて身につけられる基本スキルである。最近、あるウォーゲームの専門家が述べていたように、「専門家は当然起こるであろうことを予測し、ロールプレイは何が起こるかという未来を予測する」のである。

絶えず変化する市場の中で、戦いの演習は企業にも同じく有益でかつ必要となる。軍事的状況とビジネス環境の共通点は数えきれないほど挙げられる。ビジネス環境でのウォーゲームでは、競合他社の機会と脅威が体験でき、そこから成功率の高い計画を検討できるようになる。「訓練で汗をかくほど、戦闘での流血が少なくなる」という言葉は、ビジネス環境にも当てはまる。もっともビジネスの場合は、血液の代わりに現金の流出となるが。

このように、ウォーゲームを活用することで、その気になれば、「起こりうる未来の記憶」ライブラリをつくり、ウォーゲームのシナリオに沿った未来になった場合には、旅行ガイドブックのように参照することができる。

第7章のエクササイズ

- たった今、自分の頭にあることは何か。たとえば、家の購入、転職、習い事の申し込み、間近に迫った休暇、義理の両親の家への訪問……。経済的な変化、自分の健康、目的地の天候、義理の両親の気分、雇用動向などのように、結果に影響しそうだが、自分の力が及ばない範囲の要因を考えながら、シナリオを策定してみよう。失敗を含めたシナリオにどのように対処するか。

- すべてが計画どおりに進んだ場合、自分の人生ははるかに魅力的になるだろうか。

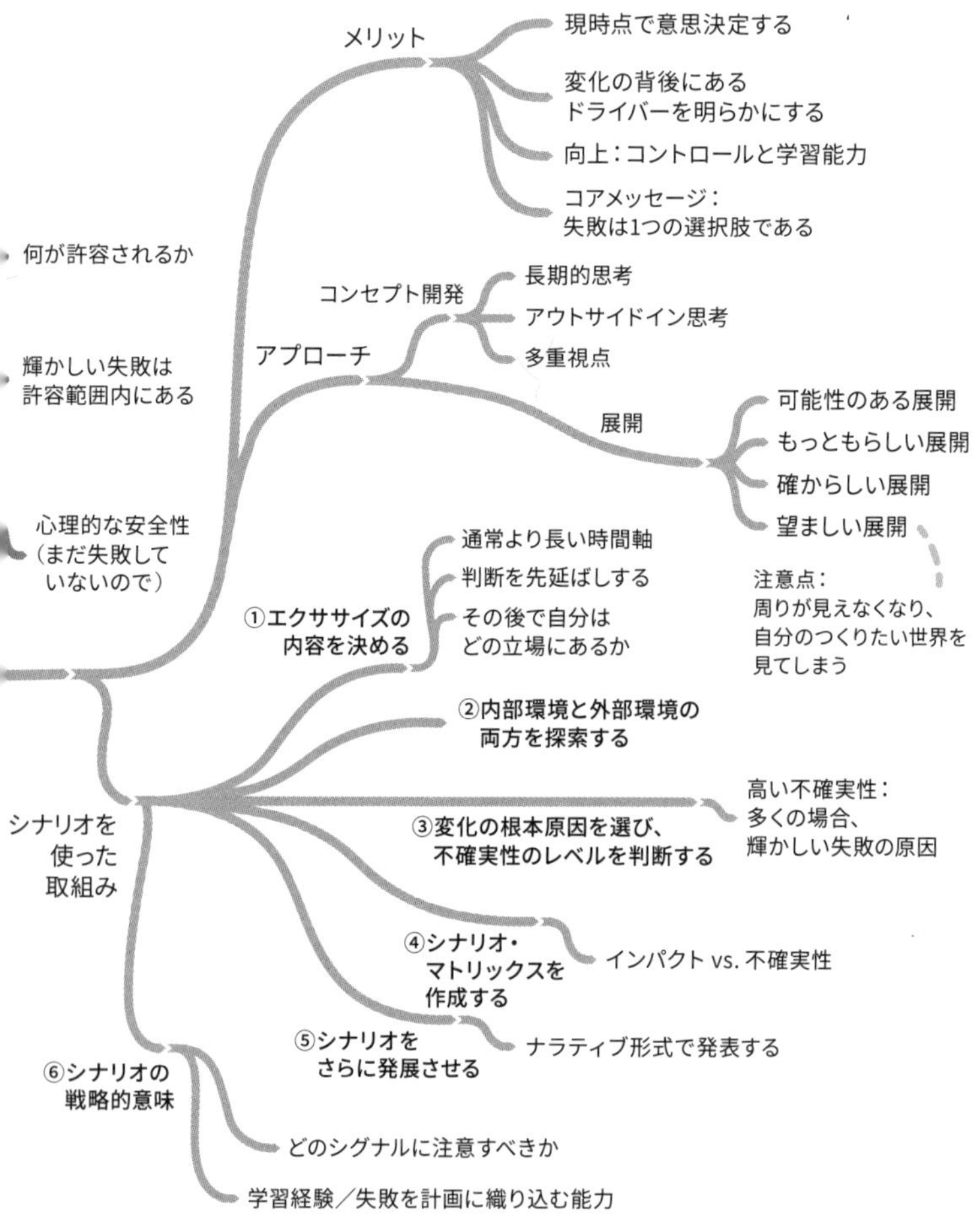
メリット
現時点で意思決定する
変化の背後にある
ドライバーを明らかにする
向上：コントロールと学習能力
コアメッセージ：
失敗は1つの選択肢である
何が許容されるか
コンセプト開発
長期的思考
アウトサイドイン思考
多重視点
輝かしい失敗は
許容範囲内にある
アプローチ
展開
可能性のある展開
もっともらしい展開
確からしい展開
望ましい展開
注意点：
周りが見えなくなり、
自分のつくりたい世界を
見てしまう
心理的な安全性
（まだ失敗して
いないので）
通常より長い時間軸
判断を先延ばしする
その後で自分は
どの立場にあるか
①エクササイズの
内容を決める
②内部環境と外部環境の
両方を探索する
高い不確実性：
多くの場合、
輝かしい失敗の原因
シナリオを
使った
取組み
③変化の根本原因を選び、
不確実性のレベルを判断する
④シナリオ・
マトリックスを
作成する
インパクト vs. 不確実性
⑤シナリオを
さらに発展させる
ナラティブ形式で発表する
⑥シナリオの
戦略的意味
どのシグナルに注意すべきか
学習経験／失敗を計画に織り込む能力

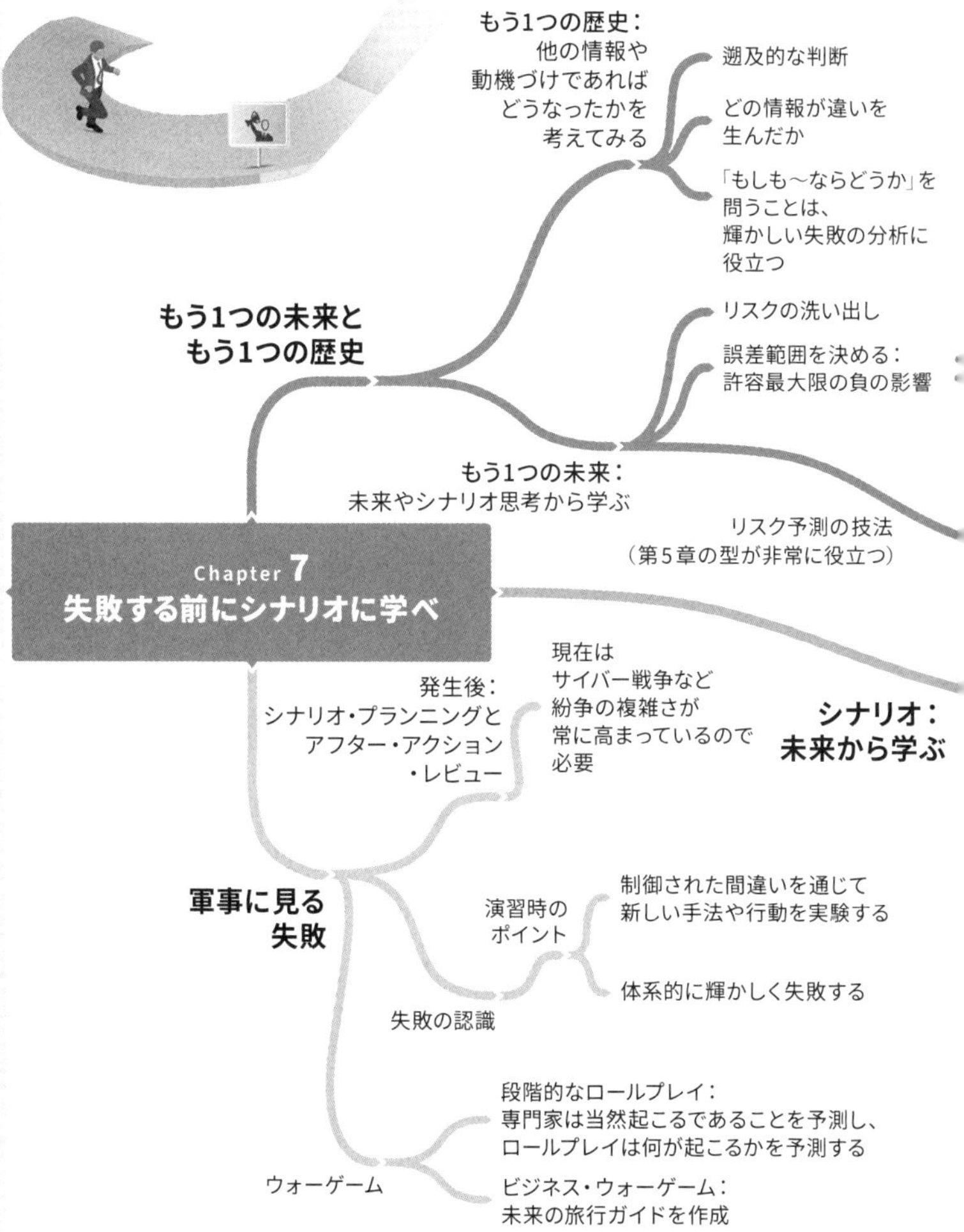
Chapter 7
失敗する前にシナリオに学べ
もう1つの未来と
もう1つの歴史
もう1つの歴史：
他の情報や
動機づけであれば
どうなったかを
考えてみる
遡及的な判断
どの情報が違いを
生んだか
「もしも～ならどうか」を
問うことは、
輝かしい失敗の分析に
役立つ
リスクの洗い出し
誤差範囲を決める：
許容最大限の負の影響
もう1つの未来：
未来やシナリオ思考から学ぶ
リスク予測の技法
（第5章の型が非常に役立つ）
シナリオ：
未来から学ぶ
現在は
サイバー戦争など
紛争の複雑さが
常に高まっているので
必要
発生後：
シナリオ・プランニングと
アフター・アクション
・レビュー
軍事に見る
失敗
演習時の
ポイント
制御された間違いを通じて
新しい手法や行動を実験する
体系的に輝かしく失敗する
失敗の認識
段階的なロールプレイ：
専門家は当然起こるであることを予測し、
ロールプレイは何が起こるかを予測する
ウォーゲーム
ビジネス・ウォーゲーム：
未来の旅行ガイドを作成

Chapter 8

安心して失敗できる場をつくる

The Importance of a Safe Environment

これまでにも述べてきたように、輝かしい失敗に関する良いイメージづくりが大切だ。みんなが恐れずにトライし、失敗しながら学習できたほうがよい。本人だけでなく、経営者、友人、家族、顧客、従業員、報道関係者なども、善意の試みとその結果、重要な学びにオープンになれば、前向きな環境が生まれる。「コントロールされた失敗」を奨励すれば、組織はイノベーション、安全性、改善活動などのさまざまな問題により良く対応できるようになる。ただし、そのためには失敗の汚名を取り除く必要がある。

環境が実験と学習を活発化する

失敗を認めるのが安全でないと感じる環境では、人は最初に「白状する」のをためらってしまうものだ。

環境というジレンマ

ここで関係してくるのが、ゲーム理論に出てくる、いわゆる「囚人のジレンマ」の状況だ。

仮に、2人のプレイヤーが共に武装して強盗に入り、警察に捕まったとしよう。どちらも同じく有罪判決につながる情報を持っている。検察官は自白と引き換えに取引を持ちかけて、2人を互いに敵対させようとする。

取引の内容はこうだ。AだけがBに不利な証言をした場合、Aは無罪放免、Bには長期の禁固刑が宣告される。BだけがAに不利な証言をすれば、Bは無罪放免、Aは長期の禁固刑。AとBが共に互いに不利な証言をすれば、どちらも短期の禁固刑。そして、2人とも証言しなければ、武器の不法所持で罰金が科されるが、残りの容疑は立件不能となる。

2人のプレイヤーはどうするだろうか。双方にとって最良の選択肢は、沈黙を守り、罰金刑を呑むことだ。そうすれば、どちらも刑務所行きは免れる。しかし、2人はお互いのことを信頼しているだろうか。自分のことだけを考えれば、すぐに自白して検察に協力し、見返りを得たほうがよい。その場合はもちろん、もう片方は悲惨な目に遭う。

輝かしい失敗を「自白」する場合、ある意味でこれとは逆になる。輝かしい失敗の可能性と自分が学んだ教訓を真っ先に公表するのは、果たして得策だろうか。失敗を招いたり失敗に関与したことが、自分にとって悪い結果になるとすればどうか。他の人々が口を閉ざし、知識が失われ、ずっと失敗を恐れたままだったらどうか。公表するかどうかは、その人がいる環境で予想される反応に主に左右される。

言い換えると、自分の生活や仕事を支えている「システム」が、日々の行動、発話、価値判断に大きく影響する。その結果が、成功と失敗にも影響を及ぼすのである。

本書では基本的に行動を取り上げてきた。ある人の行動は、その人の性格や歴史(遺伝的なプロファイル、育ち、教育)に依拠する。これらは内部要因だが、人々は外部要因にもさらされている。その人の行動と意思決定は最終的に、内部要因と外部要因の組合せで決まるのだ。

実験と学習が活発になる条件を説明するために、「環境」の概念を明らかにしておこう。ここでは、以下のアメリカンヘリテージの科学事典に記載された環境の定義に従うことにする。

「生命体、個体群、生態学的共同体に作用し、その生存と発達に影響を与えるすべての生物的要因および非生物的要因。生物的要因には、生命体そのもの、その食物や相互作用が含まれる。非生物的要因には、日光、土壌、空気、水、気候、汚染などが含まれる。生命体は形態と行動の進化的適応によって環境変化に対応する」

これまで見てきたように、人や組織の行動に影響を与える環境との相互作用が私たちの関心事であり、これは4つの異なる「空間」で生じる。

①社会的・文化的空間……私たちは主に、他の人とのつながりやフィードバックによって前向きな活力が生まれる。重要なのは互いを受け入れること。特に、間違いを犯す余地をつくることである。複雑な環境の中では、進歩を強制したり予測することはできない。プロセスの結果は定義上、不確実である。結果が受け入れられることは特に重要だ。人は励ましや前向きなフィードバックが得られる環境のほうが、頑張れる。

②プロセスおよび組織的な空間……この空間は、インセンティブ、組織形態、法規制などによって決まり、上から押しつけられる場合も多い。プロセスにおける空間は、行動に強い影響を及ぼす可能性がある。規制や官僚主義が行きすぎれば、みんなのニーズや信念と対立し、否定的な感情が生まれる。

③仮想およびデジタル上の空間……知的資本を創出、共有、活用する新しい機会を生み出すうえで、ITの発展は間違いなく大いに貢献している。距離はもはや障壁ではなく、今やすべ

ての人やモノがつながる。これは特に、知識の発見に役立つソーシャルネットワークの発展を促した。ただし、新技術に多額の投資をする前に、組織も変わらなくてはならないと自覚することが大切だ。そうでなければ、先述したNT+OO=EOOの「法則」に従うだろう。新技術を古い組織に導入しても、結局は高コストの古い組織になる。

④物理的およびリアルな空間……仮想空間の重要性もさることながら、適切な物理的空間の重要性を指摘する研究は多い。こうした空間はオープンで、偶然の出会いを促し、内部デザイン、プログラミング、手厚いもてなしが組み合わさって刺激を与える。人々の感情面に影響を及ぼす物理的環境として、色、におい、形、温度、自然、芸術などの側面が挙げられる。

バイオミミクリー（生物擬態）——自然から学べること

自然はさまざまな分野で素晴らしい発想の源泉となっている。自然の設計原理は、製品、サービス、組織、さらに社会自体の設計に適用できる。ジャニン・ベニュスは、1997年の著作『自然と生体に学ぶバイオミミクリー』の中で、自然がどれほど多くのイノベーションに影響を与えてきたかを説明している。(1) たとえば、スイス人エンジニアのジョルジュ・デ・メストラルが発明したベルクロ（面ファスナー）は、ハイキング中にズボンと飼い犬にオナモミの実がしっかりくっついていたことに着想を得たものだ。

自然の中には、多くの輝かしい失敗が見られる。たとえば、変化する状況に適応できない種は絶滅する。ランダムな変異から優良種が生じる。動物はうまくいく仕組みを偶然見つけて、この知識を同種の仲間に伝える。病気は生態系における特定の種の存在を脅かし、次に生態系の存在そのものを脅かす。このすべてが合わさったものが進化のプロセスであり、自然はそうやって種や生態系の未来を確保しようとする。輝かしい失敗から学ぶことは、その重要なプロセスである。

チャールズ・リードビーターは2000年の論文の中で、バイオミミクリーの原則をイノベーションに向けた組織風土に適用している。(2) 自然の生態系は進化するシステムだ。組織も生態系と同様に、変化する状況に適応する必要がある。自然は明らかに実験と変化から学んでいて、うまくいったものが残り、うまくいかないものは消滅する。

リードビーターはここから着想を得て、進化をイノベーションのメタファーに用いた。具体的には、自然の生態系の適応力に影響する9つの要因を分類し、組織内の条件に投影させている。以下がその9原則である。

①多様性……ランダムな遺伝子変異は生物の多様性の重要なメカニズムだ。革新的な企業はアイディアと知識の源泉について幅広いポートフォリオをつくり、組織の内外で多様性を積極的に活用する。新しい血を入れて、新しいアイディアや知識を取り入れようとする。

②選択……自然淘汰を通じて、より成功している遺伝子変異が特定される。しかし、多くの組織は適切なプロジェクトを選択し、有望でない取組みをやめることで苦労する。その判断基準は不明確なことが多く、「常にうまくいくこと」にこだわる傾向がある。

③複製……成功した種は遺伝物質を複製して拡散することができる。革新的な企業は知識やアイディアを共有し、それを組織のプロセスや日常業務に埋め込むのと同時に、顧客向けの新製品やサービスの中で活用することができる。

④共進化……種は環境に適している場合にのみ、生き残ることができる。組織も同じく、環境（顧客、パートナー、競合他社、他のステークホルダー）とともに進化しながら、ビジネスを行い、従業員を引き付け、長期的に新規市場を開拓しなくてはならない。

⑤学習棄却（アンラーニング）……これまでの習慣にこだわり、適応できない種は、周囲の環境から求められるものが変化すると絶滅してしまう。明らかにこれ以上の発展が望めないときでさえ、多くの組織にとって既存の（多くの場合、かつて成功していた）習慣、関係、知識は手放しがたいものである。若者のアイディアは多くの場合、既存組織の知恵や経験に太刀打ちできない。

⑥破壊……5億年以上前に多細胞生物が出現したような生物学的「爆発」は、過渡期の環境で起こる。急激な環境変化への対応方法を知る組織は、うまく共進化を果たし、新たな繁栄期を迎えられる。

⑦単純さ……生き残った種には、ある種の単純さが見られることが多い。不必要に複雑だと、複製や拡散の妨げになる。組織の進歩も同じく、過度に複雑なプロセスや手順、新しい計画や取組みから活力を吸い取ってしまう官僚主義によって阻害されることが多い。好調な組織は対照的に、明確な目標と価値観を順守している。また、従業員に多くの責任を与えて、イノベーションと起業家精神を育み、開花させられるようにしている。

⑧余力……進化はおおむね試行錯誤が土台となっている。種が出現し、うまく適合しないことが判明すると再び消えていく。このように、ダーウィンの進化論のメカニズムは、かなりの余力を包含している。特に危機の時代、組織は「拒食症」に苦しめられる傾向がある。失敗は一切許されず、すべてを管理下に置き、すべてを計画に織り込んでおかなくてはならない。こうした傾向は、イノベーションと起業家精神の機会に影を落とす可能性がある。

⑨タイミング……有望に見える遺伝物質を持つ種であっても、タイミングがずれたり、状況が変わって重要な瞬間に再生や拡散ができないせいで、結局はうまくいかない場合がある。同様に、組織内外の開発は往々にして、遅すぎても早すぎても失敗する(!)。機会に気づいても、それを実現する能力が十分に育っていなかったり、多くの競合品が一斉に市場に導入するタイミングと重なってしまうイノベーションが多い。

進化型イノベーションの9原則は、輝かしい失敗に賢く対処する環境を育むための要因にすぐに転用できる。進化するシステムのメタファーは、実験と学習が行われる環境についての優れたメタファーでもあるからだ。どちらの状況でもきわめて重要なのが、学習プロセス（特に、ダブルループ・ラーニングのプロセス）だ。そして当然ながら、学んだ教訓は実行に移して初めて意味を持つ。したがって、本書の中心的な論点をまとめると、次のようになる。

「ミスを犯して失敗から学ぶという自然なプロセスが、なぜこれほど受け入れがたいのか。」

ＢｒｉＦａモデルでは、進化型イノベーションの9原則を用いて、実験と学習に適した環境の強みと弱みを突き止めていく。

真剣な楽観主義

私たちは、輝かしい失敗研究所とともに「真剣な楽観主義」という概念を取り入れることとした。これには、前向きな活力の創出にかかわる環境要因がいくつか含まれる。人や組織が起業家精神を持ち、自分自身や教訓を共有する他の人にとって有意義な経験を積極的に受け入れたり、その意欲を高めたりするうえで、前向きな活力は役立つ。

前向きに考えたほうが成功率は高まると考える人が多い。実際、一定の条件下で、楽観主義は目標達成に役立つ。研究によると、世界に対する肯定的または否定的な見方が人々の行動に影響を及ぼし、継続するかやめるかを判断する決定的要因になることが多いという[3]。

たとえば、マーティン・セリグマンらの2009年の論文は、教室におけるポジティブ心理学の重要性について研究している[4]。ステファン・ストラックらの1987年の論文によると、ある状況下で挫折に直面したときに、楽観的な人のほうが目標達成に向けて一生懸命に努力する傾向があるという[5]。

楽観主義のメリットに関するこうした結論は明白で、歓迎すべきものでもある。とはいえ、そうあってほしいという私たちの思い以上に、人生はとかく複雑なので、いったん留保しておく必要がある。

さまざまな研究結果を見ると、業績に対する楽観主義の効果にはプラスとマイナスの両面がある。一方では、楽観主義は成功した起業家の特徴とされ[6]、希望、再起する力、有効性を伴い、組織の業績に良い効果をもたらすとされる[7]。他方では、起業家の楽観主義が新規事業の業績に悪影響を及ぼすこともあるという[8]。不合理な推測に基づいた見当違いの楽観主義から、危険な意思決定をする場合などがこれにあたる。

したがって、楽観主義と現実主義の適切なバランスを見つけることが大切になる。このバラン

スは「現実的な楽観主義」と呼ばれる。(9)

「真剣な楽観主義」は、熟考の上で行われる一連の介入を示すもので、現実的な楽観主義につながり、業績向上にも結びつく。私たちが愚直な肯定感、もしくは、肯定的な愚直さに陥らないようにしてくれる。目をつぶって高速道路をさまようのは楽観的だが、あまり賢明ではない。ところで、「真剣な」というのは、楽観主義と現実主義の両方に当てはまる。輝かしい失敗の対処の本質と、私たちが打ち出している実験と学習のための前向きな枠組みに沿っている。

真剣な楽観主義は、ノルウェー語で「Seriøs Oppmuntring」という。この言葉の歴史は1999年にさかのぼる。ノルウェー南東部の都市ハマルとリレハンメルの間にあるナロセット村では、生徒の数が減少し、学校が閉鎖されることになった。地元自治体は、クアラルンプールとの国際的な友好協定を締結したり、廃棄されたクリスマスツリーの博物館を設立したり（ノルウェー首相の尽力による）、コミュニティの一体化を目的とした諸活動を行うなど、前向きで遊び心のある方法を繰り出して学校閉鎖に反対した。最終的に、非常に多くの善意と注目が集まり、「ラッキー・ナロセット」として有名になったほどだ。地元の学校は今でも閉鎖されていない。

熱意は、前向きな態度で目標を達成するための重要な心の状態である。では、私たちはどうすれば熱意を持つようになるのだろうか。ドイツのケルン・インターナショナル・スクール・オブ・デザインの研究では、9つの普遍的要因が特定されている。(10)

①安心感……問題が解決する、時間の節約になる、困難な意思決定の際に手助けしてもらうなどの経験をする。
②柔軟性……常に組織、プロセス、製品、文化などに合わせる必要はなく、環境を私たちに適合させる。
③寛大さ……私たちが思っている以上のものを受け取る。
④連帯感……他の人が本当に自分たちのことを理解し、こちらの状況を考慮に入れて、一緒に前向きに考えてくれていると感じる。
⑤成功……何か（人やモノ）との関係を通じて、あるいは、利用可能なサービスや製品を使えることにより、個人的な成功を達成する。
⑥美しさ……美しいものや審美的に良いと思えるものに感動する。
⑦排他性……誰もが保有したり経験するとは限らない、「選ばれた」気分になれるものを獲得したり経験したりする。
⑧つながり……関係を持ちたい対象（人やモノ）が、自分と相性が良いことがわかる。
⑨真正性……真実で、本物で、透明性があり、誠実だと感じる。

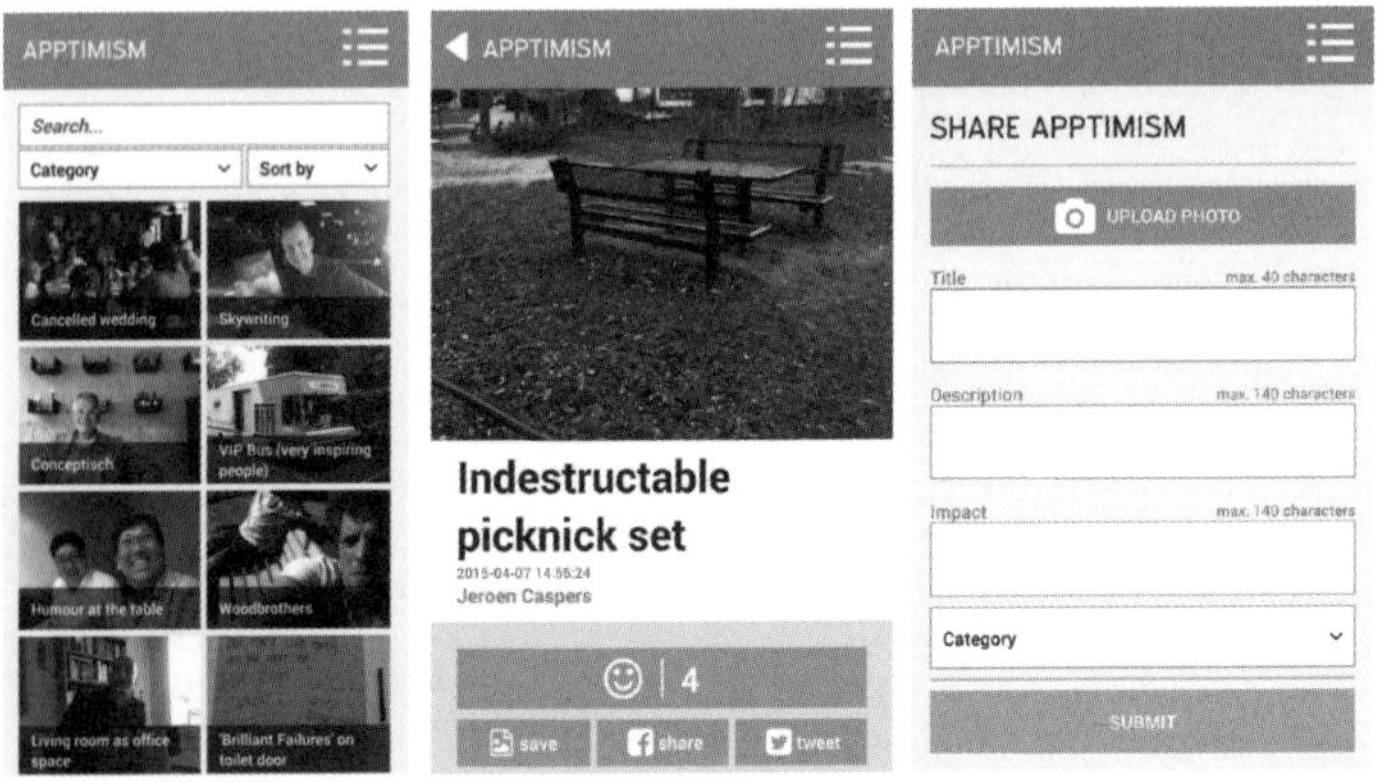

▸ 真剣な楽観主義用のストーリーテリング・ツール「アプティミズム」

▼気持ちが高まるストーリーの共有——アプティミズム

知識を移転し、人々を熱中させるのに重要なのがストーリーの力である。ストーリーテリングがコミュニティ内における知識の蓄積や共有に有効な方法であることは、昔から証明されてきた。最近では、マーケティング、イノベーション、組織再編などのさまざまなプロセスをサポートする管理ツールとして再発見されている。

真剣な楽観主義研究所では、「アプティミズム」(楽観主義を触発するストーリーを指す造語)を共有するためのツールも開発した。これはアプリストアで入手でき、スマートフォンで気分の上がる状況を写真に撮って、セミフォーマットのテキストで説明文をつけることもできる。

真剣な楽観主義の概念は、まだ始まったばかりだが、組織やコミュニティを発展させる際に、より意識的に前向きな活力を使うための洞察が得られる新しい方法

輝かしく失敗する権利に関する世界宣言

前文

成功に向けて共通の野心を持ち、しっかりと準備するがゆえに、プロジェクトや活動は計画や願望と異なる結果になる可能性がある。

「輝かしい失敗」は、たとえ回避可能もしくは不注意による過失がなくても、本来意図した結果を達成できなかった場合に、価値を生み出そうとする試みである。そこから教訓を学び、学習経験が共有されている。

輝かしく失敗する権利を認めることは、心理的安全性と、個人的または組織的な進化の基礎となる。したがって個人だけでなく組織レベルでも、許容し、大局的に捉え、失敗した試みから学ぶ能力の基礎となる。

すべての人と組織が、この世界宣言を常に念頭に置きながら、これらの権利と自由の尊重を促進するために、また、普遍的かつ効果的な認識と順守を確実にする進歩的手法によって努力することを、輝かしい失敗研究所はここに宣言する。

第１条　すべての人は失敗した試みについて許容され、大局的に捉え、そこから学ぶ権利を有する。

第２条　組織や社会のあらゆる層のすべての人が、輝かしく失敗する権利を有する。

第３条　すべての人は、心理的安全性と個人的な進化に対する権利を有する。

第４条　すべての人は、試す権利を有する。

第５条　すべての人は、自己の評判を守る権利を有する。

年　　月　　日

署名

論だと思われる。輝かしい失敗への対処という観点で、この種の考え方が重要なのは、結果がどうなるかわからない活動に対するオープンで前向きな態度と、試みることや得られた教訓を評価する点にある。誰もが輝かしく失敗する権利を持つべきだ！　だからこそ、私たちは世界人権宣言を修正した「輝かしく失敗する権利に関する世界宣言」を提唱する。

▼誕生月効果

現状では、失敗する権利は間違いなく固有の権利となっていない。置かれている環境の組織的な愚かさのせいで失敗した人は、その後、目標達成のためにセカンドチャンスを与えられない傾向すら見受けられる。

この顕著な例が、生年月が成功率に影響を及ぼす「誕生月効果」だ。たとえば、多くのユース・スポーツ・プログラムでは、子どもたちを生まれた年でチーム分けしている。つまり、1月生まれの子どもは、同じ年の12月に生まれた子どもと同じ年齢カテゴリーに分類される。

しかし幼い子どもにとって、この約1年の差は非常に大きい。早生まれの子どもはおそらく精神的にも肉体的にもより発達しているので、より良い成績を出すことができる。そうした子は目立ち、みんなから褒められ、自信をつけ、昇格して上位チームに入って、さらに能力を伸ばしていく。そして、この効果は大人になるまで続くのである。たとえばオランダでは、1月生まれのプロサッカー選手は、12月生まれの選手の2倍以上にのぼるという調査結果がある。

教育でもこの悪しき状況は変わらない。オランダの中等教育システムでは、子どもは年齢だけでなく、能力によっても振り分けられる。4～6年生の高学年の教育は、それぞれのレベルに応じたクラスで行われる。オランダの学校開始日は、通常10月1日である。この日以降に生まれた子どもは、10月1日より前に生まれた子どもよりも、就学が遅くなる。これには一定の効果があることも判明している。10～12月生まれの子どもは、7～9月生まれの子どもよりも、最高レベルの中等教育を受ける可能性が30％高いのだ。おかしくないだろうか？

私は最近、自分の子どもが通う学校に行って、高学年の1年目から2年目への移行に関する説明会に参加した。非常に厳格な要件があり、それを満たさない子どもは教育レベルの低いクラスに追いやると告げられた（学校側は「追いやる」という言葉を使ったわけではないが、そう言ったのも同然だった）。上のレベルの教育を受ける準備がまだできていないと思われるので、そうした運命を甘んじて受け入れる子どもは多いともいわれた。ここから、失敗するのは才能が足りないからというよりも、単にまだ十分に発達していないからだと結論づけられる。

子どもたちはまだ幼いので、セカンドチャンスを与えるほうが妥当ではないかと、私は聞いてみた。結局のところ、誰もが自分のペースで成長するのであり、誕生月が影響するかもしれないのだから。すると、こう言われた。確かにそうだが、ルールはルールだ。追いやってしまえ！

この話が示しているのは、不利な環境の中でセカンドチャンスをつかむ権利がないまま、失敗する可能性があるということである。きわめて有害な組織的な愚かさは、失敗する権利の世界宣言に背くものだ！　子どもですら、この人権が与えられていないのは、私にとって理解しがたいことである。

第8章のエクササイズ

- 最近、前向きな力が湧いてきた状況について考えてみよう。なぜ前向きな気持ちになったのか。その経験からどんな影響を受けたか。自分の経験を少なくとも1人と共有し、その人にそこから学んで元気になってもらおう。
- どんなときにセカンドチャンスを評価するか。最初の試行から何を学んだか、別の方法でどんなことを行ってきたか、2回目に試して成功するには、何が役立つだろうか。

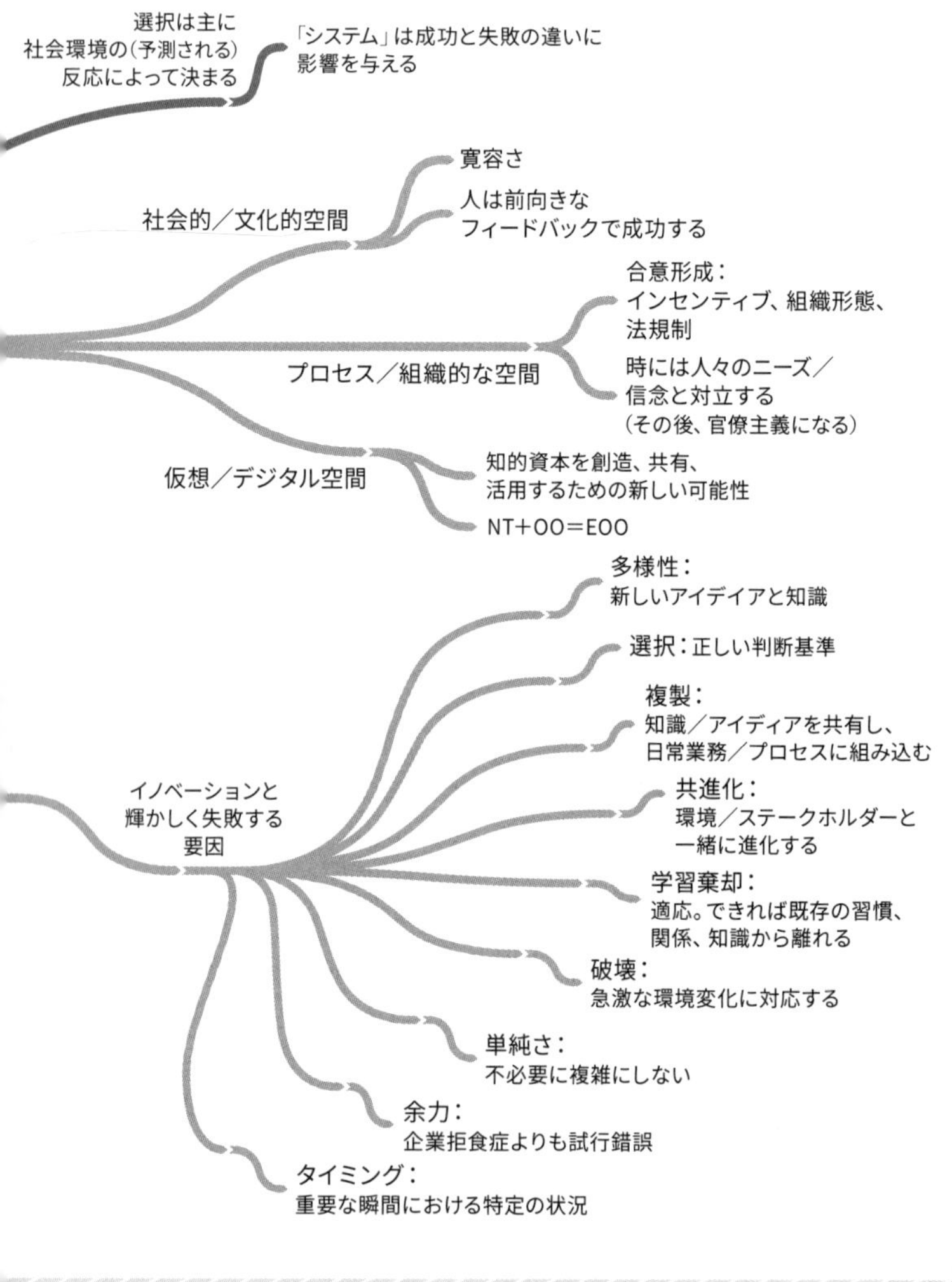
選択は主に
社会環境の（予測される）
反応によって決まる
「システム」は成功と失敗の違いに
影響を与える
社会的／文化的空間
寛容さ
人は前向きな
フィードバックで成功する
プロセス／組織的な空間
合意形成：
インセンティブ、組織形態、
法規制
時には人々のニーズ／
信念と対立する
（その後、官僚主義になる）
仮想／デジタル空間
知的資本を創造、共有、
活用するための新しい可能性
NT＋OO＝EOO
イノベーションと
輝かしく失敗する
要因
多様性：
新しいアイデイアと知識
選択：正しい判断基準
複製：
知識／アイディアを共有し、
日常業務／プロセスに組み込む
共進化：
環境／ステークホルダーと
一緒に進化する
学習棄却：
適応。できれば既存の習慣、
関係、知識から離れる
破壊：
急激な環境変化に対応する
単純さ：
不必要に複雑にしない
余力：
企業拒食症よりも試行錯誤
タイミング：
重要な瞬間における特定の状況

Chapter 8
安心して失敗できる場をつくる

比較：囚人のジレンマ
環境からの影響

個人vs.
協力行動

輝かしい失敗が
あれば、逆になる

「自白」は
（潜在的に）
悪い結果を
もたらす

4つの「空間（場）」

物理的／リアル空間

内部の人々の
感情面に影響を
与える

バイオミミクリー
自然から学べること

リードビーター：
進化するエコシステムとしての
イノベーション環境

同様に：

輝かしい失敗の環境

熱意、9要素：
安心感、柔軟性、寛大さ、連帯感、
成功、美しさ、排他性、つながり、真正性

真剣な楽観主義
楽観主義／現実主義の
適切なバランス

前向きな活力、
輝かしく失敗する
権利

創造性とストーリーテリング

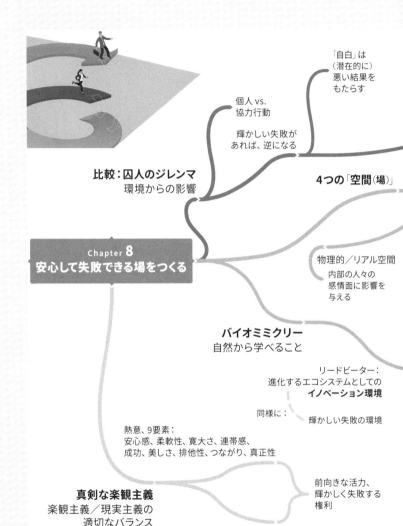

Chapter 9

文化がもたらす失敗への影響

The Influence of Culture on Failing Brilliantly

ホフステードの6次元

英語で文化を表す言葉「culture」は、ラテン語の「colere」に由来する。「cultivate（耕す）」、「cherish（大切にする）」、「fertility rites（豊作を願う儀式）」などの意味が含まれるが、大まかに言うと、物質的、非物質的に社会で生み出されたものを指す。ただしこれは、文化を自然の対極にあるとした場合の説明である。現在はやや異なる意味でも用いられ、人々のビジョンや生き方、つまり、ものの見方、生き方、行動の仕方を指すことが多くなっている。

オランダに関するステレオタイプは、「寛容な国」というものだ。たとえば、オランダ憲法では死刑が禁じられている。しかし、輝かしい失敗をした企業はあまり寛大に受け止められない傾向がある。

たとえば、オランダで企業が経営破綻すれば、アメリカと比べてはるかに冷たい目で見られる。過去に倒産を経験した起業家は、オランダでは資金調達に苦労する可能性が高いが、アメリカでは倒産経験がなければ初心者と見なされ、投資を頼みに来る前にもう数年は頑張って経験を積むように、と言われてしまう。

ここに挙げるのは氷山の一角だが、現地通貨、言語、地理、気候、主要な経済分野（サービス業や製造業など）、富といった特徴にお国柄が表れる。国民の持つ暗黙の規範、価値観、信念によって基本特性が形成されるのだ。

異文化マネジメントの分野では、これは多くの場合、ホフステード・モデルに出てくる論点である。組織心理学の第一人者であるヘールト・ホフステードは、こうした基本的な特性を形成する6つの文化的次元を明らかにしている。

①権力格差……権力を持つ人々と持たない人々の間で受容されている不平等性の程度を指す。

このスコアが高ければ権力格差が大きく、その社会や文化における不平等性が高い水準にある。たとえば、アジア諸国でよく見られるような厳格な階層制度がある場合がそうだ。スコアが低ければ、権力格差は小さい。西欧諸国の多くがそうだが、こうした社会では平等性が高い。

②個人主義・集団主義……個人主義は、コミュニティ内における個人間のつながりの強さを指す。この次元のスコアが高ければ、つながりは緩やかだ。個人主義的な社会では、個々人が自分の時間を持ち、自由であることを非常に重視する。また、プライバシーの尊重とハードワークに対する見返りを求めることも特徴である。スコアが低ければ、より集団主義的な社会といえる。集団の結束が固く、忠誠心を持ち、自分の属する集団のメンバーを尊重する。継続的にスキルを磨き、熟練者や専門家になることに重きが置かれる。また、内発的報酬のために働くことや、率直さよりも調和を大事にすることも、集団主義的な社会によく見られる特徴である。

③男らしさ・女らしさ……男性と女性の伝統的役割という価値観に従って社会生活が営まれている程度を示す。男性的文化では成功、勇敢さ、成功に対する物理的報酬が、女性的文化では協力、慎み深さ、優しさ、生活の質が強調される。このスコアが低い社会では、男女差が比較的小さい。女性でも典型的な男性の職業に就くことができ、協力が非常に重視される。男性もまた繊細で思いやり深いことが許される。

④不確実性の回避……不確実性とは、社会の構成員が馴染みのない曖昧な状況に遭遇したときに抱く不安の程度を指す。このスコアが高ければ、支配(規則や命令)を通じて不確実性が回避されていることになる。そうした社会では、人々はある程度の確実性を期待して集団的真実を求める。スコアが低い社会では、新しい出来事や取組みが歓迎される。人々は互いに打

ち解け合い、変化やリスクをとることに前向きだ。

⑤長期志向・短期志向……この次元は、伝統や昔ながらの価値観に根差した社会的価値観を指し、短期と長期の両方に関連している。このスコアが高い場合、家族が社会の基礎であり、教育が非常に重んじられ、高齢者や男性が若者や女性よりも強い権限を持つ。これは主にアジア諸国で見られる特徴だ。スコアが低い場合、高度な創造性と個人主義を示している。人々はお互いに対等であり、きわめて革新的な計画やアイディアの実現に向けて助け合う。

⑥充足度・抑制度……この次元は、人生を楽しみたいという自然な欲求を自由に満たせる文化を指す。その反対は、厳格な規範が設けられている環境であり、人々が自分の思うままに暮らす自由は制限されている。

失敗や輝かしい失敗を社会がどう扱うかは、主にこうした次元の組合せから推測できることが多く、時には驚くべき結果になることもある。

各国における輝かしい失敗

日本やオランダをはじめとして、各国の失敗の文化の違いを見るために、ホフステードの分析を用いて文化的次元を評価したい。図表9-1に示した日本、オランダ、南アフリカ、アメリカ

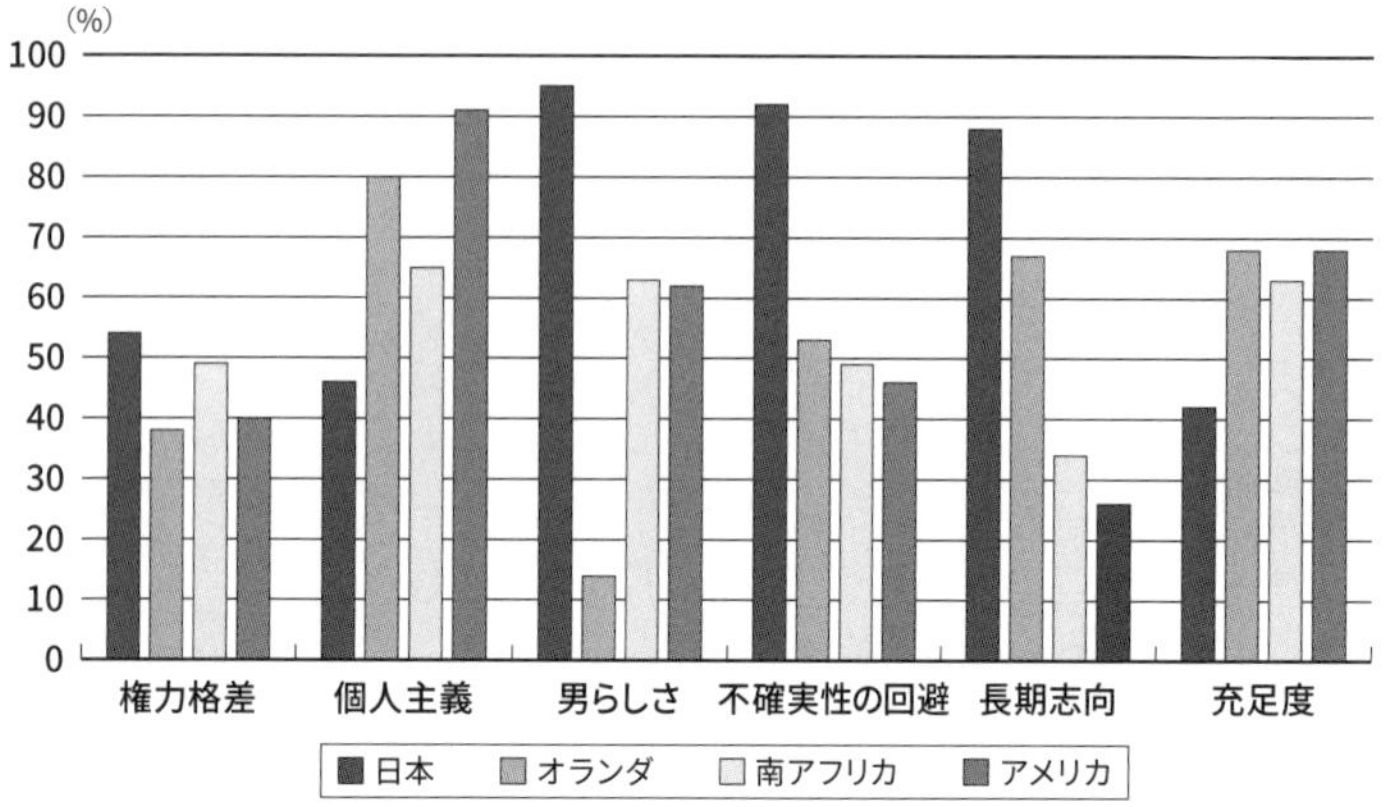

図表9-1 ▶ 文化的次元の国別比較

出所：Hofsted Insightsのデータより作成。

のスコアはホフステード・インサイツというサイトから引用したものだ(1)。

見てのとおり、各国間で大きな違いがある。日本のプロファイルは、権力格差が比較的強く、個人主義は弱く、男らしさの程度が強い。また、不確実性を回避する傾向が強く、長期志向でそれほど充足的ではないといえそうだ。

オランダは権力格差と男らしさのスコアが低く、長期志向はほどほどである。この長期志向は、ダブルループ・ラーニングにおいて重要な役割を果たす。というのも、学んだことの多くを後から使ったり、別の場所に適用したりする際に、現在の文脈を超えて関心を持つ必要があるからだ。

▼日本の失敗の文化

日本の文化的側面を見ると、特に顕著なのが、不確実性の回避と男らしさがともに高スコアで、その

2つが組み合わさっていることだ。これは、一方では大きなことを達成しようという野心があるが、できればリスクはあまり伴わないほうがよいと思っている。

したがって望ましいのは、規模は大きいが非常にコントロールしやすく、抑制と均衡のとれたプロジェクトだ。オリンピックのような大規模イベントを開催することは好まれ、すべてのことが完璧に整備されている状況になることは容易に想像がつく。新幹線のような大規模開発でも同様である。時刻表との誤差は、平均で約18秒とされているが、これは世界の他の地域では類を見ない。

しかし、権力格差のスコアが高く、個人主義のスコアが低いので、男らしさと不確実性の回避の組合せがさらに強化される。「試行錯誤」やアジャイルなアプローチは、あまり支持されない。「小さく行動し、常にベータ版である」ことを受け入れるよりも、「大きく考えて正しく行う」ほうが日本人の思考法に合致するようだ。これは長期志向によってバランスがとれて、もしかすると失敗に関連するプロセスも含めて、学習プロセスに役立つ可能性がある。

▼オランダの失敗の文化

オランダ文化の特徴は、個人主義、長期的な思考、生来の権利である自由の尊重・重視が高いレベルにあることだ。階層構造はごく限られ、女らしさのスコアが高い。平等が重要な役割を果たすが、他方ではみんな自分自身や身の回りのことに集中している。

輝かしい失敗の対処法において、これはどんな意味を持つのだろうか。オランダ人は一般的に、集団の中であまり目立ちたがらないので、大きな目標を成し遂げようとリスクをとる人は必ずしも高く評価されない。失敗しても同情されるとは限らないのだ。学習体験などの共有に対しても、必ずしも前向きではない。同時に、物事がうまくいかない場合でも現状がきちんと整理できていれば、(上司も含めて)他人の目を気にしない。全体として、これは失敗が大事に至らない環境といえるが、あえて危険を冒すことで褒められようと思ってはいけない。

さらに、オランダではみんなが発言権を持ち、議論に参加したがる。このコンセンサスに基づく手法のメリットは多くの場合、決定事項が広く支持されることだが、そこには欠点もある。決定までに時間がかかり、いったん決まると、後からより良い方法が見つかっても、撤回しにくいことが多いのだ。その結果、失敗の型でいう「捨てられないガラクタ」(中止が遅れる)状態に陥ってしまう。

ホフステードの研究によると、平等主義と考えられる国に住む人は世界人口のわずか約10%(アメリカ、イギリス、ドイツ、スイス、オーストリア、オランダ、北欧諸国)にすぎず、他の国はもっと階層重視である。

したがって、失敗の文化について日本やオランダと他国を比較してみることは興味深い。アメリカ、ノルウェー、インドネシア、韓国、アフリカの状況について、各国関係者への取材や寄稿をもとに見ていこう。

アメリカの失敗の文化
（スタートアップの仲介者・エンジェル投資家 エリザベス・クラインフェルトの寄稿）

なぜスタートアップが失敗するか、また、こうした失敗に対する認識が欧米でどのくらい違うかを考える際には、新世界に移住した人々の冒険精神の影響を知ることが重要である。移住者たちは自立している。生き残って成功するために頼れるのは自分だけだ。

アメリカには「沈むか、泳ぐか」という考え方がある。泳げなければ、誰も助けに来てくれないので、溺れてしまう。ジェレミー・リフキンが著書『ヨーロピアン・ドリーム』の中で書いているように、(2)ヨーロッパにおける夢は、コミュニティとして協力し合い、自分の面倒を見られない人にはみんなが手を差し伸べるように私たちを奨励する。

これを念頭に置くと、アメリカではスタートアップと投資家が積極的に多くのリスクをとろうとする理由が見えてくる。彼らは確実に成功するかどうかは自分次第だと理解している。シリコンバレーのスタートアップの多くの創業者は、何度か失敗を経験しておかないと、自分にとって不利になりかねないことを知っている。なぜなら、失敗から学ぶことで適切なアプローチを見つけやすくなるからだ。

エリック・リースは著書『スタートアップ・ウェイ』の中で、最も成功している起業家は成功するまでに数回失敗してきたと書いている(3)。

オランダと比べて、アメリカはより個人主義的で、はるかに男らしさの程度が強く、それほど長期志向ではない。オランダで経営破綻すれば、投資家などとの人間関係があるので問題視されることが多い。関係者の期待を裏切ったことになるのだ！　アメリカでは、この要因はそれほど重要ではなく、状況を見ながらチャンスをうかがい、再び試みようとすることが多い。

別の要因として、アメリカでは四半期ごとの結果が重視される(短期志向の結果だ)。今四半期に破綻しても、翌四半期の結果に響かないとすれば、誰が気にするだろうか。

スタートアップの史上最大の失敗例を紹介しよう。もっとも、この失敗から得られた知識は再利用できたことで、小売部門をことごとく破壊しようとするアマゾンの動きに一定の役割を果たした可能性がある。

ウェブヴァンの躓き

▼**最初のねらい**……ウェブヴァンは、ドットコム全盛期の1998年に発足した。食料品を含めて全種類の製品の在庫や配送をソフトウェアで管理できるというアイディアが、起業のきっかけとなった。ボーダーズ兄弟が創業した同社には、上場前に1億5000万ドルの資金が集まった。

▼**アプローチ**……調達した資金はウェブサイト構築と、配送トラックや高度に自動化された配送センターなどの物流インフラ整備に充てられた。ウェブヴァンは10億ドル規模の契約を結び、26カ所に配送センターを建設した。

▼**結果**……ウェブヴァンは自社の顧客をよく理解していなかったことが判明した。ほとんどの買い物客は果物、野菜、肉を自分で選びたがり、ウェブヴァンが当初提供していなかったクーポンも利用したいと思っていた。おまけに、人はよく衝動買いをするのに、ウェブヴァンでは24時間前に注文する必要があった。30分刻みで時間指定すると、変更がきかない。荷物を受け取るために、自宅で待機していなくてはならないのだ。ウェブヴァンを試しに利用した人のうち、次回も注文したのはわずか半分だった。

▼**学んだ教訓**……創業者が事前にやるべきことをやって顧客理解を深めていたなら、ビジネスモデルをはるかに素早く変更することができただろう。業界知識も不足してい

たうえ、食料品事業はきわめて利益率が低かった。26カ所の配送センターの稼働率はわずか35%で、ベルトコンベヤーで運ぶときに商品が傷んでしまうこともあった。創業者が成長モデルを使って、これまでの配送センターの欠点を踏まえて新たに設計していれば、もっとうまくやれたはずだ。

▼**後日談**……出版業界に集中していれば、おそらくもっとうまくいっただろう。創業者たちにはこの分野の経験があった。ボーダーズという書店チェーンを立ち上げて、最終的にKマートに売却していたからだ。ウェブヴァンのビジョンはアマゾンと似ていて、競争相手になっていた可能性もある。1994年に創業し、オンライン小売業のトッププレーヤーとなったアマゾンは現在、オンライン食料品販売事業にも参入しているが、ウェブヴァンから学んだ教訓を着実に活用することだろう。

ウェブヴァン創業における大胆さや推進力、そのコンセプトに対する投資は、おそらく当時はアメリカでしか起こりえなかっただろう。ヨーロッパでは、売上と健全な利益が見込めなければ、絶対に投資してもらえない。ヨーロッパでは、リスクの見方がまったく異なるのだ。

これは、特にアメリカ文化の男性的な性格の影響が見られるところで、オランダと比べて、リスクテイキングやオール・オア・ナッシング（大成功か、すべてを失うか）という態度がはるかに一般的だ。オランダでは、お互いに面倒を見ることがより重視されている。失敗すれば、お互いへの目配りが行き届かなかったことになるのである。

ヨーロッパ人がアメリカのスタートアップのビジョンから学べることは、起業時にすぐに資金を使い果たさないように気をつけることだ。資金難になれば、事業を拡大できないという危険を冒すことになる。というのも、あまりにも性急に焦点を変えすぎて、収益をあげられず、その結果、些細なミスや初期段階の過失を抑えられなくなるからだ。しかし実際には、それこそが持続的な成功に欠かせないものである。

ノルウェーの失敗の文化

（インターネット起業家　トゥルルス・ベルグの寄稿）

ノルウェーはもともと、必要に応じてお互いに助け合う農業社会だった。これは今日でも見ることができる。たとえば、ノルウェーには「Dugnad（デューグナッド）」という概念があり、地域の人が集まって修繕し、ペンキを塗り、片付けをする。

高いレベルで協力し合う平等主義の社会だ。加えて、山が多くて四季のあるノルウェーは、ヤシの木陰に座って、実が落ちてくるのを待っていたい人に適した場所ではない。人々は腕まくりをして行動を起こす。

また歴史家は、他の多くの国と違って組織の管理者が畏敬の念を持たれない理由を、ノルウェーには貴族が存在しなかったからだと説明する。実際、ノルウェーの組織では上司と部下の間にほとんど差がない。

伝統的なノルウェー文化は非常にインクルーシブ（包摂的）だ。誰もが敬意を持って扱われ、他人の間違いを指摘することは失礼に当たる。ノルウェーの雇用主は基本的に、何としてでも良い雰囲気を保つという上位の目標のために、問題を公にしないことが長らく伝統となってきた。

一般的な見方では、イノベーションを成功させるには、間違いを受け入れることが重要とされる。実際に、失敗から学ぶためには失敗について語る必要がある。しかし、この考え方はノルウェーではまだ目新しく、組織ではごく限られた範囲でしか実践されていない。急成長中の革新的なノルウェー企業は、人、地球、利益に関心を向けることなど、生活の質やよりインクルーシブな思考に関係した目標へと移行しつつある。しかし一世代前は、長く勤めてきた従業員が昇進するのがごく当たり前だった。こうした状況では、あまり失敗に注意を向けないほうがよい。

ノルウェーのマネジャーは「すべての道はローマに通ず」という基本的な考え方に

立って、幅広く議論することが多いので、意思決定に時間がかかる。このインクルーシブなやり方は、オランダのコンセンサス重視のやり方と似ている。それを弱さの印と見る向きもあるが、人脈づくりを重んじるノルウェー人の見方は違う。ノルウェー企業の約98％は中小規模であり、パートナーシップを必要としている。ただし、そのためには時間と労力が必要で、ビジネス環境の複雑性が増す要因となっている。

アメリカ人のリーダーは迅速に意思決定して行動するかもしれないが、ノルウェーやオランダのようにネットワーク重視の文化では総じてペースがはるかに遅い。

こうした文化は、ダニエル・カーネマンが２０１１年に著書『ファスト＆スロー』で紹介した教訓を肝に銘じたほうがよい[4]。意思決定に多大な時間と労力がかかるので、最終的にそれが最良の意思決定ではなかったとしても、とかくその事実を認めにくい。また、ややもすれば失敗は公表されず、公表されたとしてもかなり後になってからだ。しかも、失敗についてお互いに話すのは難しいことが多い。なぜならば、結局は相互の合意の上での決定事項だからである。

しかし、変化も起こりつつある。ノルウェーは現在、成功と失敗の両方について、少しオープンになってきた。世界のリーダーたちに囲まれて、イノベーションで重要な役割を果たすためには、成功と失敗は両方とも必要だという見方さえもある。すべての人が平等で、本当にうまくいかなければ女性的な側面で守られる文化的イデオロギーによって、「ノルウェー発イノベーション」は新しい価値創造の形を生み出せるかもしれない。

ノルウェーは天然資源（自然の美しさ、石油埋蔵量、水力発電）に恵まれ、何十年も「ロトランド」（宝くじの国）と呼ばれてきた。もちろん、その事実もこの地で失敗することを幾分容易にしている。実験して、失敗から学ぶ機会があるのだ。おそらく、ノルウェーでは今後ますます「Brilljante Fiaskoene」（ノルウェー語の「輝かしい失敗」）という言葉が聞かれるようになるだろう。

リニア・アクアビット——躓きと学び

▼**最初のねらい**……リニア・アクアビットのコンセプトは19世紀にノルウェーで始まった。アクアビットは、ジャガイモを原材料とし、キャラウェイシードで香りをつけた酒である。ヨルゲン・リースホルムはノルウェーのトロンハイムという町にアクアビット蒸留所を所有していた。リースホルムの母親と叔父は事業を拡大させたいと思い、海外の新しい市場を探し始めた。
▼**アプローチ**……海外市場で売り出す目的で、大型帆船でアジアにアクアビットを大量

に輸送した。

▼**結果**……この試みは不成功に終わった。製品は売れ残り、トロンハイムに5樽が送り返されてきた。すると、リースホルムは、返品された酒がこれまでよりも芳醇な味になっていることに気づいた。ノルウェーは当時、干しダラを世界中に出荷していた。リースホルムはタラを輸送する船の甲板にアクアビットの樽を積み、世界中を旅した後で回収し、ボトル詰めすることにした。

今日でも、リニア・アクアビットはこの製法でつくられている。オーク樽に詰めて、赤道直下を超えてオーストラリアに行ってから戻ってくるのだ。各ボトルのラベルの内側を見ると、その酒がいつ、どの船で旅したかがわかる。

▼**学んだ教訓**……これはセレンディピティの例で、代替形の成功を受け入れている。ちなみに、数週間かけて樽に入った酒を揺するなどして、濃縮処理の機械化が試みられたが、専門家によると昔ながらのやり方にかなわなかったという。

インドネシアの失敗の文化
（社会起業家〔B・iDネットワーク・ファンデーション創設者〕レニー・ルースとティエリー・サンダースの寄稿）

オランダと比べて、インドネシアは、はるかに階層的で、はるかに個人主義的ではなく、男らしさの程度がかなり強く、直ちに要求に応えることが重視される。インドネシア人は非常に社交的で、おしゃべりしたり一緒に何かをすることが大好きだ。至る所で「desama（デサマ）」（一緒にする）という言葉が飛び交う。インドネシア人は総じておとなしく、リーダーやマネジャーが「話し合いをやめて仕事をしよう」と言えば、みんな仕事に取り掛かる。

インドネシアでは、面子をつぶされることは最悪の事態の1つだ。ミスを犯した場合、それを認めまいとして、なるべく長い間、触れたがらない。しかしその結果、新たなミスが積み重なる。こうして何カ月も間違った状態が続き、上司に報告することもない。経済と社会の両方に影響を及ぼす問題を、自分で解決しようとするのだ。しかし、ミスに気づくのは早いに越したことはない。そのほうが、そこまで深刻な影響は出ないだろう。

オランダ人もミスを犯すことを好まないが、それが学習の機会になることもある程度は認識している。しかしインドネシアでは、たとえば大きな契約を結ぶことで、誤った安心感を求めようとしがちだ。こうしたことは特に大企業にありがちで、正式な書類はすべて分厚いフォルダに綴られ、その作業に膨大な時間が費やされる。

インドネシア文化の別の側面は、起業家が大勢いることである。逆説的だが、インドネシアには社会的なセーフティネットがないので、リスク軽減のために起業することが多い。経営者を含めて多くの人々が、現業以外に小さな事業を営んでいる。このやり方であれば、1つの収入源が失われても、常に別の方法で生計を立てられる。

BiDネットワークの躓き

▼**最初のねらい**……BiDネットワークは、専門知識や資本にアクセスできるようにすることで、新興国市場の中で成長が見込まれる起業家を支援する目的で設立された。5年かけて、新興国市場の起業家にとって最大のオンライン・プラットフォームに成長した。

▼**アプローチ**……BiDネットワークは、資金援助を受けて、独自のウェブ・プラットフォーム「BiDx」を発足させた。BiDxは、銀行、アクセラレーター、ファンド、会計士、コンサルタントなど、中小企業の成長にかかわる組織にオンライン・

ポータルを提供している。こうした組織はB-iDxを使って、起業家、投資家、コーチのために独自のコミュニティを構築することができる。プラットフォームでは、アドバイザーやコーチ、資金を持つ投資家と、起業家とをマッチングする。2010年、B-iDxは名誉あるG-20中小企業ファイナンス・チャレンジ〔途上国の中小企業を支援するための官民連携スキーム〕で優勝した。

▼**結果**……当初はうまくいかない点がいくつかあった。第1に、テクノロジーを過度に信頼しすぎた。融資が承認される前に、システム内で十分なチェック&バランス機能が働き、問題のある企業は弾かれると思っていたのだ。第2に、問題があれば、すぐに連絡が来ると思い込んでいた。

この2つが重なって、多くの問題を引き起こすことになった。たとえば、本来は不可能なはずだが、雇った仲介者の多くが汚職に手を染め、規則をすり抜けていた。そして、B-iDの従業員はそのことを知りながら、何カ月も経営陣に報告を上げなかった。このため、回復不能な融資案件に多額の資金を投入することになった。これは組織内の一番下の人間が声を上げるのを恐れたことによる負の結果であり、問題がさらに拡大した。

韓国の失敗の文化

（オランダ駐在韓国人で、ソウルの西江大学校客員教授　ブーワン・バイウンの寄稿）

第２次世界大戦の直後、韓国は世界の最貧国の１つだった。朝鮮戦争後、韓国は急発展を遂げ始めた。国民は必死に働いて知識経済を受け入れ、福祉とウェルビーイング（幸福）に関するランキングは急上昇して、今ではかなり上位につけている。この進歩は産業分野で特に顕著であり、サムスン、ＬＧ、起亜自動車、現代自動車などの大企業が出現したことからもわかる。韓国の発展は集団的に達成されたというのが大方の見方である。

韓国では、失敗の話はしにくい。これは韓国文化を分析すれば、すぐに理解できる。韓国の組織では職位の間に大きな隔たりがある。これは、２つの点で失敗をめぐる風潮に影を落としている。たとえば、部下は質問するのをためらう。問題の存在を上司に伝えるとなれば、さらに腰が引けてしまう。上級職の人は責任を感じ、失敗を認めれば面子がつぶれると考える。

韓国人は非常にリスクを嫌う。これは多くの影響をもたらす。たとえば、創造性と起業家精神が欠けてしまう。韓国の社会的セーフティネットは限られているので、公務員になりたがる若者が多い。官僚主義も目立つ。ルールを守っていれば、たいして失敗することはない。

韓国では同族企業が多く、階層構造になっているので、主要な意思決定はすべてオーナー経営者や上長が直接行う。経営者や上長がリスクを厭わない企業では、実験や失敗はタブーではない。大企業は多くの場合、そうするだけのゆとりがある。

その良い例が、大失敗したサムスンのスマートフォン「ギャラクシー・ノート7」だろう。このデバイスには欠陥があり、自然発火することが判明したのだ。正確な原因は突き止められず、この種の製品がいかに複雑であるかがわかっただけだった。この輝かしい失敗は「アインシュタイン・ポイント」型（複雑すぎる）の典型例で、製品を素早く市場に投入しなければならないというプレッシャーが強かったことや、当初はこの不具合を隠蔽しようとしたことなど、いろいろな要素が含まれている。

この例で興味深いのは、この製品のリコールで莫大な経済的損害が生じ、一時的に評判が落ちたにもかかわらず、サムスンが騒ぎ立てなかったことである。人生は続いていく。半導体事業が好調なこともあって同社の財政状態は良好で、誰も解雇されなかった。

アップルやサムスンなどの企業が、民主的でフラットな組織の代表格でないことも興味深い。スティーブ・ジョブズは、イノベーション研究でよく出てくるサーバント・リーダーシップをまったく信じていなかった。

より個人的なレベルでは、失敗の話題ははるかにデリケートだ。階層、集団主義、長期志向、リスク回避が組み合わさっているので、組織、家族、社会全体において面子を失うことは、かなり受け入れがたいという社会規範がある。

韓国では、燃え尽き症候群はほとんど報告されない。なぜなら、個人的な失敗と見なされるからだ。しかし、(一部にはそのせいで)韓国では自殺率が非常に高く、経済協力開発機構(OECD)加盟国中でトップとなっている。特に、比較的年配の女性の自殺が多い。若者の自殺率が低いことは興味深く、明るい材料と言えるが、それでもオランダの約2倍にのぼる。

なぜ自殺するほど極端に物事を考えるかについては、さまざまな理由がある。韓国経済は、少なくともマクロレベルでは、かなり順調に推移している。深刻な金融危機や経済危機は起こっていない。2013年の危機の際も経済成長率は2・9%を記録した。この点において韓国は、明らかに他の国に後れを取ってはいない。自殺率が高い原因はより根源的で、失敗に対する不寛容さが一定の役割を果たしていることは明白である。過去数年間で、韓国の政府高官が何人も、不祥事が指摘された後で自ら命を絶っている。

結論として、韓国では失敗は認めがたいものであり、国民はこの事実を非常に意識していると言ってもよい。失敗を含めて、想定外の経験や実験から学ぶことの重要性や価値を強調するキャンペーンを行えば、社会的に良い影響をもたらす可能性がある。

アフリカの失敗の文化

（アフリカ専門の持続可能性コンサルタント　エミール・ハネカンプの寄稿）

アフリカ諸国の間には大きな違いがあり、それがリスクと失敗の認識に影響している以上、当然ながら、ほんの少し語っただけでアフリカ文化を徹底的に分析したと結論づけるのは難しい。しかしオランダと比較すると、いくつかの特徴的な違いがある。アフリカでは権力格差と男らしさの度合いが非常に大きいが、それほど個人主義的でも、長期志向でもない。

ほとんどのアフリカ諸国で、失敗に対処し、そこから学習することが難しい理由の1つは、特に公共の場では決して否定的なフィードバックをしないことにある。アフリカと西側諸国の双方の関係者が介在したプロジェクトの失敗から学ぼうとすると、ほぼすべての文化的な特徴によって複雑化する。

たとえば、よく言われるように、ヨーロッパ人とアフリカ人との時間感覚はまったく違う。ヨーロッパ人は時間を線形現象と見なしている。プロジェクトは連続的なステップで計画し、期限とスケジュールは守らなくてはならない。時間厳守と柔軟性に優れた組織が強調される。これには長期志向も関係している。

アフリカ人は時間をより柔軟なものとして捉えていて、遠い未来にはあまり関心を向けない。プロジェクトのステップは時間刻みではない。都合の良いときに作業を行い、マルチタスクが発生し、中断が認められる。組織を超えた適応性や柔軟性が重視される。これには学習の要素も絡んでくるが、意識的に身に付けた知識ではないので、持続的に蓄積して共有されることはまったくない。

このように物事に対する取り組み方がかけ離れている根底には、日常的にどのくらい不確実性に対処しなくてはならないかという問題がある。たとえば、想定外の大雨で道が水没する中で、目的地にたどりつけるか。電気が通った状態で、インターネット、携帯電話サービス、印刷設備などが使えるか。なかには、営業日かどうかもはっきりしなかったり、明日が祝日になるかどうかが決まるのは前日になってから、という国もあるのだ。

失敗を受け入れて学習することのプラス要因となりそうなのは、たとえばオランダの人々と比べて、アフリカの人々がより集団志向であるという事実だ。ここでいう

「集団」とは、主に地域社会を指す。これはおそらく、輝かしい失敗をもっと受け入れて学習するための鍵でもある。地域の集団内ならば、みんなが自分のストーリーを語ることができ、より積極的に知識を受容して適用するだろう。

次の例は、プロサッカーの世界と2つの国家間の両方における、数々の文化的要因が招いた失敗を示している。

中国資本によるサッカークラブの買収

（人事管理の専門家　ジャスミン・チャンの寄稿）

北京出身の裕福な実業家である王輝にとって、２０１４年初頭から２０１７年の１月までは、間違いなく容易ならざる期間だった。国際的なＭ＆Ａが容易に進むことはめったにないが、１１１年の歴史を誇るオランダのサッカークラブ、ＡＤＯデン・ハーグの買収は想像以上に困難を極めた。この契約に関するオランダ各紙の報道は「救命活動」から「完全な失敗」まで多岐にわたった。

▼**最初のねらい**……王のマーケティング会社、ユナイテッド・ヴァンセン・インターナショナル・スポーツは、ADOデン・ハーグ（第2次世界大戦以降、国内大会での優勝はなく、1975年以降、オランダカップでも勝ち星はなかった）を買収し、一流クラブにしたいと考えていた。目標は、欧州選手権に出場することだった。

王は、オランダ人コーチを中国に派遣し、若いサッカー選手を育成する意向があることも発表した。この戦略は中国政府の当時の対外投資政策に沿ったもので、ヨーロッパのサッカークラブに投資した中国人実業家は王が最初ではなかった。

▼**アプローチ**……2014年後半、890万ドルで買収話はまとまった。クラブ側は2015年1月に新オーナーと会った。王はクラブ側に410万ドルを投じることを約束したが、2015年の9月と11月に支払いは行われなかった。クラブの経費について説明されるまで支払うつもりはないと、王は主張したのだ。

2015年9月、元中国代表の高洪波がアシスタントコーチに就任するために、就労ビザを取得してオランダに到着した。オランダでは、誰もこのことを知らされていなかった。当時のADOデン・ハーグのコーチ、ヘンク・フレイザーは、高が後任を務めるのかと聞かれたときに、「正直なところ、彼とは2、3回話をしただけです。とにかく、彼は私のトレーニング・スタッフの一員ではありません」と答えた。

▼**結果**……2015年、戦略的なビジョンの違いを理由に、ADOデン・ハーグのゼネラル・ディレクターが辞任した。支払いが延期されたため、同クラブは2016年1月に流動性危機に直面し、オランダのサッカー運営組織、王立オランダサッカー協会（KNVB）の監督下に置かれた。王は透明性をもっと高めるように主張したが、ADOデン・ハーグは、それよりも支払いをするように求めた。中国人マネジャーにこの問題を調査させるという王の提案は却下された。

株主総会が開かれたが、王は姿を見せず、2回目の会議に王の息子が出席した。ADOデン・ハーグのサポーターは、王の言動は信頼できないとし、会議に出席しないことを激しく非難した。クラブ側は最終的に王に対する訴訟を起こし、2016年11月に勝訴した。約束の支払いは2017年1月末に行われたが、ADOデン・ハーグは依然としてKNVBの監督下にある。

▼**学んだ教訓**……この状況を逆の立場で考えてみるのも興味深い。王が繰り返し主張したのは、自分の資金を使ってADOデン・ハーグが何を行ったのかを知りたいということである。「あなた方はどうやら私が投じた資金を前借りしたようだが、いったい何に使ったのか」。王が、クラブのオーナーだからといって、自分で仕切れるわけではないことに気づいていなかったのだ。公式には、オランダのサッカークラブの日常的な管理を行うのは、マネジメントチームである。王の単純明快な理屈は、「計画

がなければ、カネは出さない」だが、買収に合意した際には他のことも述べている。「私たちの対立に解決策があろうがなかろうが、全額耳を揃えて払おう」

この一連の出来事は、物理的、文化的な距離によって思うように進まなかった。中国系欧州企業では信頼できる中国人仲介者がよく起用される。これがうまくいかず、王は信頼を失った。中国の親会社は多くの場合、一般的により個人主義的な西洋企業に、より集団主義的な中国文化を押しつけようとする。失敗を「文化の違い」のせいにするのは、おそらく回避可能な間違いだとするよりも、常に簡単だからではないだろうか。

現実的な問題も重なり、このプロジェクトはさらに複雑化した。有名な元サッカー選手の高を異動させることが、オランダ移民法とサッカー選手やコーチのヨーロッパへの移籍規制に抵触したのである。

▼**後日談**……約20のサッカークラブに何十億もの投資が行われた背景には、主に中国の習近平国家主席のサッカー愛があったと考えられてきた。しかし2017年、中国政府は対外投資政策を厳格化させ、サッカークラブへの投資を明示的に禁止した。これによって生じるのが、関係団体にとって、そこにどんな未来があるかという問題である。彼らのうち何人が輝かしい失敗を経験するだろうか。

行政に関係する失敗

仕事を請け負うにせよ、協業するにせよ、行政は特別な世界といえる。行政機関はいつでもどこでも存在し、社会の中でさまざまな役割を果たしている。規制機関でもあり、パートナーでもあり、サービス提供者でもある。たとえるならば、さまざまな環境や文化を包含する多頭の怪物だ。一例を挙げると、政治と行政事務の間には大きな違いがある。

さまざまな会話から、行政がどのようにリスクや失敗に対処するかが明らかになった。政治の世界はあまり寛容ではない。野党は輝かしい失敗と責めを負うべき過失とを区別せずに、あらゆる間違いを責め立てようと常に身構えている。しかも、衆目にさらされている。メディアの役割は、問題を突き止め、検証し、議題にすることだ。

しかし、成功していない部分に着目すれば、現実を歪めて見たり、極度にリスク回避的になってしまう。メディアと世論はたいていの場合、政治の優先課題に影響を及ぼす。それ自体は問題ではないし、関連性のありそうな問題は確実に取り上げられる。しかしその結果、複雑で厄介な問題が先送りにされて、即時の判断が見送られるのは好ましいことではない。

私たちは民主主義をアドホクラシー〔その時々で場当たり的に対処する姿勢〕に置き換えないように注意しなくてはならない。成功を認められること〔アップサイド〕は、失敗時に批判されること〔ダウンサイド」よりもはるかに少ないので、リスクの高い問題やプロジェクトは回避されることもある。この影響は官公庁でも見られ、市会議員、事務次長、大臣などに対して新しいアプローチをとることで起こりうる結果を慎重に考慮する。

行政機関の人々は往々にして、個人的に関与していない問題であっても、また、行政が対処すべき大規模でかつ複雑な問題に取り組もうと日々全力を投じているかどうかには関係なく、辞任せざるをえなくなる。これは秘密でも何でもない。よく知られる「バナナの皮ですべる」型（アクシデント）は、性的スキャンダルなどの個人的に物議を呼ぶ問題から、仕事用メールサーバーの使用や密かに録音する行為まで、さまざまな形をとりうる。その結果が公平かどうかではなく、行政機関に属する人々が（多くの場合、善意に関係なく）薄氷を踏む思いをしているのは事実だ。

特別に誰かのことを気の毒がる必要はないが、みんなが恐怖に駆られて職務上のリスクを回避し始めたり、失態を隠さなければならないと感じるとすれば、それが公益に資するかどうかを問うのは当然である。

より良い未来のための実験

（オランダ経済・気候政策省事務総長　マールテン・カンプスの寄稿）

複雑な問題は、たいてい大胆に取り組んだほうがよい。とにかく有望な提案から着手していけば、政府は対象を定めて調整しながら、経験を積めるようになる。この方法で、国家レベルとヨーロッパ全体の社会問題に対処し、行き詰まりを打開することができる。

今後数年間で注意を払うべき主要な問題として、循環経済への移行、食糧供給、安全なデジタル化、エネルギーの移行、労働市場、ヘルスケアなどがある。対象を絞った政策から始めて、必要に応じて調整を図りながら、複雑な問題に大胆に取り組むということは、市民と企業が関与することを意味する。

このプロセスでは、イノベーションと変化に伴う不確実性をあえて受け入れることが重要となる。[5] 不確実性が高い状態があまりにも頻発すれば足踏み状態に陥り、チャンスは活かされない。政策のリスクと不確実性に多くの注意が向けられる。

大胆なアプローチが必要なのは、1つには、政策立案がますます動的環境下で行われるようになっているためである。つまり、法改正をより頻繁に行う必要があるわけだが、この種の適応には、かなり長い時間を要する。

社会的なダイナミズムも存在する。今日の市民や企業には、特にデジタル・コミュニケーションを通じて、自在に情報を収集して処理するスキルやツールが多数あり、自分の意見を表明する機会も増えている。これは政策の実行を複雑にするとともに、その強化にもつながる。市民は団結して新たな開発を阻止しやすくなる一方で、公益を守るために自ら立ち上がって本気で取り組む機会も増えるのだ。

多様なものが絡み合う動的な世界では、従来の政策立案のやり方が適切であるとは限らない。ここから、複雑な問題の解決に向けてより効果的な方法があるのではないかという問いが出てくる。その答えは、3ステップで進めていくことだ。

まず、市民と企業が共通の目標を持つ。次に、具体的で対象を絞った手段から着手する。そして最後に、事実情報に基づいて政策を調整する。これには大胆さが必要だが、いまだに欠けていることが多い。議論を繰り返し、調査を始めて、実際のステップは先延ばしされる。なぜなら、リスクの最小化という予防原則を重視するからだ。有望な提案から始めていけば、イノベーションの余地が生まれる。

「着手」とは、実験の手はずを整え、そこから学ぶことも意味するのかもしれない。最初に小規模かつ漸進的な実験やシミュレーションを計画したほうが賢明なこともある。しかし時には、意図した学習効果を得るために、全国的または他の国と共同でより大規模で広範囲のステップを踏んだり、「現実」の世界で開始したほうがよいこともある。どちらの実験計画法を選ぶにせよ、本質は常に変わらない。政府が介入し、その有効性に関する情報から学習し、必要に応じて介入を調整するということだ。

実験をするときには、関係者と一緒に適切な準備を経る必要がある。そうすれば、貴重な情報が得られ、政府は市民や企業により良いサービスを提供し、社会目標を達成することができる。

実験は学習を可能にし、新しいアイディアを生み出し、望ましい効果をより身近なものにする。結局はそのことに尽きる。なぜなら、私たちは社会目標を実現するために、あえて新しい道を模索しなくてはならないからだ。

電子カルテ（EHR）プロジェクト

（オランダ文部科学省審議官　マルセーリス・ブーレボームの寄稿）

2008年3月1日、私はオランダ保健福祉スポーツ省審議官に初めて就任した。介護に加えて、電子カルテ（EHR）システムの導入を担当することになった。

私は個人的にとてもやりがいを感じていた。複数の慢性疾患に苦しんできた人間として、さまざまな介護事業者と接し、食事療法を行い、9種類の薬を服用してきたので、ＥＨＲの重要性はよくわかっていた。

　しかし、それ以上に重要だったのは、当時の政治的、社会的な条件が追い風になると考えられていたことだ。全国的なＥＨＲシステムを開発する話は、２０００年代初頭にはすでに持ち上がっていた。下院に提出された直近の提案は、早急に動くように内閣を促すものだった。

　私たちが行った意思決定は、素晴らしいものに見えた。大きなデータベースを１つつくるのではなく、各医療サービス提供者がそれぞれの記録を保持し、他の医療関係者は患者の許諾を得たうえで、国の交換局経由でその記録にアクセスする。緊急時には、直接アクセスすることもできるが、正当な理由を示す必要があった。また、アクセスのたびに記録が残され、オランダ国民はインフォームド・コンセントを通じて参加意向を示すことができる。下院は満足したようで、基本法案は賛成多数で可決された。このように幅広い支持を得て、大臣の１人が強く推したこともあり、上院通過は固いと思われた。ところが、これは幻想だったことが後に判明したのである。

　まず、プライバシーの問題に十分に対応できていることに確信が持てない上院議員が一部にいた。国内ＥＨＲシステムの有用性と必要性についても疑問が呈された。比較的シンプルな問題に対する解決策としては、複雑すぎるのではないかというのだ。主要な全国紙はこの議題についてさまざまな辛口の記事を掲載した。オランダのデータ保護当局もきわめて批判的で、上院が助言を求めたラテナウ研究所（欧州議会技術評価局のメンバー）も同様の見解を示した。

しかし、それ以上に大きかったのが、かかりつけ医が重要な役割を果たす医療業界自体からの抵抗である。当時、ＥＨＲプロジェクトを阻む重大な問題は、他にも２つあった。まず、可決されたばかりの新しい医療保険法に、医療業界の一部が激しく抵抗した。保険会社の影響力が強くなり、顧客が負担した医療費を把握したうえで選択的に保険契約を結ぶのではないかと懸念したのだ。そして、何よりも恐れていたのは、保険会社がＥＨＲシステムにアクセスできるようになることだった。

医療における、避けられるはずの死や医師間のバラツキに関する公開討論も、別の問題を提起した。匿名化されたＥＨＲシステムは、医療の品質を評価するのにそれほど適さないのではないか。介護品質の向上に向けた相互評価に利用できないのではないかというのだ。

こうしたことが一気に持ち上がったため、上院通過は次第に疑わしくなった。そして最終的に、この法案は満場一致で否決されてしまったのである。

私は、保健福祉スポーツ省を去る時に受けた取材で、ＥＨＲプロジェクトの失敗が専門家として一番失望したことだと告げた。これは今日でも変わらない。しかし、私にとって、在宅介護サービス団体ミアビータの破綻とともに、最も重要な学習経験にもなった。

第1の学習経験は、論点は常に文脈の中で考慮すべきだということである。EHRプロジェクトは、新しい医療保険法の発足直後に立ち上がったので、選択的な契約と患者の安全性に関する公開討論に阻まれた。

第2に、私たちは現在ほどインターネットに関する知識を持ち合わせていなかった。タイミングが完全にずれていたのである。

第3に、合理性と感情（どちらも等しく価値があり、関連性がある）の間に大きな隔たりがあることが改めて明らかになった。

第4に、個人的に思い切り打ち込んでいても、また、特に関係する内閣大臣、事務次官、プロジェクトリーダーが全員等しく動機づけされていても、視野狭窄に陥る危険がある。

そして最後に、後から振り返ってみれば、医療業界にもっと深くかかわってもらってもよかった。私たちにとって、定義上、議会は大いなる尊敬の対象であり、常に正しい。

エーリック・ヘリッツェンは、オランダ保健福祉スポーツ省の事務総長で、医療業界におけるイノベーション環境を改善しようと非常に積極的に取り組んでいる。医療業界と失敗の関係を特徴付けるものは何かと聞いたところ、彼はこう答えた。

「医療業界はオートポイエーシス思考をとっている。これは生物学の用語で、自己生産という意味だ。生物学では、適切な状況と適切な構成要素があれば、システムは自然に生まれ、自ら維持することができる。

ところで、すべてのシステムは本質的に保守的だ。ある時点で、環境面の課題と一致しなくなり、『システム世界』の変革が必要になる。オランダの医療制度は特に保守的だ。これには2つの理由がある。

まず、オランダの医療制度は比較的うまくいっているのに、なぜそれを変えなくてはならないのか。他のほとんどの国よりもオランダで病気になるほうがマシだという考え方がある。

第2に、私たちは『やりたいけれども、できない』という心理的な監獄を築いてきた。やりたいけれども、許されていない。資金が得られない。プライバシーの観点で許されない。……問題は、これが部分的に自ら招いた痛みかもしれないということだ。

医療業界は、他の業界よりもはるかに細かく、顕微鏡で見るように調べるが、これは理にかなっている。というのも、介護を必要とする患者は、他の人たちに完全に依存しているからだ。

頼った相手が失敗すれば、深刻で致命的な結果にもなりかねない。

だからこそ、信頼が医療業界で重要な概念になっているのである。医療従事者が安全に学び、改善できるようにすることも大切だ。医療業界で起こった事件は往々にして大ごとになり、専門家が懲戒処分を受けたり、訴訟沙汰になるなど、さまざま問題に発展しかねない。そう考えるだけで気が滅入ってくる。

たとえば、医療データの記録を用いたさまざまな実験が進行中だ。こうした『手術室のブラックボックス』は、学習目的で使うために、画像と音声を記録する。ただし、航空業界と違って、検察庁や医療検査官は記録されたデータを使うことができる。学習と改善の重要性を優先させるため、こうしたデータの請求はなるべく控えると検査官はこれまで述べてきた。

しかし、法的権限は依然として存在し、検察官はこれを変更することはできない。そこで欠かせないのが相互の信頼である。患者と検査官の医療従事者に対する信頼だけでなく、実際に学習して改善する余地を作る検査官に対する、医療従事者の信頼も必要である。

当然ながら、青少年の保護でさえ問題が起こる場合がある。継続的な評価を含めて『人間がやること』なので、その過程でミスは起こりうる。いまだに不必要に虐待を受ける子どもがいるのはそのためだ。代替案は何もしないことだが、その結果、関係する子どもたち全員が虐待を受け続けることになる。

医師にしても、治療をしなければミスはなくなる。しかし、外科医の過失で傷つけられた子どもの親だとしたらどうだろうか。人間に関することなので、リスク回避はさらに一層克服しがたいこととなる」

成功が過信と傲慢を呼ぶ

（オランダ保健福祉スポーツ省事務総長　エーリック・ヘリッツェンの寄稿）

▼**最初のねらい**……エーリックは、地方自治体に勤めていた2006年に、アムステルダムで迷惑行為を起こす多問題家族の案件を扱い、経験を積みながら成長した。エーリックは自分なりに検証済みのアプローチをとることにした。それは、システム全体を考慮に入れて全関係者を一箇所に集めて、共に問題解決を図ってもらうやり方だ。システムの世界観にとらわれて立ち往生しないように、関係する専門家たちには、「とにかく解決しろ。問題があれば、上司に連絡しろ」とハッパをかける。それで成功してきたので、そのまま拡大して展開することにした。

▼**アプローチ**……最初のプロジェクトでは何もかもが順調だった。実践にかかわる人が全員参加した。このアプローチを200家族に広げた後で、アムステルダムの他の地域でも実施した。「わかりきったことをやり直す必要はない」という論理に従って、

最初に説明書をつくって配布し、人々を数日間訓練すれば、すべてうまくいくだろうと考えたのである。

▼**結果**……ところが、それではうまくいかなかった。というのも、最初にこのアプローチを考案して発展させたのは、展開先の人々ではなかったからだ。彼らはエーリックと同じ経験や知識を持ち合わせていなかったため、このアプローチを習得しなかった。横展開のプロセスは難航し、時間を浪費する結果となったのである。

▼**学んだ教訓**……単に横展開をするのではなく、関係者を巻き込んだほうがよい。誰もが独自の学習プロセスを経て、自分のためにまた一から作り直しながら、その技法について習得しなくてはならない。他の場所で開発された良い実践法は、せいぜい発想の源として学習プロセスの加速に役立つ程度である。そのまま横展開を図るだけでは、すでに失敗したのも同然だ。

1つの組織で上司が1人であれば「横展開」は可能だが、ある組織から別の組織へとなると、まったく別の話となる。学んだ教訓を要約すると次のようになる。

- 最大の成功は最大の失敗になりうる。
- 傲慢さに気づけるように注意する。
- 自画自賛のために会議を開くことは、良い実践を台なしにする最良の方法である。

第９章のエクササイズ

- 環境や組織がホフステードの次元でどのくらいのスコアになるかを評価し、失敗やその対処に関する文化的特性を見極める。関連する特性はどれで、障害はどこにあるのか。実験と学習のために文化を変えるには何が必要か。
- 個人的な見解として、政府に失敗が許される領域と許されない領域はどれか。

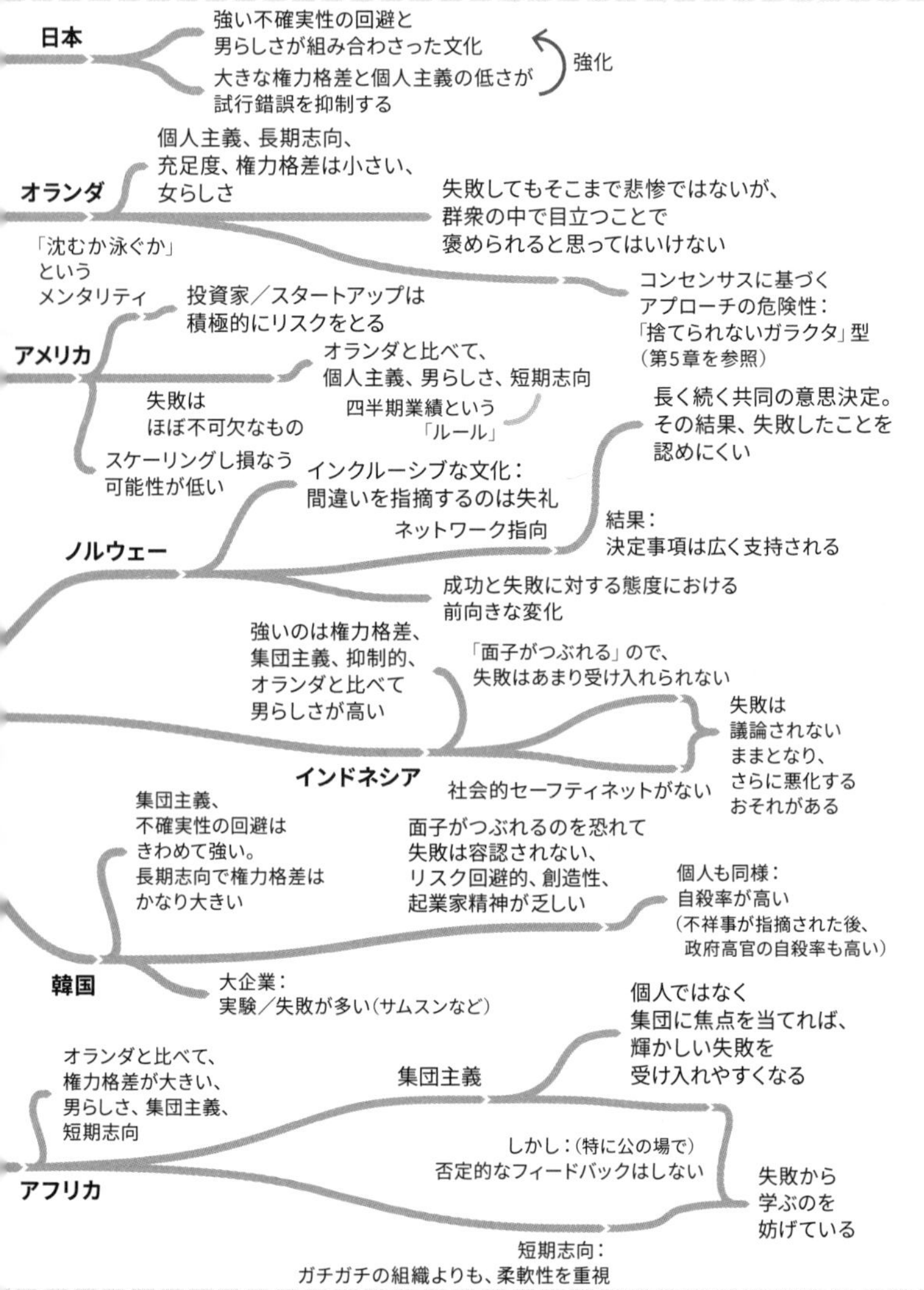
日本
強い不確実性の回避と
男らしさが組み合わさった文化
大きな権力格差と個人主義の低さが
試行錯誤を抑制する
強化
オランダ
個人主義、長期志向、
充足度、権力格差は小さい、
女らしさ
失敗してもそこまで悲惨ではないが、
群衆の中で目立つことで
褒められると思ってはいけない
「沈むか泳ぐか」
という
メンタリティ
コンセンサスに基づく
アプローチの危険性：
「捨てられないガラクタ」型
（第5章を参照）
アメリカ
投資家／スタートアップは
積極的にリスクをとる
オランダと比べて、
個人主義、男らしさ、短期志向
四半期業績という
「ルール」
失敗は
ほぼ不可欠なもの
スケーリングし損なう
可能性が低い
ノルウェー
インクルーシブな文化：
間違いを指摘するのは失礼
ネットワーク指向
長く続く共同の意思決定。
その結果、失敗したことを
認めにくい
結果：
決定事項は広く支持される
成功と失敗に対する態度における
前向きな変化
インドネシア
強いのは権力格差、
集団主義、抑制的、
オランダと比べて
男らしさが高い
「面子がつぶれる」ので、
失敗はあまり受け入れられない
社会的セーフティネットがない
失敗は
議論されない
ままとなり、
さらに悪化する
おそれがある
韓国
集団主義、
不確実性の回避は
きわめて強い。
長期志向で権力格差は
かなり大きい
面子がつぶれるのを恐れて
失敗は容認されない、
リスク回避的、創造性、
起業家精神が乏しい
個人も同様：
自殺率が高い
（不祥事が指摘された後、
政府高官の自殺率も高い）
大企業：
実験／失敗が多い（サムスンなど）
アフリカ
オランダと比べて、
権力格差が大きい、
男らしさ、集団主義、
短期志向
集団主義
個人ではなく
集団に焦点を当てれば、
輝かしい失敗を
受け入れやすくなる
しかし：（特に公の場で）
否定的なフィードバックはしない
失敗から
学ぶのを
妨げている
短期志向：
ガチガチの組織よりも、柔軟性を重視

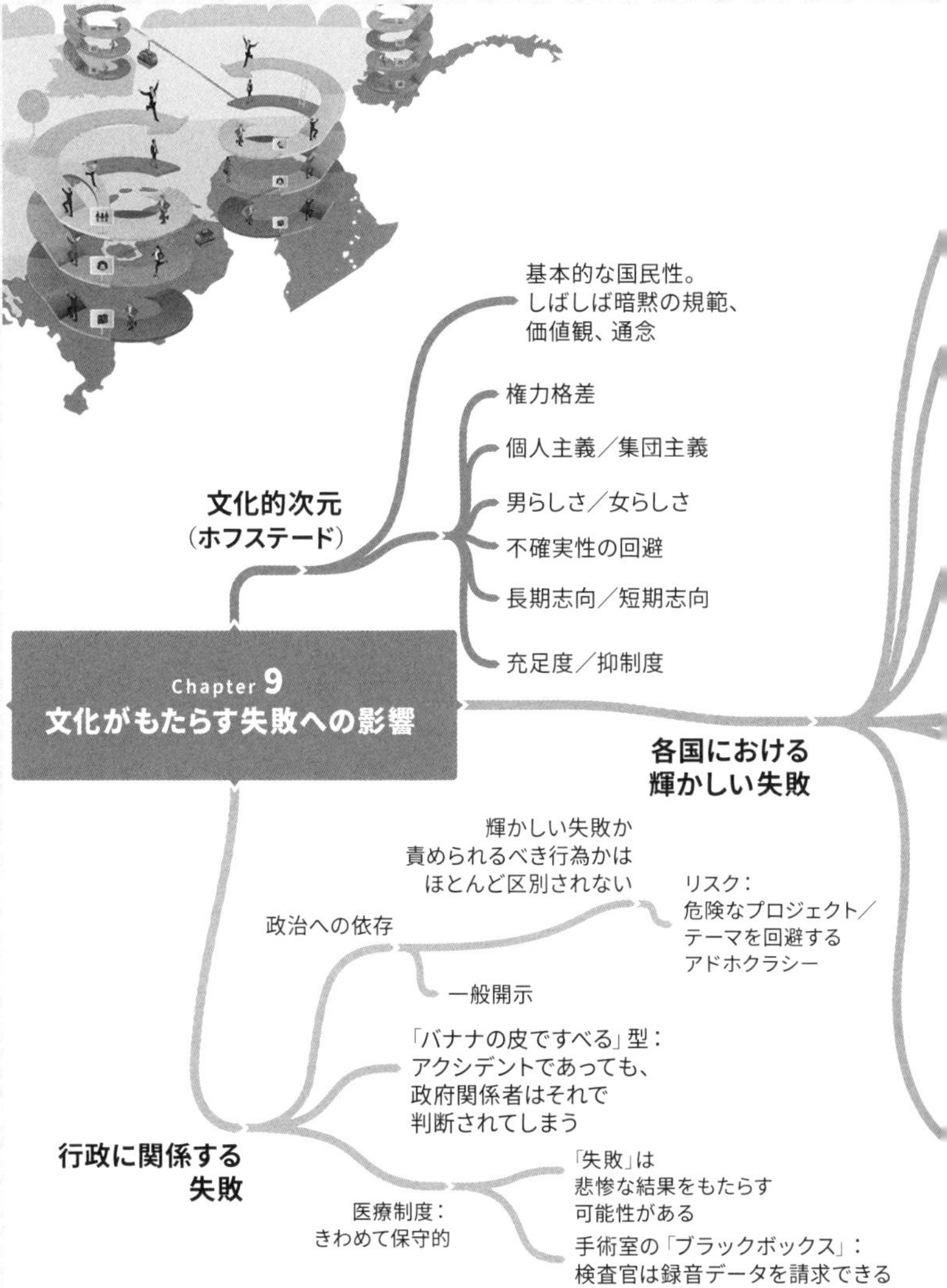
Chapter 9
文化がもたらす失敗への影響
文化的次元
（ホフステード）
基本的な国民性。
しばしば暗黙の規範、
価値観、通念
権力格差
個人主義／集団主義
男らしさ／女らしさ
不確実性の回避
長期志向／短期志向
充足度／抑制度
各国における
輝かしい失敗
行政に関係する
失敗
政治への依存
輝かしい失敗か
責められるべき行為かは
ほとんど区別されない
リスク：
危険なプロジェクト／
テーマを回避する
アドホクラシー
一般開示
「バナナの皮ですべる」型：
アクシデントであっても、
政府関係者はそれで
判断されてしまう
医療制度：
きわめて保守的
「失敗」は
悲惨な結果をもたらす
可能性がある
手術室の「ブラックボックス」：
検査官は録音データを請求できる

Chapter 10

「輝かしい失敗研究所」の活動

The Institute of Brilliant Failures

輝かしい失敗から学ぶための環境を整備する

輝かしい失敗研究所（ＩｏＢＦ）は、双方向的な知識創造に向けた環境整備に着手した。これは、進行中のプロジェクトや活動に関する知識の投稿を魅力的かつ簡単にするものだ。このオープンな知識創造の場として最初に目につくのが、ＩｏＢＦのウェブサイトである。多くの詳細なケーススタディをはじめとして、研究所が収集、共有している知識のさまざまな側面にアクセスすることができる。

本書ではここまで、失敗の型やＢｒｉＦａ学習スパイラルなどの概念や、失敗に対する主な考え方を紹介してきた。型はナラティブ形式で想像力に訴えかけるので、失敗を共有するうえで重要な役割を果たす。型にはストーリーの一部が含まれ、主人公になることもあるが（兵隊のいない将軍、アカプルコの断崖ダイバー、捨てられないガラクタ）、敵役のほうが多い（見えない象、財布を間違う、チョルテカの橋、深く刻まれた渓谷、アインシュタイン・ポイント、右脳の功罪、熊の毛皮、欠席者のいるテーブル、バナナの皮ですべる、ブラックスワン、ポスト・イット、電球の発明、勝者総取りの理）。

ＢｒｉＦａ学習スパイラルは、今、学習プロセスのどの段階（事前、途中、事後）にあるかを判断するのに役立つ。また、型とスパイラルを使った共通言語は、知識共有にきわめて有益であることが証明されている。

したがって、ＢｒｉＦａ学習環境には、知識が含まれている知識システムとしての側面と、どの知識が利用可能であるか、また、どこでその知識が見つかるか（知識を持っている人の存在など）を示す知識情報システムとしての側面がある。

輝かしい失敗を共有する動き

メディアや学術誌で報告されるのは、おおかた良い研究結果ばかりである。プロジェクト報告書も、主に成功した結果とその実証が中心となりがちだ。そこでの苦闘、誤った方向転換、内部的な問題、意図しなかった結果が説明されていることは稀にしかない。人は知識そのものよりも結果に関心があるといえそうだ。

ある研究者は論文を発表した後で、前提の１つが間違っていることに気づいた。論文の結論が正しくないことがわかったので、その研究者は修正論文を書いた。ところが、最初の論文を発表したときの出版社は、修正論文の掲載を拒んだのである！

主要な学術誌には、いまだに否定的な調査結果があまり掲載されない。アムステルダム自由大学の精神分析医で研究者でもあるジョエリ・タイディンクによると、多くの研究者や出版社はインパクトのある出版物にこだわる「インパクト偏愛症」に苦しんでいるという。否定的な研究結果を報告する論文は引用されないのではないかと恐れて、否定的な結果から得られた教訓を共有することは相変わらず難しい。

これでは知識とリソースが無駄に費やされ、個々の研究者だけではなく、研究分野全体にとっても悪影響が出てしまう。おそらく、仮説と方法論を出版の指針にしたほうがよい。仮説と方法論が十分な根拠に基づき、確立された学術的基準に従って研究がしっかりと実施されている限り、どんな内容であれその結果は妥当である。

明るい兆候として、否定的な研究結果に関する潮流を変えようとする動きが見られる。たとえば、#OPENSCIENCE運動に触発されて、使用した生データ、資料、コード、手順をオンラインで公開するよう研究者に求める学術誌や研究機関が増えている。*Journal of Negative Results in BioMedicine* や *Journal of Negative Results in Ecology and Evolutionary Biology* などでは、否定的な研究結果にますます注目が集まっているという。

輝かしい失敗研究所は率先して「輝かしい失敗ジャーナル（*Journal of Brilliant Failures*）」を発行

▶ オランダの輝かしい失敗ジャーナル
左：ヘルスケア第１号（2017年12月）　右：第２号（2018年12月）

してきた。２０１７年12月に発行された第１号では、ヘルスケア特集を組み、「輝かしい失敗アワード２０１７　ヘルスケア部門」にノミネートされた10件の事例を掲載した。

輝かしい失敗を称える

楽しみながら起業家精神について認識と理解を深め、リスク、実験、学習に対処する方法として、輝かしい失敗研究所では輝かしい失敗アワードのコンテストを主催している。関係者は賞の選考にあたって、リスクをとり、希望や予想と異なる結果を受け入れ、あらゆる経験から学ぶことの重要性について議論する。

問題のある環境、つまり失敗を認めにくい環境において、輝かしい失敗の認知度を高め、失敗した活動から学ぶ具体的な機会を見つけるために、最も称賛に値する興味深い教育的経験、つまり、最も輝かしい失敗のコンペも行う。最も価値ある刺激的な学習経験に賞を贈ることは、問題の環境について議論することの重要性を広く知らしめるのと同時に、出発点を具体的に示し、さらに発展させるための事例収集に役立つ。

こうしたプロジェクトは単一の組織内でも実施できるが、より大規模に実施することもできる。

▼輝かしい失敗アワード――開発協力部門

輝かしい失敗研究所は数年間にわたって、スパークという団体やオランダ外務省と協力して、開発協力部門の最も輝かしい失敗アワードを授与してきた。ここでの中心的な考え方は、戦争、病気（エボラ出血熱）、自然災害（津波、ハリケーン、地震）、貧困など、混沌とした悲惨な環境では、すべての開発援助活動がすぐに望ましい結果を出せると期待するべきではないということだ。

にもかかわらず、自分が貢献したこと、特に寄付金が効果的に活用されているかに対して、私たちは非常に批判的だ。当然ながら、援助する人たちに無能感を抱かせたり、重要だがリスクのある支援を控えることは絶対にあってはならない。活動に参加する組織、スタッフやボランティアは、世界をより良い場所にしたいと思っている。こうした人々が、たいていは快適な自宅から傍観している私たちから不当に脅かされていると感じる状況を、私たちは本当に望んでいるのだろうか。

初めのうちは候補となる団体からの抵抗に遭った。特に広報部門は評判を損なうことを恐れて、共有すべき輝かしい失敗はあるかと質問しても、あまり答えてくれなかった。援助プロジェクトが実際に失敗し、費用がかさみそうだとわかれば、マスコミが大々的に取り上げ、一般市民や政治家がそれに反応し、たとえば、予算が削減されてしまうかもしれない。組織は年次報告書の公表には非常に前向きだが、もちろん、そこに輝かしい失敗への言及はない……。

幸いなことに、時間とともに候補となる事例を見つけやすくなった。今では、困難な問題を解決するために、複雑さや潜在的な失敗を避けていないことを証明するために、あえて年次報告書に失敗事項を載せるNGOさえ存在する。彼らがやらないなら、誰がするというのだろうか。

COOCENKI——輝かしい失敗アワードの開発協力部門受賞（2010年）

▼**最初のねらい**……COOCENKI（コンゴ北キブ州中央協同組合）は、加入する25の村の農産物のマーケティングを担っている。1990年代後半には、農家が生産した農産物の買取りや集荷に充てる流動資産がなかったため、きわめて非効率なマーケティング活動が行われていた。そこで、ベルギーのNGO、フレイデスエイランドンが信用保証を提供することにした。

▼**アプローチ：最初の試み**……フレイデスエイランドンは各村につき1000ドルを用

意した。COOCENKIは1998年から2002年にかけて、特にフレイデスエイランドンから資本性借入金（負債ではなく資本と見なされる借入金）の形で経済支援を受けて、各村の協同組合に貸し付け、収穫期に加入農家の農産物を買い入れて販売できるようにした。

▼**結果**……1村当たりの借入金は数千ドルにのぼった。協同組合はこれほど多額の資金を管理した経験がなく、たちまち返済不能に陥った。当初の資本性借入金は跡形もなく消えてしまったのである。

▼**アプローチ：2回目の試み**……農産物が正しく配送されないという問題が頻繁に起きていた。お金も返済されないまま数年が経ち、COOCENKIは貸付金の提供はやめて、独自に代理人を雇うことにした。代理人がお金をもって協同組合を訪問し、農産物の集荷量と釣り合う金額を渡すことにしたのだ。

▼**結果**……代理人は、一定量の豆やトウモロコシが「すぐ近くで」入手できるだろうと頭から信じ込んでいた。ところが、一度にすべての場所を回りきれず、同じ場所に何度も足を運ぶこともできなかったので、農家から言われるままに、所定の金額を払うことが頻発した。ただし、納品された農産物が正確な量だったことは一度もなかった。

▼**アプローチ：3回目の試み**……COOCENKIは納入システムを全面的に見直し、預貯金、注文書、返済から成るまったく新しい信用保証システムを導入した。村の協

同組合は、一定量の農産物が集荷可能になったらCOOCENKIに連絡する。その後、COOCENKIが金額を書き込んだ注文書を、協同組合が地元の貯蓄信用協同組合に持ち込む。貯蓄信用協同組合は、COOCENKIの担当者と一緒に注文書が正しいかどうかを確かめ、預貯金額を見ながら必要な融資を行う。村の協同組合はその資金を加入農家への支払いに充てて、農作物を中央倉庫へ搬入するよう手配をする。その後、COOCENKIは農産物の代金を支払い、協同組合が借入金を返済できるようにする。

これが全員にとってウィンウィンの状況をもたらした。貯蓄信用協同組合は短期融資の利息を受け取れる。村の協同組合は農産物を迅速に、効果的、自立的に販売できる。そしてCOOCENKIも追跡調査のコストを抑えられるので、リスクが低減し、効率性が向上したのである。

▼学んだ教訓……海外からの支援なしでも、大規模な商取引を開始して持続させることはできる。海外資金は匿名組合による債務と見なされていたので、誰も適切に管理する責任が自分にあるとは感じず、正しい返済が行われなかった。最初の失敗を経て、今では地元密着の自立した組織が、個々の農家や近隣農家の預貯金の状況に応じて貸し付け、返済も管理するようになった。こうして回収をめぐる問題は解消された。

第1期の債務は免除されなかったが、COOCENKIはヘルプデスクを設置した。

返済できなかった債務者が新しい取組みを始めることを奨励し、新たな活動で収益を出せるように支援し、その利益を返済に回せるようにしてきた。しかし、最も重要な学習経験は間違いなく、今日に至るまで海外支援を受けずに、地元のリソースを使って大規模な商取引を開始し、持続できると証明してきたことである。10年前の輝かしい失敗がなければ、誰もこのやり方を発見できなかっただろう。

2007年以降、COOCENKIは国連の世界食糧計画に年に数回、大量の豆とトウモロコシ粉を供給している。効率的な購入システムがなければ、実現できなかっただろう。

▼**後日談**……COOCENKIとフレイデスエイランドンだけでなく、さまざまな開発機関の間で、特に政策と戦略の分野における学習効果があまねく広まっている。というのも、多くの開発機関がこうした失敗に遭遇してきたからだ。最も重要な学習経験は、海外NGOは公的な銀行や信用組合ではないため、地元の人々は直接融資を受けられないということだった。

▼輝かしい失敗アワード——ヘルスケア部門

ヘルスケア業界は、失敗の対処方法を学ぶことで多大な価値が得られる非常に重要な業界である。医療関係のイノベーションはとても難しい。広範囲に及ぶ法規制、財務モデル、さまざまな利害が絡んだ多様な組織、急速に発展する医学や技術など、信じられないほど複雑であるからだ。患者や医療従事者、施設管理者、政府から、科学や技術まで、（すべてではないにせよ）多くのステークホルダーがイノベーションに関与する、幅広く多様な分野でもある。

複雑さの要因は、医療分野のミスが往々にして患者の安全にかかわることにある。ミスは直ちに健康上のリスクにつながり、死因にもなりかねない。そのため、ヘルスケア業界の環境がリスク回避を特徴とするのは無理からぬことだ。医療制度では、リスクをとって得た教訓を他の人々に共有した関係者に報いるインセンティブはほとんどない。言い換えると、だからこそ、ヘルスケア業界向けプログラムを立ち上げて、不要なリスク回避行動を減らし、学習能力を向上させることが得策となる。

このために用いられてきたのが「進化するシステムとしてのヘルスケア業界」というメタファーである。これは可能な実験をして、良い結果や悪い結果を評価し、共有し、適用することへとつながる。こうしたアプローチを成功させるためには、影響力を持つ多数の関係者の関与と支援が必要となる。一例を挙げれば、オランダ保健福祉スポーツ省が中心となって動き、オランダ健康研究開発機構（ZonMw）がプロジェクトの後ろ盾となってきた。

先述したように、最も価値ある刺激的な学習経験を表彰することは、問題の環境について議論することの重要性を広く知らしめるのと同時に、出発点を具体的に示し、さらに発展させるための事例収集に役立つ。ここで重要なのが、社会的インパクトに着目することである。この良い例が、２０１４年の輝かしい失敗アワード、ヘルスケア部門の受賞者である。

外科手術に代わる子宮動脈塞栓術

——輝かしい失敗アワードのヘルスケア部門受賞（２０１４年）

１９９５年に子宮筋組織にある良性腫瘍の新しい治療法が発表された。筋腫に栄養素と酸素を送り込む血管を小さな合成粒子で塞ぎ、血流を止めて筋腫を収縮させるというもので、外科手術が不要になる。

アムステルダム大学学術医療センター（ＡＭＣ）のＥＭＭＹ（子宮動脈塞栓術と子宮全摘術との比較）試験では、子宮動脈塞栓術のほうが良い結果となった。入院期間が短く、回復が早いので、医療費もかなり抑えられる。また、施術後のクオリティ・オブ・ライフはどちらも同様で、長期的にも変わらなかった。

ＡＭＣの研究者で治療に介入する放射線科医のジム・リーカーズ教授は、無作為の多施設共同研究を企画したところ、十分な数の患者が参加に前向きなことがわかった。この研究では、塞栓形成は臨床的には手術と同等だが、患者にとって大きなメリットがあった。[1] リーカーズは、2005年に終了したこの研究によって、開発結果をすぐに実施できる注目すべき研究に贈られるZonMwパール賞を受けた。

医療専門家を対象に厳格な品質基準を設けて資金供与を行っているオランダ財団の支援を受けて、婦人科医会はその後、ガイドラインを変更した。外科手術の代替手段として、子宮動脈塞栓術について患者と話し合うように定めたのだ。その結果、耳が痛いほどの静寂が訪れた。この新しい治療法を実施しようと、あらゆる努力が払われたにもかかわらず、実際にはほとんど何も変わらなかった。オランダでは毎年約5000人の子宮筋腫の患者が手術を受けているが、子宮動脈塞栓術を受けるのはわずか200人である。

子宮動脈塞栓術を行うのが放射線科医であることが主な理由だとリーカーズは指摘する。患者は婦人科医に同僚を紹介してもらう必要があるが、実際には行われない。リーカーズによると、「医療専門家は縄張り、より婉曲な言い方をすると『専門的自治』を守ろうとする。わかりやすく言えば、自分の患者には手を出すな、ということだ。経済的な問題もあるが、大学病院の専門医は給料をもらっているので、他の利害関係が働いている。たとえば、手術のやり方を学ばせないといけない研修医を抱えていたりするのだ」。

リーカーズの知る限り、うまくいっているのは1例だけだという。オランダのティルブルフ市の事例で、放射線科医と婦人科医が協力して、何年も前から子宮動脈塞栓術を行っている。「彼らは医療行為を共有して利益を分け合っている。彼らは一緒に、オランダの他の地域を合わせた数とほぼ同数（200回）の子宮動脈塞栓術を実施している」

ここまでは2014年の話である。以来、患者が常に最も適切な治療を受けられるように、新しいガイドラインを実装するための現実的な取組みが行われてきた。子宮動脈塞栓術を選んだほうがよさそうな場合でも、依然として子宮摘出術が用いられることはあるが、それほど一般的ではなくなりつつある。

この失敗がどのように「輝かしい」のかと疑問に思うかもしれない。こうした問題は、医療従事者が患者から最善の医療を奪ったから起きたのだろうか。そもそも、どのくらい意図的にそういうことが行われたのか、私たちには知る由もない。

重要なのは、オランダで子宮動脈塞栓術を促進する立場でストーリーを考えてみることである。このアプローチを実践したところ成功し、多くの他の事例にも適していることが証明された。しかし、管理された試験的環境や、既存のビジネスモデルや財務モデルの範囲内で収まる病院でうまくいけばいいという話ではない。ともすれば思いどおりにいかない財務面のインセンティブも含めて、オランダの複雑な医療制度の中でもうまく機能させなくてはならないのだ。

この状況は、「ＰｏＣはＰｏＢではない」というイノベーションの知恵と比較できる。輝かしい失敗の型でいうと、「熊の毛皮」に要注意ということになる。審査員によると、これが優勝候補となったのは、ＢｒｉＦａスコア（Ｖ×Ｉ×Ｒ×Ａ×Ｌ）が高かったからだという。

- Ｖ（ビジョンの価値）は高スコア。侵襲的治療の代替手段なので、患者の恩恵は大きく、従来の子宮筋腫の治療法よりも安価である。
- Ｉ（インスピレーションやコミットメント）は極めて高スコア。
- Ｒ（リスク管理）は高スコア。困難な病状であり、長期的にこの治療が十分にうまくいくかどうかは事前にわからない。
- Ａ（アプローチ）は高スコア。この治療法は注意深く開発、実施され、効果の研究が幅広く行われてきた。
- Ｌ（学習体験）は高スコア。新しい治療法を学ぶと同時に、あらゆる利害関係、インセンティブ、習慣を持つ複雑な医療システムについても最終的に学習することができた。

この例は、複数のステークホルダーが関与するイノベーションに関して、複数の視点から影響を判断することの重要性も示している。この考えを表しているのが、ヘルスケア業界でかなり支配的な「欠席者のいるテーブル」型である。

もう1つ、ヘルスケア業界でよく見られるのが「財布を間違う」型で、今回のケースもこれに相当する。オランダのヘルスケア制度における資金の手当ては複雑で、通常はイノベーションが抑制される。成功の実現に必要な関係者が、成功から金銭的な恩恵が得られなかったり、逆に損失を被ったりすることもある。この現象が特に顕著になるのが、ＰｏＣからＰｏＢへの移行を含むイノベーションの拡大局面である。オランダのヘルスケア業界におけるイノベーションに関する２０１７年の部門間政策報告書（ＩＢＯ）でも、この点が指摘されている。

多くの場合、規模を拡大する際にはより大きな投資が必要とされ、関係者が協力して、さまざまな持続可能なやり方で医療ニーズを満たさなければならないが、すべての関係者が直ちに関心を示すわけではない。システムの責任者が何らかの手を打たなくてはならないのだが、誰がその責任者になるのだろうか。

実験と学習の組織風土を診断する

本書の各所で説明してきたように、想定外や望ましくない展開を受け入れ、そこから学習するうえで、環境が重要な役割を果たす。人々や組織が世界を探索し、あらゆる経験から学べる余地があって初めて、輝かしい失敗の真価が発揮されるのだ。

輝かしい失敗研究所が開発した組織風土診断の目的は、ある環境における実験と学習の余地に影響を与える諸要因の概要を把握することにある。これまで、さまざまな環境に適用され、その環境の「失敗ＤＮＡ」に関する新たな洞察に基づいて、具体的に活動したケースは何件もある。この診断には、３段階の自己評価項目が含まれている。

Ａ　実験

その環境における実験、試行（錯誤！）、起業家精神の余地に関するもの

①予想とは違う活動やプロジェクトに直面する頻度はどのくらいか。
②その活動における「ルーティン」と「臨機応変」の割合はどのくらいか。
③実行時にリスクを認識しているか。
④自分の行動と意思決定において、許容できるリスクと許容できないリスクについて明確な考えを持っているか。
⑤リスクをとる自由度はどのくらいあるか。
⑥参加した活動やプロジェクトが中止されたり、望みどおりの結果が出なかったことが尾を引き、その後、新しい活動に参加しにくかったことがあるか。

B　学習

プラスとマイナスの両方の経験から学ぶことに関するもの

⑦私はすべての経験から学んでいる。

⑧私は他の人の経験から学んでいる。

⑨他の人が私の経験から学んでいる。

⑩その環境において「失敗から学ぶ」比率と「成功から学ぶ」比率はどのくらいか。

C　進化

知識の内面化と適用に関するもの

⑪別のやり方が可能か、またはとるべきかを検討するために、どのくらい学習経験が活かされているか。

⑫何回くらい新しい洞察を踏まえてアプローチを変えたか。

⑬何回くらい新しい洞察によって関係者が変わったか。

⑭時間とともに、どのくらい知識が失われるか。

第10章のエクササイズ

- 最近の失敗について説明しよう。どんな意図があり、どんな結果になり、何を学んだか。その失敗はどのくらい素晴らしかったか（VIRALモデルを使おう）。信頼できる相手に、この失敗を共有しよう。自分の学習経験を話すのは、どんな気持ちがするか。

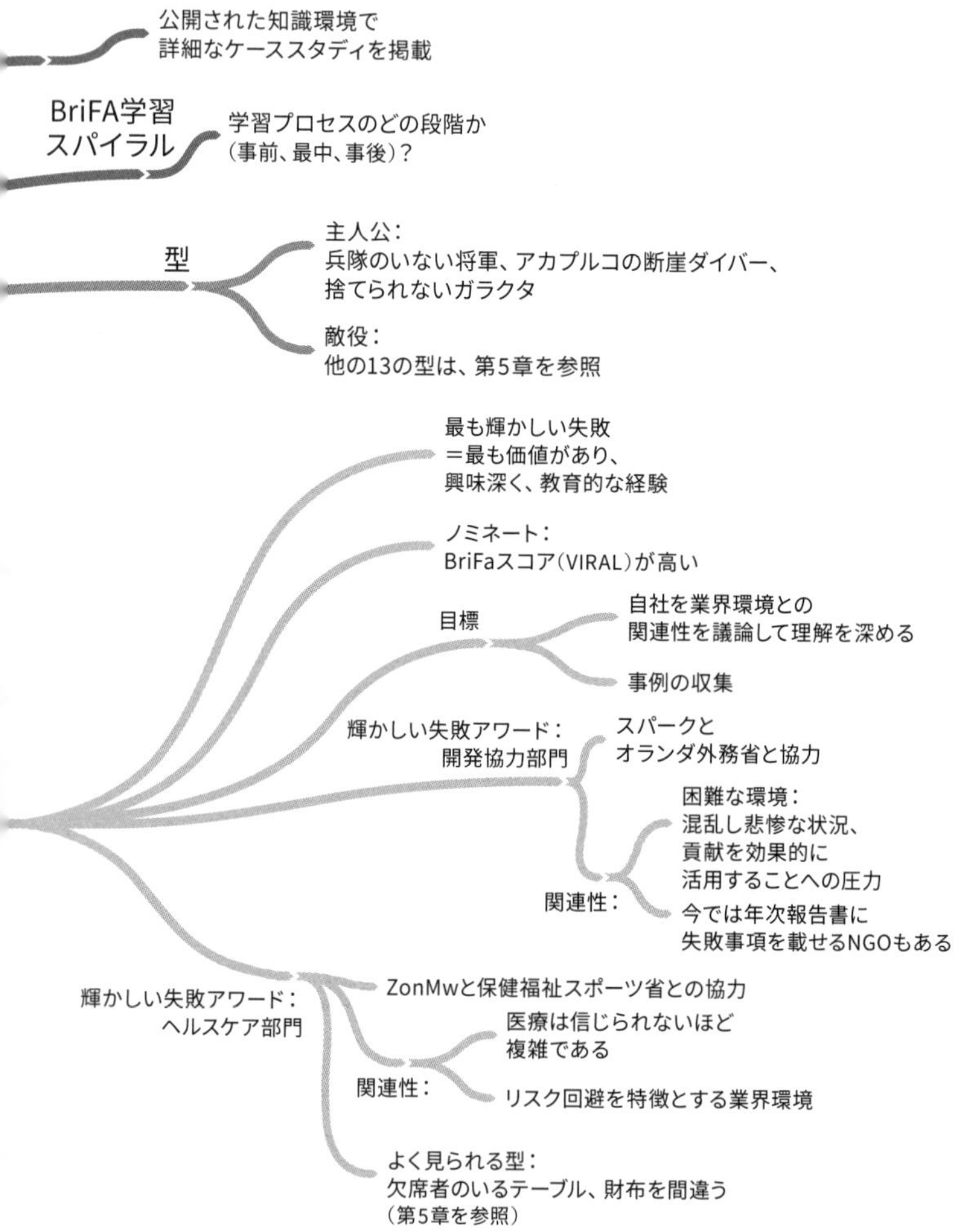
公開された知識環境で
詳細なケーススタディを掲載
BriFA学習
スパイラル
学習プロセスのどの段階か
(事前、最中、事後)?
型
主人公:
兵隊のいない将軍、アカプルコの断崖ダイバー、
捨てられないガラクタ
敵役:
他の13の型は、第5章を参照
最も輝かしい失敗
=最も価値があり、
興味深く、教育的な経験
ノミネート:
BriFaスコア(VIRAL)が高い
目標
自社を業界環境との
関連性を議論して理解を深める
事例の収集
輝かしい失敗アワード:
開発協力部門
スパークと
オランダ外務省と協力
困難な環境:
混乱し悲惨な状況、
貢献を効果的に
活用することへの圧力
関連性:
今では年次報告書に
失敗事項を載せるNGOもある
輝かしい失敗アワード:
ヘルスケア部門
ZonMwと保健福祉スポーツ省との協力
医療は信じられないほど
複雑である
関連性:
リスク回避を特徴とする業界環境
よく見られる型:
欠席者のいるテーブル、財布を間違う
(第5章を参照)

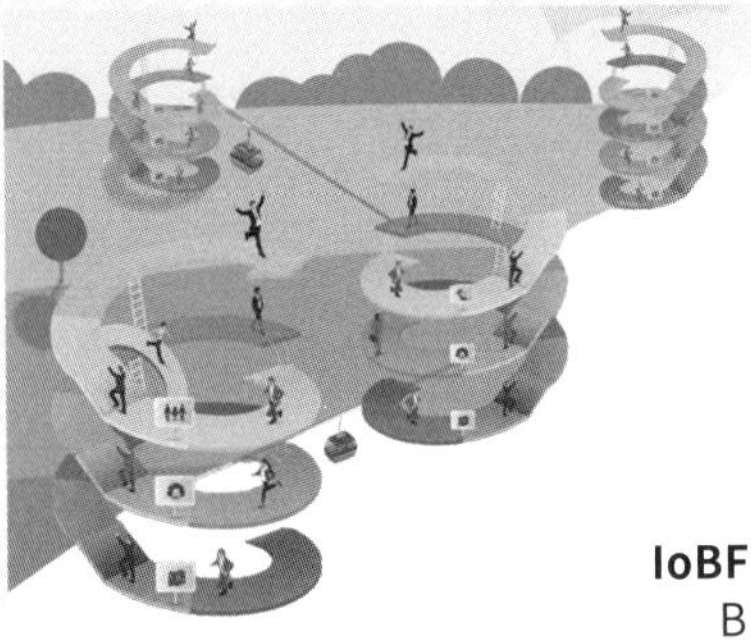

Chapter 10
「輝かしい失敗研究所（IoBF）」の活動

IoBFナレッジ環境
BriFA学習環境

IoBFのウェブサイト

IoBFの活動

輝かしい失敗ジャーナル

第1号：
2017年
ヘルスケア部門の
輝かしい失敗アワード

輝かしい失敗アワード

IoBF風土スキャン

ある環境の
「失敗DNA」における洞察

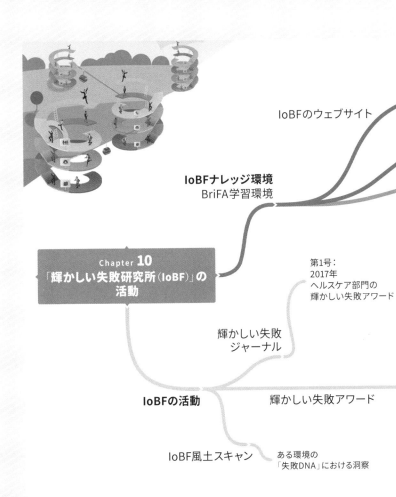

Chapter 11

実践的知恵としての輝かしい失敗

Failure as Practical Wisdom

最終章となるこの章は、著者のポール・ルイ・イスケと監訳者の紺野登が、『失敗の殿堂』日本語版の刊行に際して行った対談をもとに書き下ろされた。私たちのテーマは、今日の世界、特に日本の状況に照らして、「輝かしい失敗」の知恵をどのように活かせばよいか、というものだった。

アリストテレスによれば、「実践的知恵」とは私たちが幸福に生きていくうえで不可欠な、特定の状況での判断力だ。たとえば、新規にビジネスを立ち上げるときには、極度な大胆さや臆病さでなく、両者の絶妙のバランスが必要である。

失敗は、その両極のボーダーラインを越えたときや、どっちつかずのときに起きる。これは自分や他者の経験でしか学べない。いたずらに失敗経験を重ねるのではなく、失敗についてよく知ることは生きるための賢さ（知恵）につながることだろう。

失敗を単に失敗だと諦めることなく、その意味は何かを問うてみよう。そこにはセレンディピティのような偶然性も含まれる。それは、私たちが何かを真摯に求め努力し、にもかかわらず「失敗」し、「誤った道」に入ることで思いがけない宝物に出会う旅であり、それは単なる確率的偶然ではない。

また、私たちが何かを変えようと世界に働きかければ（作用）、そこには必ず反作用がある。反作用は失敗に見えることもあるし、次に起きる現象への道標ともいえるのだ。

異常が常態化する世界で生きる

新型コロナウイルス感染症（COVID－19）のパンデミックは、世界でさまざまな予想外の事象を引き起こした。初動対処の遅れ、感染のパターンの見誤り、指数関数的な振る舞いを見通せずに収息の時期を見誤って、次なる流行の波を引き起こしたり、といったことである。これらは本書で挙げられたエボラ出血熱の事例と同様に、人類に多くの教訓を教えてくれたという点で、見事な失敗の集積だ。

今、「ポストコロナ」と称されることが多いが、獣医学などの専門家によると、こうしたパンデミックの危機は7～8年に1度の頻度で起きる可能性があるという。新型コロナウイルスは偶発的な流行（伝染）病ではなく、現代を象徴するものだ。それは、急速に進んだ都市化と気候変動に起因する人間と動物界の境界の破れが原因の必然的現象だといえる。

新型コロナウイルスは私たちの常識的予想を裏切る「複雑系」の現象（ファットテール：正規分布で示せない極端な変動）の象徴のような輝かしい失敗だ。大いなる学習は、私たちが危機に際して、いかに科学的な態度で行動すべきかについて意識を新たにできたことだ。

また、対応行動に際しては「アジャイル（俊敏）」であるべきことが大きな内省となったと思う。私たちは失敗から学び続け、そのことによってより強くなることができる。

輝かしい失敗のパターン（第5章）でいえば、新型コロナウイルスは間違いなく「ブラックスワン（予見できない出来事が頻発する）」だったが、「見えない象（目隠しして象を触る）」でもある。私たちが物事（象）を見る視点には大きなバラツキがあり、その結果、全体像を把握できないことが失敗につながる。しかし、コロナの実体が「見えない象」であることを認識できれば、多くを学ぶことができただろう。

複数のシナリオを持て

丁寧に計画を立てて、それを着々と遂行していくというこれまでのやり方は、徐々に時代遅れになりつつある。たとえば、都市計画を業務とする設計事務所ですら、いわゆる計画主義的な原則の限界が問われている。建設業界では10年、20年の期間をかけてインフラを構築していかなければならない。

しかし、計画を立ててから完成するまでの間には、多くのことが起こりうる。環境変化の大きな現在、失敗はいつでも、どこでも、必ず起こりうる。したがって、失敗に対する考え方を変えなければならない。抵抗や変化を受け入れ、そこから学び、新たな行動を生み出すという機動的な姿勢は、本書の根底にある精神である。

しかし、VUCAの時代といわれて久しいが、まだまだこうした根本的な時代の変化に鈍感な企業が多いのではないだろうか。単にイノベーションを声高に唱えるのではなく、このような環境の中で生きていくための原理原則そのものを見直す必要があるといえる。

バックキャスティング（未来から現在を考える手法）が大事だという声もよく聞かれる。しかし、バックキャストの起点となるビジョンや目標がたった1つであることはないだろうか。だとすれば、それは大きなリスクだ。

私たちは、共にこれまでシナリオ・プランニングを研究し、実践してきたが、本書ではそれに一章を割いている。複雑で不確実な環境においては、長期的な思考とアジャイルな実践を同時に行う必要があるが、そこで複数の対極的な世界を描くシナリオ・プランニングのアプローチは、機敏な方向転換（ピボッティング）に欠かせない。

2020年の東京オリンピック・パラリンピックは、新型コロナウイルスの感染拡大によって延期された。しかし、それはコロナだけが原因ではなかった。延期か中止かで世論が揺れていたときに、イギリスのタイムズ紙は、新型コロナワクチンの接種も進まない中で「日本政府はカネと名誉のためにこれまでの努力を犠牲にしようとしている」と批判した。[1]

コロナ以前から、新国立競技場は迷走していた。工事費をめぐって故ザハ・ハディドのデザイン案が白紙撤回され、ローコストの競技場が急遽建てられることになった。結局は、無観客開催の記憶だけが残った。目的や意味の議論でなく、コストだけの意思決定だった。

その前には、公式エンブレムのデザインをめぐる不祥事が明らかになっていた。国家的祝祭が途中で復興開催となり、次にインバウンド頼みという、ただ再び東京にオリンピックを誘致するという、曖昧な目的と単一のシナリオゆえに常に判断が揺らいだ。こうした事例からは、何を学べるだろうか。どの型が当てはまると読者は思うだろうか。

一方、今でも世界が日本企業に対して抱いているのは、長期的な視座で経営を行っているというイメージだ。しかし、これは見直す必要があるかもしれない。というのも、最近の日本の傾向は、ROE重視、短期志向になってきているといえるからだ。「目先のカネで戦略が殺される」(Money beats strategy)という常套句のままだ。

さらに、日本の根本的な問題は、シナリオやビジョンがたった1つしかないというリスクである。日本の失敗の典型は、ただ1つの「美しいシナリオ」を押し通した末での失敗だ。そして、そのシナリオが失敗すると、修正が利かず、そのまま総崩れになってしまう。

悪いことに、負けるとわかっていても、つまり、別のシナリオに移行しなければならないときでも、1つのシナリオに固執しようとする。態勢を立て直すための複数のシナリオと機敏な実践、構想力、つまり、「輝かしい失敗」の知恵が不足しているのだ。

自分の世界に入り込むな

なぜこんな泣きっ面に蜂のようなことが起こるのかを考えてみよう。それは輝かしい失敗の型、「ブラックスワン」でもあるが、同時に「深く刻まれた渓谷」でもある。渓谷は風雨と水によって刻まれた裂け目をつくる。すると、その溝を風と雨と水がさらに深く刻んでいく。こうした繰り返しの中で、自作の世界が形成され、そこから抜け出すことが難しくなる。

いわゆる経路依存性（過去の経緯や歴史によって意思決定が制約される）の概念にも通ずるが、「深く刻まれた渓谷」のパターンの場合、必ずしも外的要因だけでなく、自らの思考形式、あるいは、戦略的思考の背後に不可避的に定着している無意識的なマインドセット（それがオウンゴールにもつながる）にも起因している。

このような自己強化型マインドセットは、ウォーターフォール型の、計画的なプロジェクトマネジメントの落とし穴でもある。過去のデータをもとにした綿密な計画も、過去の成功パターンなど、実は無意識的なバイアスを持っている。

こうしたウォーターフォール型計画案（マインド）を抜け出す道は、アジャイル型プロジェクトマネジメントによって、日々発生する変化を取り入れながら、常に目的に向かって機動的に修正し続けるパターンを取り入れることである。

もう一例として、医療の世界では、多くの場面で、過去のデータをエビデンスとする、「エビデンスベースの実践」が重視されている。

しかし、過去にうまくいったことが未来にも通用するとは限らない。過去に生きている限り、新しい世界に対応することは難しいのだ。従来の医薬品開発でも見られるように、エビデンスに基づいた研究は、大規模な被験者グループを研究し、統計(何人の患者に効果があるのか、副作用が出るのか)に基づいて決めることが多いので、平均的な患者像を描くことになってしまう。

しかし、「平均的な患者」などどこにもいない。よりパーソナライズされた医療が必要なのだ。システムを変え、より患者への受容性の高いものにする必要がある。そのためには、組織と個人(患者や医師)が一緒に働き、データを共有し、資金調達のための新しい方法を見つけたり、プライバシーなどの法的問題を解決する方法を再設計する必要がある。

過去を生きる赤トンボになるな

一般的なオランダ人の感覚として、日本の自動車産業や家電産業は、かつての地位を失っている。たとえば、ソニーのような企業への称賛は、以前に比べて格段に少なくなっている。今では、アムステルダムのスキポール空港を出れば、ずらりとテスラのタクシーが並んでいる。また、中国のDJIがコンシューマ用ドローンの最大のメーカーであり、アップルとサムスンがほとんどのカメラ（携帯電話に搭載されている）を製造している。

日本は先を行きすぎて疲れてしまったのかもしれない。先日、韓国の企業に著者（イスケ）がインタビューをしたところ、「先手を打つことに疲れた」と言っていた。戦後間もない頃、韓国は世界で最も貧しい国の1つだった。今では、イノベーションと1人当たりのGDPで日本を抜いている。

彼らが使う言葉は「疲弊」だ。彼らは追いつくために努力してきたし、いくつかの点でリーダーになった。しかし、それはまだ十分ではないようだ。彼らは前に進まなければならない。彼らはここにたどり着くまでに多くの努力をしてきたからだ。

その意味では、日本はすでにいち早く成功し、結果的に疲れて「凋落」したのかもしれない。これはいわば「祭りの後の虚無感」である。しかし、もう1つの原因は、野中郁次郎教授らによる名著『失敗の本質』にもあるように、「過去の成功体験への過剰適応」でもある。[2] いわゆる日本の衰退は、「モノづくり」という言葉が流行り始めた（こだわり始めた）1990年代後半から始まっているように思われる。

それは「成功の罠」でもある。知識経済では、モノづくりが得意なだけでは勝てない。モノづくりの強みを知識経済の産業モデルやビジネスモデルに組み合わせ、次世代の製造業としての強みを打ち出さなければならないが、これがうまくいっていない。本来はモノづくりの強みを発揮できる知識経済のビジネスモデル（たとえば知識製造業）が不可欠なのだ。モノづくりこそ成功の道という思考形態から抜けられない。これも「深く刻まれた渓谷」のアーキタイプの一例かもしれない。

古代には、地球上で巨大な昆虫が飛び回っていた時代があった。その中でも最大の存在はトンボだった。今でもトンボは生き残っているが、赤トンボのごとく、サイズは劇的に縮んだ。しかし、それでもその複眼は世界を視野に収めようとしている。

どの業界でもそうだが、それまで中心にいた企業は、今は周辺部に追いやられているのにもかかわらず、いまだ世界の中心にいるような感覚を持っているのかもしれない。縮小したのに、過去の栄光の中に生きているのだ。

目的がなければ失敗も成功もない

日本では、失敗や恥となるようなことに関してあまり語らない文化、つまり、「臭い物にフタをする」といったような風潮がある。これまでも日本の失敗文化に関する研究はごまんとあったが、どれもこういった恥の文化に関するものだったと思う。

しかし、急にこの文化を変えてシリコンバレーみたいになれ、といわれても、それは至難の業だ。日本の失敗文化の根底にあるのは、失敗自体を誤りやミステイク、正しいことに対しての誤差や、あってはならないものとしてしまう、失敗という現象の一面だけを捉える姿勢だ。

この姿勢は、反論や新たな方向を生み出さない。「お上が決めたことだから」と、良くない、まずいとわかっていても放置し、後で取り返しのつかない失態となる。こういう失敗は、輝かしい失敗とは真逆だ。

しかし、今、必要なのは、失敗を恥や誤り(エラー)と捉える研究でなく、ある目的のために進むときに、「起こるべくして起こる」試行錯誤の副産物として、失敗と見える事象を文脈(バイアス)から一旦切り離して捉えていく姿勢(価値自由)だ。本書も、そのようなミステイクの研究ではなく、創造的な試行錯誤に関する研究なのだ。

このような失敗へのアプローチは、実は成功への新たなアプローチでもある。これまで私たちは成功事例、ベストプラクティスばかりを眺めて、「なぜうまくいったか」の理由、美しいストーリーばかりを作り上げようとしてきた。そして、それに追いつけ追い越せ、と。しかし、常識を持って考えれば、隣人がやった素晴らしい成果の理由を考えて、その因果モデルをそのままコピーしても、うまくいくとは限らない。

生産プロセスの成功例などを学ぶアプローチは明確でわかりやすいが、試行錯誤を基本とするイノベーションにおいては、別の見方が必要だ。結果として現れたビジネスモデル(たとえば、サブスクリプションなど)を見ることよりも、どんな失敗が成功を生んだか、を問うほうがもっと有効だ。大事なのは、「何に失敗してうまくいってしまったか」を学ぶことだ。

新たなアイディアや知識は、その受益者や顧客に受け入れられ、あるいは、共に創造されたときに価値となる。共有された目的がなければ単なる情報の塊でしかない。

複雑系が支配する現代のビジネス、イノベーション経営の時代には、試行錯誤の過程でさまざまな予期せざる事象が起きる。これらは「計画になかったから失敗だ」といえるだろうか。

私たちが求めるべきなのは、表面的な結果ではない。一見失敗と見える事象も、別の観点ではそうではないと見ることができる。私たちが求めるべきなのは、目的に合った結果なのだ。

つまり、失敗も成功も等しい価値を持つ。善意と偏見のない思考でイノベーションを起こそうとする視座によって、その意味は決まる。それがポジティブかネガティブかは私たちの目的次第なのだ。いうまでもなく、それを決めるのは構想力だ。

第5章で紹介されている「右脳の功罪」パターンは、物事がしばしば合理的ではなく、空想や妄想によって駆動されることを教えてくれる。「右脳=直感」で、ビジョンはどちらかというと良いイメージを持たれることが多いが、こうした空想はネガティブな側面も持っていることに注意が必要だ。国家や企業のトップが個人的な幻想や思い込みで失敗(崩壊)したケースは後を絶たない。これは、「兵隊のいない将軍」のパターンでもそうかもしれない。

18世紀のドイツの哲学者カントは、こうしたイマジネーションを単なる空想とは区別し、感性(右脳)と悟性(左脳)を綜合する力として「構想力」の重要性を掲げた。輝かしい失敗には感性だけでなく、悟性も備える構想力を持つ必要がある。

「相転移」のもたらす劇的変化をつかむ

通常、経営書やビジネス書は経済学をベースにしたものが多いが、本書は、著者(イスケ)が理論物理学を専攻していたこともあり、基本的な考え方や哲学が通常とは異なっている。

失敗とは、当然ビジネスに限ったものではない。最も失敗が多いのは、サイエンスやエンジニアリングの世界だろう。測定できる範囲の中で、理論(常識)どおりに物事が観察されない領域というのは多々存在する。

たとえば、水が100度を超えて気体になる瞬間、あるいは、変曲点で物質が別次元(別のフェーズ)に転換するという局面、いわゆる「相転移」を一例として取り上げてみよう。相転移によって生まれる新たな状態においては、それまでの状態の均衡は崩れるが、他方では新たな要素の組合せ(イノベーション)につながると考えられる。この機会を逃すことは失敗につながる。

ある分野でのブレークスルーが、別の分野でまったく新しいモデルを生み出した例にはさまざまなものがある。

音楽産業を考えてみよう。音楽をまともに再生するためには、1時間当たり700メガバイト程度の容量が必要だ。1メガバイト当たりのハードウェアの重量で見て、かなりのデータ量の音楽を携帯できるようになることで、携帯音楽産業が勃興した。最初はソニーのウォークマン、後にアップルのｉＰｏｄやｉＴｕｎｅｓが登場した。

ちなみに、ｉＰｏｄなどでは、個々の楽曲を購入する際に発生する小さな金額を、あまり余分なコストをかけずに支払うことができるように、金融取引のコストを低くするブレークスルーも求められた。

もう1つの例を挙げよう。旅行の速度は、移動時間を休暇で過ごせる時間よりも短くするための閾値を超えなければならなかった。大陸間の移動では、距離が1万キロメートルならば1日の平均移動時間として時速５００キロメートル程度が必要であり、これは民間航空機の発達により実現した。

ヨーロッパ内（約２５００キロメートル）の旅行が魅力的になったのは、時速１００キロメートル級の自動車や列車での移動が可能になってからだ。国際的な観光が一般の人々にとって身近なものになったのは、こうした値を超えたときだ。

これらすべてのケースで、決定アスペクト比（航空機の翼幅と翼長の比など、工学的決定に用いられる値）が臨界値（重量当たりのメガバイト、コスト当たりの取引金額、移動時間当たりの休暇の長さなど）を超えたときに、質的に新しい状況が生み出されている。

これは、自然界の相転移に相当するものだ。よく知られている例は、氷の融解や水の蒸発だ。これらは温度の上昇によって運動エネルギー（運動）が結合エネルギーよりも大きくなり、分子がグリッドから脱出（融解）したり、お互いの影響圏外に移動（蒸発）したりする。これらの相は共存することができる。

自分自身の環境で起きる現象を他の環境の現象との関係で見てみると、システムのある場所で起きた変化が相転移につながっていく様子が予測できる。これらは基本的に、外部環境でのブレークスルーが実際に起こる前に記述できる。

また、新しいモデルと古いモデルが共に残っているときには、異なった相が共存することもある。これは、古いモデルがまだ動いている間に新しいモデルが出現しているという、遷移中のシステムの特徴である。

このような状況は、特に外的な変化において混乱や不確実性を伴う。時折、企業の場合でも、古いビジネスモデルがまだ機能しているように見える一方で、実際にはもはや崩壊を止められない場合がある。ゾンビを「死んでいるのにそれに気づいていない人」と定義するならば、これらは「ゾンビ」組織と呼べるかもしれない。

多くの変化は、氷の溶解や水の蒸発との類推（アナロジー）によって説明できる。企業組織もかつては硬直的に構造化されていた。このような階層的組織は、分子が格子状に配置された固体にたとえることができる。

その後、組織はより「流動的」になり、知識や知識の専門家が組織を超えて、より多くの「流れ」を持つようになった。現在、彼らと組織との関係がより多くの「エネルギー」（起業家精神、専門知識に基づく機会）を持つようになったため、組織との関係がはるかに儚く、カジュアルなものになっているという点に到達している。相転移が起きる可能性は高い。

ますます複雑化する世界は、伝統的な組織構造からの脱却を可能にする。人々と組織は今、クラウド（気体化という意味で、このたとえにぴったりの用語だ）で一緒に仕事をするようになった。

この変化は、取引コストの激減を引き起こしている。このため、従来の構造化された組織が持っていた、低コストゆえに効率的に仕事ができるというメリットがなくなってしまった。

このモデルは、スケーラブルな産業が生まれつつあった19世紀に技術者のフレデリック・テイラーによって最初に記述されたものだが、多くの場面で新たなモデルに取って代わられようとしている。取引コストの劇的低下により、多くの新しいビジネスモデルが生まれ、特にさまざまなシェアリングエコノミー（協業経済としても知られている）の顕在化につながっている。金融、社会、知識の取引コストの低下は、ウーバーやエアビーアンドビーのような企業や、イーベイやクラウドファンディング・サイトなどで活用されている。

「加速度」のインパクト

相転移中に何が起こるかを知るだけでなく、変化がどのくらいの速さで起こっているかを知る必要もある。ある変化の速度は、関連するパラメータが変化する速度によって決まる。

よく議論される経験則に、「ムーアの法則」がある。1965年にインテルの創業者の1人であるゴードン・ムーアは、コンピュータの計算能力は2年ごとに2倍になると予測した（当初は1年ごとに2倍になると予測していた）。

ムーアの法則は、まだそれなりに持ちこたえている。もしこのまま計算速度が向上し続ければ（物理的な限界が徐々に出てきているので、それを疑う人もいるが）、ＡＩ（人工知能）が人間の心や人類の集合的な知能さえも凌駕する地点に到達することになる。

これらの出来事は、それぞれ２０２３年と２０４５年に起こると予測されている。この「シンギュラリティ」の後の世界はどうなるのか、多くの臆測が飛び交っている。

シンギュラリティ大学は、レイ・カーツワイルの著書『シンギュラリティは近い』に影響を受けたもので、このような疑問に焦点を当てている。[3] 彼らは主に、健康、経済、モビリティなど、他の分野の発展にテクノロジーが与える影響に注目している。シンギュラリティ大学のピーター・ディアマンディスは、すべてが加速する世界に備えよというメッセージを発している。[4] 加速が加速する時代というわけだ。

しかし、「シンギュラリティ（単一）」もまた、「たった1つのシナリオ」になってしまえばリスクでしかない。そこには「抵抗の法則」があることも忘れてはならない。科学が社会よりも速く進み、社会の吸収力の変化が遅れることで、真の意味での指数関数的な成長が妨げられることもあるからだ。未来は単一でなく多元（プルーラル）なのだ。

計算速度以外にも、メモリ容量や帯域幅などの重要な技術的要素がある。これらも指数関数的に発展しており、これらの爆発的な組合せも考慮に入れなければならない。最終的に出現するであろう状況は、経済、社会、政治、生態系の発展の影響を部分的に受ける新技術の適応など、他の分野の発展によっても形作られる。

根本的に新しい状況は、いくつかの領域での変化の結果であり、ある領域での変化や、別の領域での新しい発見との関係で起きることを意味する。

複雑系に生きるための知識創造

「輝かしい失敗」研究の中核になるのは、第3章の複雑系と第6章の知識創造の組み合わせではないか。著者(イスケ)は、以前は無関係であった知的資本(あるいは知識資産)を組み合わせて適用することで、新しい形の価値創造が発見されるプロセスをコンビナトリック・イノベーションと呼ぶ。(5)

多くの要素が集積してシステムが複雑になれば、そこからさまざまな現象が創発する。それは人によっては成功かもしれないし、失敗につながるかもしれない。問題は、そうした世界に生きている私たちが、失敗から何を具体的な価値に転換できるかだ。

たとえば、新たな科学技術のアイディアはそれだけでは価値がないし、自身では目的も持っていない。同じように、失敗から得た知識は、共有するだけでは価値を生まない。それを使おうとする意志と能力、つまり目的が必要だ。

知識創造のプロセスがそこで作動する。それは社会的な共創プロセスだからだ。そこでは目的の共創が起点だ。そうして複雑系の中での避けられない変化が価値ある知識へと転換されるのだ。

21世紀に入り、本格的に私たちの経済が知識を資源や資産として駆動していることが明らかになってきた。知識の生産性はモノの生産性に比べて高い。日本はモノづくりに強いとされてきたが、それは高品質なモノそれ自体のことではなく、むしろその背後にある創意工夫や、知をつくる力にその本領がある。

ハードウェアだけの経済の限界、一方ではカネだけの経済の限界が訪れている。その間をつなぐのは知識である。つまり、もしモノづくりの知がモノを売るだけのビジネスではなく、本質的な問題解決や、人間的価値の提供として発揮されれば、それはきわめて大きな価値を生み出すことになる。

本書でも取り上げられている知識創造モデル（SECI）モデルは、単純な暗黙知と形式知の回転運動ではなく、「スパイラルアップ」に創発し、新たな状態において知的資本（知識資産）を創出し綜合するプロセスである。

安全な場が失敗を輝かせる

日本の文化的な特質や、組織の状況を前提に、私たちは試行錯誤の過程で生じる現象を知識創造によって価値にするプロセスへと変えなければならない。そこで、「失敗を恐れるな」などと口先だけで語ったり、失敗は恥という認識を変えようとしたりするのではなく、意味ある失敗を共有できる環境や組織の基準の見直しが求められる。

トップがイノベーションプロジェクトチームからの提案を受けた。そのときトップの質問は、「そのイノベーションプロジェクトは、これまでうまくいった事例があるのか？」だった。

これは本当にあった話だ。背後にあるのは、常に何かうまくいったもの（ベストプラクティス）だけを見ようとする潜在的な態度だ。うまくいくことだけにとらわれてしまうと、失敗の余地はなくなる。つまり、成功の余地がなくなることを意味する。

ここで求められるのは「可能主義（ポシビリズム）」だ。それは、ぬくぬくしたナイーブな「安全」ではない。柔軟さと未来の価値を追求する構想力だ。

そこで最近、心理的に「安全な」場づくりの重要性が叫ばれるようになった。そのためには、およそ2つの面がある。物理的仮想的な「場所」と安全な心理的空間の創造、つまり、組織の言語の変化だ。

企業では、おおよそ部門単位で人々が働いている。技術、マーケティング、セールス、経営などの部門は、それぞれ物理的仮想的な「場所」と結びついている。それぞれの場所同士の「距離」は、知識を共有するうえでの抵抗となる。したがって、場所を横断したり、境界を越えた交流のできる場所は、知識創造に不可欠である。こうした場所は、抵抗を下げるだろう。

また、企業内言語は部門ごとの場所でも違うし、会社でも違う。しかし、いずれの場合でも、イノベーションや新しい試みを「殺す」ような行動や言葉（メンタルブロック）を禁止しなければならない。たとえば、「輝かしい失敗研究所」では、次のような言葉を例に挙げている。

「昔、そのビジネスはやってみてうまくいかなかった」
「そんなこと、やったことがない」
「現実を見ろ」
「まだ私たちはその準備ができていない」
「トップは支援してくれないよ」
「バカにされるのがオチだ」
「しばらく考えてみよう」
「ちょっと過激すぎではないか」
「そんなことをしたら、今やっていることが無駄になる」

「これはわれわれのポリシーに沿っていない」

「うちの組織では、これは絶対うまくいかない」

「もしそのアイディアが素晴らしいものだとすれば、すでに誰かがやっているよ」

「うまくいくと証明できるか？」

「これを変えたら、他も変えなきゃいけない」

「そんな顧客は存在しない」

「参考にさせてもらいます（勉強になりました）」……


こうした言葉の集積は、確実に挑戦を削ぎ、結果的に職場を「どうしよう、大丈夫か、何か言われたらどうしよう」といった不安に陥れるだけでなく、何もしない隠れたフリーライダー（あるいはクルーザーとも呼ぶ）を生息させる格好の隠れ蓑となる。失敗を「臭い物」として隠蔽し、その価値を殺してしまうことにもなる。

ただし、こうした言葉を禁止するだけでは、「コンフォートゾーン」に誰もが安住してしまうかもしれない。そこで鍵になるのは、大きな、そして明確な目的を共有し（目標ではない）、組織やチームが行動せざるをえないような状況に向かうようにサポートすることだ。そして、本書の第8章にもあるような、「輝かしく失敗する権利に関する世界宣言」などの原則を職場内に浸透させなければならない。

最後に述べておきたい。ポール・イスケと紺野登は、イスケがチーフ・ダイアログ・オフィサー（最高対話責任者）なる役割を担っていたオランダのＡＢＮアムロ銀行の「ダイアログ・ハウス」に紺野が代表を務める一般社団法人Future Center Alliance Japan（ＦＣＡＪ）の活動を通じて訪問したときに出会った。

ダイアログ・ハウスは、同行のアムステルダムにあった旧ディーリングルーム（２０００平方メートル）を改装し、進取の気性に富む人々が集まって知識を共有して議論を交わし、新たな解決策を開発するための対話の場（フューチャーセンター）とした先駆的事例だった。

ダイアログ・ハウスは、いったんその役割を終えたが、企業が大きく変革したりイノベーション経営を実践していくうえでは、「場」の役割はきわめて大きい。組織が硬直化したサイロ症候群から抜け出すには、社内を横断し、かつ外部の知を取り込む開かれた対話が不可欠だ。

今、世界的にイノベーションのための空間を設立する企業が増えているが、それは、試行錯誤を促進し、そこで起きる事象を「輝かしい失敗」として見出せる「価値自由（ニュートラル）」な場が企業の未来を左右するからにほかならない。

日本企業が現在置かれている状況は、かなりシリアスである。その打開の道筋の１つが「輝かしい失敗の研究」だ。不確実性の中で生きる術を本書を通じて体得してほしい。

謝辞
Acknowledgments

輝かしい失敗の原則に沿って、この本が出来上がるまでのプロセスも、直線的ではなく試行錯誤の連続だった。幸いにも、私はその過程で多くの支援を得ることができ、時にはスピードを落としてまっすぐな道を探すのを助けてもらった。特にありがたかったのが、「輝かしい失敗研究所」の発足当初からの誠実なビジネスパートナーであるバス・ライゼナースと、刺激的な環境で数カ月を過ごす計画を立ててくれた、神からの贈り物のようなジル・デ・ヨンだ（本人も実際に多くのインスピレーションを得ることとなった）。また、研究所の同僚であるフローリン、クィリネ、ミリヤムの貢献や尽力にも謝意を伝えたい。

ABNアムロ銀行の取締役会（特にヴィーツェ・レーホルンとヨハン・ファン・ホール）、ZonMwディレクターのヘンク・スミッド、オランダ保健福祉スポーツ省事務総長のエーリック・ヘリッツェンなど、研究所を常に支援してきた方々には感謝している。スミッドとヘリッツェンの両氏はヘルスケア分野で輝かしい失敗から学ぶことの重要性を認めている。

寄稿やインタビューを受けてくださった方々にもお礼を申し上げたい。皆さまの寄稿や洞察はインスピレーションと知恵の素晴らしい源泉であり、私たちがこの取組みを続け、過去の知見を評価し、将来的に再び利用するのに役立つものである。

オランダの出版社であるビジネス・コンタクトと、特にジャニン・スローフとサンドラ・ワウタースは、この本の執筆に対して揺るぎない信頼と、文言や内容面について貴重な助言を与えてくれた。

最後に、もちろん私の家族にも感謝を伝えたい。奇しくも、私が妻に出会ったのは輝かしい失敗の結果である。

1990年10月、私はオランダのライデン市近くの研修センターで短期コースを受講した。木曜日の夕方、悪天候で予定がなくなったので、私はライデン市内を訪れた。車に戻る途中、素敵なバーの前を通りかかり、中に入った。実は、こうした場に足を踏み入れるのは初めてだった。入ってみると、数回分の無料ドリンク券を手渡された。「これはいつものことなのですか」と、私はやっとの思いで若い女性に聞いてみた。すると、「あなたは招待されていないの？」と聞き返されたのである。そこで、プライベートの誕生パーティーに紛れ込んでいたことが判明したが、私が招待客ではないことに気づいた人はいなかった。私が話しかけた若い女性はパーティーの共同主催者の1人だった。私は帰宅すると、彼女に花を贈って祝意を伝えた。

その後の話は割愛するが、2018年に私たちは結婚25周年を迎えた。この25年間、私たちは多くのことを経験してきたが、ほとんどの場合、過去を称えることや（過去にふさわしい場所を与える）未来に目を向けることの重要性を理解してきたつもりである。

ハンナ（妻）、ミリヤム、アン・ソフィー、ルイは、私が外出したり、輝かしい研究について考え、語り、執筆のためにコンピュータの前に座っているときでさえも、研究所での私の仕事を全面的に支援してくれる。彼らもまた、常に私を導いてくれる星のように、「輝かしいこと」が大事だと理解している。

▶著者紹介

ポール・ルイ・イスケ（Paul Louis Iske）

1961年オランダ・アムステルダム生まれ。アムステルダム大学で理論物理学と数学の修士号を取得。トゥエンテ大学で理論物理学の博士号を取得。現在、マーストリヒト大学ビジネス・経済学部教授。専門はオープンイノベーションとビジネスベンチャリング。同学内のInstitute of Brilliant Failures（輝かしい失敗研究所）のCFO（最高失敗責任者）であり、変化する複雑な世界における実験と学習の重要性についての認識を高めることを目的として活動している。イノベーション、持続可能なビジネスモデル、創造性、ナレッジマネジメントの分野の国際的なコンサルタントとして絶大な人気を誇る。南アフリカ共和国ステレンボッシュ大学のナレッジマネジメントの特別教授を兼務。理論物理学者としての背景から、ロイヤル・ダッチ・シェルでは上級研究物理学者、オランダのABNアムロ銀行では「ダイアログ・ハウス」（イノベーションのための環境）でのチーフ・ダイアログ・オフィサーおよびイノベーション担当上級副社長を務めた経験を持つ。著書に*Combinatoric Innovation: Navigating a Complex World*（KnocoM）などがある。

▶監訳者紹介

紺野 登（こんの のぼる）

1954年東京都生まれ。早稲田大学理工学部建築学科卒業。博報堂などを経て、現在、多摩大学大学院教授、慶應義塾大学大学院SDM研究科特別招聘教授、エコシスラボ株式会社代表。博士（経営情報学）。イノベーション経営を加速支援する一般社団法人Japan Innovation NetworkのChairperson理事、一般社団法人Future Center Alliance Japan代表理事、日建設計顧問などを兼務。約30年前からデザインと経営の融合を研究、知識生態学の視点からリーダーシップ教育、組織変革、知識創造の場のデザインにかかわる。主な著書に、『イノベーション全書』『ビジネスのためのデザイン思考』（ともに東洋経済新報社）、『知識デザイン企業』（日本経済新聞出版社）、『幸せな小国オランダの智慧』（PHP新書）、野中郁次郎氏との共著に、『知力経営』（日本経済新聞社、FT最優秀マネジメント・ブック賞）、『知識創造の方法論』『知識創造経営のプリンシプル』（ともに東洋経済新報社）、『構想力の方法論』（日経BP社）などがある。

▶訳者紹介

渡部典子（わたなべ のりこ）

ビジネス書の翻訳、記事執筆、編集などに従事。慶應義塾大学大学院経営管理研究科修了。研修サービス会社などを経て独立。主な訳書に『両利きの経営』『トレイルブレイザー』（ともに東洋経済新報社）、『プラットフォーム・レボリューション』『リバース・イノベーション』（ともにダイヤモンド社）、『NOKIA 復活の軌跡』（早川書房）などがある。

▶寄稿者紹介

サンダー・バイス(Sander Bais)

アムステルダム大学理論物理学の教授、サンタフェ研究所外部研究者。

マーク・ベニンハ(Marc Benninga)

小児科、特に小児消化器科と肝臓科の教授。その便秘に関する研究から「うんち博士」というニックネームがついた。男子フィールドホッケーの元オランダ代表。

トゥルルス・ベルグ(Truls Berg)

ノルウェーのインターネット起業家。オープンイノベーション・ラボ・ノルウェー(OIL)の創設者。イノベーションと起業家精神に関するノルウェーの雑誌*Innomag*の発行人でもある。

マルセーリス・ブーレボーム(Marcelis Boereboom)

2013年までオランダ保健福祉スポーツ省審議官を務めた後、オランダ社会・雇用省審議官、事務総長代理に就任。現在はオランダ文部科学省審議官。

ブーワン・バイウン(Boohwan Byun)

オランダのABNアムロ銀行のカントリーリスク担当マネジャー。技術経営大学院の客員教授。オランダ韓国協会のバイスプレジデント。

マールテン・カンプス(Maarten Camps)

2013年8月からオランダ経済・気候政策省事務総長。オランダ財務省や社会・雇用省の要職を歴任。

ジャスミン・チャン(Jasmine Chang)

知識・情報管理の修士号と人事管理でMBAを取得。MAX HRMの創業者兼マネジャー。ベルギー、オランダ、ルクセンブルクで中国企業向けの人的資源ソリューションのワンストップサービスを提供している。

リック・エルヘルスマ(Rik Elgersma)

世界大手の乳製品メーカー、フリースランド・カンピーナの戦略分析担当ディレクター。戦略分析や競争戦略の分野におけるデータ分析やビジネスインテリジェンスなどのテーマで執筆や講演を行うほか、大学やセミナーでの教育活動を行っている。

トニー・エイク(Tonny Eyk)

作曲家、アコーデオン奏者、ピアニスト、オーケストラのリーダー、プロデューサー、作家。劇場、映画、ラジオ、テレビでのキャリアは50年以上にわたる。さまざまなレーベルから45枚以上のソロアルバムをリリース。オランダのテレビ番組のためにさまざまな楽曲を提供している。

エーリック・ヘリッツェン(Erik Gerritsen)

オランダ保健福祉スポーツ省事務総長。前職はオランダの青少年保護局アグロメレート・アムス・アンド・総責任者。2014～15年には、アムステルダム地域の青少年保護局総責任者を務めた。

フォッペ・デ・ハーン(Foppe de Haan)

オランダのサッカークラブ、SCヘーレンフェーンの監督を長年務めた。2006年と07年にUEFA欧州U21選手権で優勝したときのU21オランダ代表監督。17年にオランダで開催されたUEFA欧州女子選手権で優勝した女子サッカーオランダ代表のアシスタントコーチも務めた。

エミール・ハネカンプ(Emiel Hanekamp)

機会とリスク軽減についての洞察を提供することにより、エネルギーおよび気候目標の達成に向けて企業や政府を支援している。発展途上国における持続可能なエネルギーへの移行に関するプロジェクトを多く手掛けている。

エリザベス・クラインフェルト(Elizabeth Kleinveld)

スタートアップの仲介者、エンジェル投資家。アーティスト兼写真家でもあり、アムステルダムとニューオーリンズを行き来しながら活動している。そのアート作品は、自身が世界で観察しているものを創造的に自己表現しようとするものだ。

ベニー・モルス（Bennie Mols）

ロボット、人工知能、人間の脳を専門とする科学ジャーナリスト。著書に *Turings tango. Waarom de mens de computer de baas blijft*（チューリングのタンゴ——なぜコンピューターの知性は人間の知性を超えないのか）と *Hallo robot. De machine als medemens*（こんにちは、ロボット——人間としての機械）などがある。

ヘンク・オーステリング（Henk Oosterling）

エラスムス・ロッテルダム大学哲学部准教授。元オランダ剣道チャンピオン。新著 *Waar geen wil is, is een weg*（意志のない場所に、意志がある）で、ロッテルダム市で行っている自身の教育プロジェクトで用いる哲学、知的な「アクションシンキング」を奨励している。

ヘール・ポスト（Ger Post）

ジャーナリズムと認知神経科学を学び、現在はアムステルダム大学修士課程で脳と認知科学を教えている。学際的研究に関する教科書に加えて、*De Neuroloog*（神経科医）*Managementboek Magazine*（マネジメント・ブック・マガジン）などの学術誌で脳研究に関する論文を発表している。

ウィム・デ・リデル（Wim de Ridder）

未来主義者。2002～15年にトゥウェンテ大学未来研究学部教授。1983～2007年、オランダのシンクタンク、ソサエティ&エンタープライズ財団のディレクターを務めた。

フランク・ローゼメイヤー（Frank Rozemeijer）

マーストリヒト大学経済経営学院NEVI寄付講座教授。購買とサプライチェーン・マネジメントを専門し、サプライチェーンにおけるソーシャルキャピタルなどのテーマで教育や研究活動に従事。2004年以降、自身でコンサルティングサービス、研修コース、エグゼクティブコーチングなどの事業を手掛けている。

バス・ライゼナース（Bas Ruyssenaars）

輝かしい失敗研究所の共同創業者。「選択を単純化して新しい行動を誘発する」ための方法を開発する戦略機関、De Keuze Architecten（オランダ語で「選択のアーキテクト」という意味）の創設者でもある。革新的なスポーツゲームYOU.FOを発明した。

ハンス・スティーンスマ (Hans Steensma)

オランダ海兵隊(RNLMC)予備軍小隊指揮官。ミリタリー・フォーマッツ・イン・ビジネスグループ(MFIB)の共同創業者。2007年以降、エーリック・エルガースマとともに、ビジネス環境に軍隊方式を取り入れて、さまざまな国でウォーゲームを実施し、ゲーム指導員のスカウトや訓練を行っている。

テオ・ファン・デル・タク (Theo van der Tak)

組織コンサルティング・ファームのトゥウィンストラのパートナー。プログラム管理の実装や実行時のマネジャーや従業員の監督を専門とする。さまざまなオランダの省庁、地方自治体、地方の仕事をしてきた。共著書に *Program Canvas: Samen naar de kern van je programma*(プログラム・キャンバス――一緒にプログラムの中心に達する)がある。

チャルク・チン-アチョイ (Tjark Tjin-A-Tsoi)

オランダ統計局(CBS)局長。前職はオランダ法医学研究所CEO。オランダ競争庁、アーンスト・アンド・ヤング、ラボバンク、ロイヤル・ダッチ・シェルなどの企業で要職を歴任してきた。

マシュー・ウェッヘマン (Mathieu Weggeman)

アイントホーフェン工科大学教授。組織科学、特にイノベーション・マネジメントを専門とする。自身でコンサルティング事業も手掛け、知識集約型組織の設計や管理などの助言を行っている。

マーティン・ファン・ヴェステロップ (Martijn van Westerop)

国際スポーツマネジメント・アカデミーの創設パートナー。スイスのローザンヌにあるビジネススクールIMDのエグゼクティブコーチ。ローザンヌの国際スポーツ科学技術アカデミー(AISTS)で、スポーツ管理および技術研究の修士プログラムを受け持ち、ヨハン・クライフ研究所の教授でもある。男子フィールドホッケーの元オランダ代表。

Note

注

解説

⑴ 戸部良一ほか（1984）『失敗の本質――日本軍の組織論的研究』ダイヤモンド社；畑村洋太郎（2005）『失敗学のすすめ』講談社文庫.

⑵ 紺野登（2020）『イノベーション全書』東洋経済新報社.

⑶ 紺野登（2012）『幸せな小国オランダの智慧――災害にも負けないイノベーション社会』PHP新書.

Chapter 1

⑴ ポール・シューメーカーの著書『輝かしい間違い』に，このような間違いは前に進む道を発見するための意図的なものだと書かれている（Schoemaker, 2011）.

⑵ Ansoff（2007）.

⑶ Dimitrova（2014）.

Chapter 2

⑴ De Bono（1955）.

⑵ Scharmer（2009）.

Chapter 3

⑴ Kauffman and Johnsen（1991）；Kauffman（1995）.

⑵ Erasmus Innovatie Monitor（2015）.

Chapter 4

⑴ Henderson and Clark（1990）；Baldwin and Clark（2000）.

⑵ Chesbrough（2003）.

⑶ オンデルネーマーのウェブサイト（2011年）より.

⑷ Bammens et al.（2010）.

⑸ Blom（2004）.

⑹ Boston Consulting Group（2006）.

⑺ ABN AMRO Bank and the Netherlands Ministry of Economic Affairs（2006）.

⑻ Röskes（2017）.

Chapter 5

(1) Taleb (2008).

(2) https://www.boerenbusiness.nl/artikel/10862922/importban-rusland-treft-niet-alleen-varkenshouder

(3) https://www.briljantemislukkingen.nl/en/2012/02/06/nobel-prize-by-playing-with-pencil-and-scotch-tape/

(4) Brafman and Brafman (2010).

Chapter 6

(1) Weggeman (1997).

(2) この好例がウェブサイトのペイシェンツライクミー(https://www.patientslikeme.com)であり，患者が専門家(この事例では，同じ境遇の人や経験者)に質問することができる.

(3) Nonaka and Takeuchi (1995).

(4) 野中郁次郎と紺野登は,「場」の概念として，これを打ち出している(Nonaka and Konno, 1998).

(5) Argyris and Schön (1974；1978).

(6) Kolb (1984).

(7) Duijvenvoorde et al. (2008).

Chapter 7

(1) Klein (2007).

(2) Edmondson (1999).

Chapter 8

(1) Benyus (1998).

(2) Leadbeater (2000).

(3) Scheier and Carver (1993).

(4) Seligman et al. (2009).

(5) Strack et al. (1987).

(6) Crane and Crane (2007).

(7) Luthans et al. (2007)；Luthans and Youssef (2004).

(8) Hmieleski and Baron (2009).

(9) Peterson (2000)；Schneider (2001).

(10) Mager (2011).

Chapter 9

(1) https://hi.hofstede-insights.com/the-culture-compass

(2) Rifkin (2005).

(3) Ries (2017).

(4) Kahneman and Tversky (2012).

(5) Camps (2017).

Chapter 10

(1) Hehenkamp et al. (2004).

Chapter 11

(1) 英紙タイムズのリチャード・ロイド・パリー東京支局長によるコラム「オリンピックは中止すべき」2021年3月3日.

(2) 戸部ほか (1984).

(3) Kurzweil (2005).

(4) Diamandis and Kotler (2020).

(5) Iske (2016).

References

参考文献

ABN AMRO Bank and the Netherlands Ministry of Economic Affairs (2006) *Tweede kans. Lessen in vallen en opstaan* [*Second Chance. Lessons in Trial and Error*]. Dialogues.

Altshuller, G. S., and R. Shapiro (1956) "About a Technology of Creativity." *Questions of Psychology* 6: 37–49.

Andel, Pek van, and Wim Brands (2014) *Serendipiteit: de Ongezochte Vondst* [*Serendipity: The Unsought Discovery*]. Nieuw Amsterdam, Amsterdam.

Ansoff, H. Igor (2007) *Strategic Management Classic.* Palgrave Macmillan, Hampshire [邦訳『アンゾフ戦略経営論(新訳)』中村元一監訳，中央経済社，2015年].

Argyris, C., and D. Schön (1974) *Theory in Practice Increasing Professional Effectiveness.* Jossey-Bass, San Francisco.

Argyris, C., and D. Schön (1978) *Organizational Learning: A Theory of Action Perspective.* Addison-Wesley, Reading.

Baker, Randolph, and Kim Gower (2010) "Strategic Application of Storytelling in Organizations: Toward Effective Communication in a Diverse World." *Journal of Business Communication* 47(3): 295–312.

Baldwin, Carliss Y., and Kim B. Clark (2000) *Design Rules, Volume 1: The Power of Modularity.* MIT Press, Cambridge [邦訳『デザイン・ルール——モジュール化パワー』安藤晴彦訳，東洋経済新報社，2004年].

Bammens, Y., Gils, A. van, and W. Voordeckers (2010) "The Role of Family Involvement in Fostering an Innovation-Supportive Stewardship Culture." Academy of Management Best Paper Proceedings.

Bar-Yam, Yaneer (2002) *Complexity Rising: From Human Beings to Human Civilization, a Complexity Profile.* New England Complex Systems Institute, Cambridge.

Benyus, Janine M. (1998) *Biomimicry: Innovation Inspired by Nature.* Harper Perennial, New York [邦訳『自然と生体に学ぶバイオミミクリー』山本良一監訳，吉野美耶子訳，オーム社，2006年].

Blom, Robert (2004) *Faillissement. Oorzaak en gevolg* [*Bankruptcy. Cause and Effect*]. Graydon, ISBN Amsterdam.

Boston Consulting Group (2002) *Setting the Phoenix Free: A Report on Entrepreneurial Restarters.* The Boston Consulting Group GMBH, Munich.

Brafman, Ori, and Rom Brafman (2010) *Onderstroom, de onweerstaanbare drang tot irrationeel gedrag* [*Sway: The Irresistible Pull of Irrational Behavior*]. Maven Publishing, Amsterdam.

Camps, Maarten (2017) "Durf te leren" ["Dare to Learn"]. ESB, January.

Chesbrough, H. (2003) *Open Innovation: The New Imperative for Creating and Profiting from Technology*. Harvard Business School Press, Boston [邦訳『OPEN INNOVATION——ハーバード流イノベーション戦略のすべて』大前恵一朗訳，産業能率大学出版部，2004年].

Crane, F. G., and E. C. Crane (2007) "Dispositional Optimism and Entrepreneurial Success." *The Psychologist-Manager Journal* 10(1): 13-25.

Crutzen, Paul, and Eugene Stoermer (2000) "The Anthropocene." *Global Change Newsletter IGBP* 41: 17-18.

De Bono, Edward (1955) *Serious Creativity: Using the Power of Lateral Thinking to Create New Ideas*. HarperCollins Publishers, London.

Denning, Stephen (2000) *The Springboard. How Storytelling Ignites Action in Knowledge-Era Organizations*. Taylor and Francis Ltd., Abingdon.

Diamandis, Peter H., and Steven Kotler (2020) *The Future is Faster than You Think: How Converging Technologies Are Transforming Business, Industries, and Our Lives*. Simon & Schuster, New York [邦訳『2030年——すべてが「加速」する世界に備えよ』土方奈美訳，NewsPicksパブリッシング，2020年].

Dimitrova, N. G. (2014) "Rethinking Errors: How Error-Handling Strategy Affects Our Thoughts and Others' Thoughts About Us." Ph.D. Thesis, Vrije Universiteit Amsterdam.

Duijvenvoorde, Anna C. K. van, Kiki Zanolie, Serge A. R. B. Rombouts, Maartje E. J. Raijmakers, and Eveline A. Crone (2008) "Evaluating the Negative or Valuing the Positive? Neural Mechanisms Supporting Feedback-Based Learning across Development." *The Journal of Neuroscience* 28(38): 9495-9503.

Edmondson, Amy (1999) "Psychological Safety and Learning Behavior in Work Teams." *Administrative Science Quarterly* 44(2): 350-383.

Erasmus Innovatie Monitor (2015) http://cdn2.hubspot.net/hubfs/552232/Erasmus_Innovatiemonitor_2015_onderzoeksrapport.pdf?t=1447940880942.

Haushofer, Johannes (2016) "CV of Failures." (www.princeton.edu/~joha/Johannes_Haushofer_CV_of_Failures.pdf).

Hehenkamp W. J., N. A. Volkers, A. D. Van Swijndregt, S. De Blok, J. A. Reekers, W. M. Ankum (2004) "Myoma Espulsion after Uterine Artery Embolization: Complication or Cure?" *American Journal of Obstetrics and Gynecology* 191: 1713-1715.

Henderson, R., and K. Clark (1990) "Architectural Innovation: The Reconfiguration of Existing Product Technologies and the Failure of Established Firms." *Administrative Science Quarterly* 35(1): 9-30.

Hmieleski, K. M., and R. A. Baron (2009) "Entrepreneurs' Optimism and New Venture Performance: A Social Cognitive Perspective." *Academy of Management Journal* 52(3): 473-488.

Hofstede, Geert (1994) *Cultures and Organizations.* Profile Books, London［邦訳『多文化世界――違いを学び未来への道を探る（原書第3版）』岩井八郎・岩井紀子訳，有斐閣，2013年］.

IBO Innovatie in de zorg [Interdepartmental Policy Report (IBO) on Innovation in the Healthcare Industry] (2017) www.rijksoverheid.nl/documenten/rapporten/2017/04/24/ibo-innovatie-in-de-zorg.

Iske, Paul (2016) *Combinatorische Innovatie* [*Combinatoric Innovation*]. SMO, Rotterdam.

――――(ed.) (2017) "De Zorg als Evoluerend Systeem: het belang van Briljante Mislukkingen" ["The Healthcare Industry as an Evolving System: The Importance of Brilliant Failures"], *Nederlands Tijdschrift voor Briljante Mislukkingen - Editie Zorg* [*Dutch Journal of Brilliant Failures – Healthcare Issue*], No.1, December.

Kahneman, Daniel, and Amos Tversky (2012) *Ons feilbare denken* [*Thinking, Fast and Slow*], Business Contact, Amsterdam［邦訳『ファスト&スロー――あなたの意思はどのように決まるか？（上・下）』村井章子訳，早川書房，2012年］.

Kauffman, Stuart (1995) *At Home in the Universe: The Search for the Laws of Self Organization and Complexity.* Oxford University Press, Oxford［邦訳『自己組織化と進化の論理――宇宙を貫く複雑系の法則』米沢富美子監訳，日本経済新聞社，1999年］.

――――, and S. Johnsen, S. (1991) "Co-Evolution to the Edge of Chaos: Coupled Fitness Landscapes, Poised States, and Co-Evolutionary Avalanches." *Journal of Theoretical Biology* 149: 467-505.

Kelling, George L., and James Q. Wilson (1992) "Broken Windows: The Police

and Neighborhood Safety." *The Atlantic Monthly,* March.

Klein, G. (2007). "Performing a Project Premortem." *Harvard Business Review* 85 (9): 18–19.

Kolb, D. A. (1984) *Experiential Learning: Experience as the Source of Learning and Development*. Prentice Hall, Englewood Cliffs.

Kurzweil, Ray (2005) *The Singularity Is Near: When Humans Transcend Biology.* Viking, NewYork［邦訳『エッセンス版　シンギュラリティは近い――人類が生命を超越するとき』NHK出版編，NHK出版，2016年］.

Land, George, and Jarman Beth (1992) *Breakpoint and Beyond: Mastering the Future Today.* Harper Business, New York.

Leadbeater, Charles (2000) "Innovation: Survival of the Fittest." *Accenture Outlook Journal Quaterly* 18(3): 307–343.

Leenders, M. R., and H. R. Fearon (2008) "Developing Purchasing's Foundation." *Journal of Supply Chain Management* 44(2): 17–27.

Luthans, F., B. J. Avolio, J. B. Avey, and S. M. Norman (2007) "Positive Psychological Capital: Measurement and Relationship with Performance and Satisfaction." *Personnel Psychology* 60(3): 541–572.

———, and C. M. Youssef (2004) "Human, Social, and Now Positive Psychological Capital Management." *Organizational Dynamics* 33(2): 143–160.

Mager, Birgit (2011) "Enthusiasm. Touchpoint." *Journal of Service Design* 2(3): 30–31.

Mitchell, Melanie (2011) *Complexity: A Guided Tour.* Oxford University Press, Oxford［邦訳『ガイドツアー　複雑系の世界――サンタフェ研究所講義ノートから』高橋洋訳，2011年，紀伊國屋書店］.

Nonaka, Ikujiro, and Hirotaka Takeuchi (1995) *The Knowledge-Creating Company: How Japanese Companies Create the Dynamics of Innovation.* Oxford University Press, New York［邦訳『知識創造企業（新装版）』梅本勝博訳，東洋経済新報社，2020年］.

———, and Konno Noboru (1998) "The Concept of 'Ba': Building a Foundation for Knowledge Creation." *California Management Review* 40(3): 40–54.

Osterwalder, Alexander, and Yves Pigneur (2010) *Business Model Generation: A Handbook for Visionaries, Game Changers,* and Challengers. John Wiley & Sons, Hoboken［邦訳『ビジネスモデル・ジェネレーション――ビジネスモ

デル設計書』小山龍介訳，翔泳社，2012年］．
Parkhurst, Howard (1999) "Confusion, Lack of Consensus, and the Definition of Creativity as a Construct." *The Journal of Creative Behavior* 33(1): 1–21.
Parkinson, Cyrill Northcote (1955) "Parkinson's Law." *The Economist,* November.
Peterson, C. (2000) "The Future of Optimism." *American Psychologist* 55(1): 44–55.
Ries, Eric (2017) *De startup-methode* [*The Start-Up Method*], Business Contact, Amsterdam.
Rifkin, Jeremy (2005) *The European Dream.* Wiley, Hoboken［邦訳『ヨーロピアン・ドリーム』柴田裕之訳，NHK出版，2006年］．
Röskes, Carsten (2017) "Factors Affecting the Survival of Gazelles and Other High-Growth Companies." Master Thesis, Maastricht University.
Scharmer, Otto (2009) *Theory U: Leading from the Future as It Emerges.* SoL, the Society for Organizational Learning, Cambridge［邦訳『U理論――過去や偏見にとらわれず，本当に必要な「変化」を生み出す技術』中土井僚・由佐美加子訳，英治出版，2010年］．
Scheier, M. F., and C. S. Carver (1993) "On the Power of Positive Thinking: The Benefits of Being Optimistic." *Current Directions in Psychological Science* 2(1): 26–30.
Schneider, S. L. (2001). "In Search of Realistic Optimism. Meaning, Knowledge, and Warm Fuzziness." *The American Psychologist* 56(3): 250–263.
Schoemaker, P. H. J. (2011). *Brilliant Mistakes: Finding Success on the Far Side of Failure.* Wharton Digital Press, Philadelphia.
Schumpeter, J. A. (1912/1934) *The Theory of Economic Development.* Harvard University Press, Cambridge［邦訳『経済発展の理論――企業者利潤・資本・信用・利子および景気の回転に関する一研究（上・下）』塩野谷祐一ほか訳，岩波文庫，1977年］．
Seligman, M., R. Ernst, J. Gillhamc, K. Reivicha, and M. Linkinsd (2009) "Positive education: Positive Psychology and Classroom Interventions." *Oxford Review of Education* 35(3): 293–311.
Sitkin, Sim B. (1992) "Learning Through Failure: The strategy of Small Losses." *Research in Organizational Behavior* 14: 231–266.
Strack, S., C. S. Carver, and P. H. Blaney (1987) "Predicting Successful Completion of an Aftercare Program Following Treatment for Alcoholism:

The Role of Dispositional Optimism." *Journal of Personality and Social Psychology* 53(3): 579-584.

Taleb, Nassim Nicholas (2008) *The Black Swan: The Impact of the Highly Improbable*. Penguin Books, London［邦訳『ブラック・スワン――不確実性とリスクの本質（上・下）』望月衛訳，ダイヤモンド社，2009年］.

Weggeman, Mathieu (1997) *Kennismanagement* [*Knowledge Management*]. Scriptum, Schiedam.

Wynstra, J. Y. F. (2006) "Inkoop, Leveranciers en Innovatie: van VOC tot Space Shuttle" ["Procurement, Suppliers and Innovation: From the Dutch East India Company (VOC) to the Space Shuttle"], *Inaugural Address*, ERIM Erasmus Research Institute of Management, Rotterdam, pp.48-49.

〈ウェブサイト〉

Apptimism (www.apptimism.eu)

Institute of Brilliant Failures (www.brilliantfailures.com)

International Institute for Serious Optimism (www.iiso.eu)

失敗の殿堂
経営における「輝かしい失敗」の研究

2021年6月10日発行

著　者――ポール・ルイ・イスケ
監訳者――紺野　登
訳　者――渡部典子
発行者――駒橋憲一
発行所――東洋経済新報社
〒103-8345　東京都中央区日本橋本石町1-2-1
電話＝東洋経済コールセンター　03(6386)1040
https://toyokeizai.net/

装　丁……………橋爪朋世
本文デザイン・DTP……米谷　豪（orange_noiz）
印　刷……………ベクトル印刷
製　本……………ナショナル製本
編集協力…………相澤　摂
編集担当…………佐藤　敬

Printed in Japan　　ISBN 978-4-492-50330-0